William Guy Carr

Satana, principe di questo mondo

ОMNIAVERITAS.

William Guy Carr

(1895-1959)

Comandante della Marina reale canadese

William Guy Carr (1895-1959) è stato un ufficiale di marina e scrittore canadese. Ha scritto molto sulle teorie della cospirazione, in particolare nel suo libro *Pawns in the Game*. Il suo lavoro è stato oggetto di influenze e critiche.

SATANA, PRINCIPE DI QUESTO MONDO

Satan, Prince of this world
Pubblicato per la prima volta nel 1966

Tradotto e pubblicato da
OMNIA VERITAS LTD

OMNIA VERITAS®
www.omnia-veritas.com

Prefazione

Quando l'autore di questo libro, il Comandante W.J.G. Carr, morì il 2 ottobre 1959, lasciò questo libro in forma manoscritta insieme a molti appunti scarabocchiati, libri di riferimento, pensieri formulati a metà, ecc. Il suo ultimo desiderio era che il libro fosse terminato e pubblicato affinché tutti gli uomini potessero conoscere il complotto che esiste per cancellare ogni traccia di decenza nel mondo e tutte le civiltà come le conosciamo ora.

Un compito del genere è palesemente al di là dei mezzi ordinari. A me, suo figlio maggiore, è stato chiesto di cercare di modificare, rivedere e correggere il manoscritto nel miglior modo possibile prima della pubblicazione. L'ho fatto al meglio delle mie limitate capacità. Non ho aggiunto nulla alla bozza originale e non ho cambiato nulla, tranne quando mi è stato richiesto di farlo in note marginali scritte di pugno da mio padre. Ho trovato il lavoro frustrante perché andava ben oltre le mie capacità. Allo stesso tempo, l'ho trovato estremamente interessante e gratificante, perché ho cercato di riordinare i pensieri e le idee di un uomo morto quasi sette anni fa.

In alcuni punti del manoscritto ho trovato note come: "Controlla l'esattezza di questo o quel punto" o "Cerca altre informazioni su questa o quella persona". In ogni caso, ho cancellato completamente il punto in questione, perché mio padre ha sempre creduto fermamente che nulla dovesse essere scritto finché non fosse stato completamente dimostrato alla luce delle conoscenze esistenti. Poiché non ho il senso dei valori necessario per decidere quali informazioni debbano o non debbano essere utilizzate in questi casi, mi sono sentita più al sicuro omettendo completamente l'informazione.

Il fatto che ci siano solo tredici capitoli in questo libro infastidirà alcuni e frustrerà altri: Credo che tutti coloro che lo leggeranno saranno lasciati in uno stato di inquietudine. La "Sinfonia incompiuta" non è mai stata completata e nemmeno questo libro lo sarà, se non quando ogni lettore di la completerà da solo in futuro, attraverso l'esperienza personale dello svolgersi della storia.

Molti di voi derideranno le affermazioni contenute in questo libro; molti lo butteranno via come le farneticazioni di un pazzo; alcuni non riusciranno a finirlo perché suscita ansie e paure che non si possono affrontare. Ma molti altri, e mi auguro che siano la maggioranza, troveranno in quest'opera le risposte ad alcuni dei problemi più complessi che l'uomo si è trovato ad affrontare fin dall'inizio dei tempi e forniranno materiale per riflettere sulle possibili soluzioni per il futuro.

È principalmente a quest'ultimo gruppo, ma in generale a tutti gli uomini di buona volontà, senza distinzione di colore, razza o credo, che questo lavoro è rispettosamente dedicato nel nome di mio padre. Con questa dedica, spero e prego vivamente che ognuno di voi si impegni, ciascuno a suo modo, per scongiurare la catastrofe che sicuramente si abbatterà su di noi se le trame del Diavolo non saranno sventate al più presto. Per coloro che continueranno a leggere, ricordate che si tratta di un'opera incompiuta e che, se in alcuni punti sembra esserci una lacuna o una mancanza di continuità, è solo perché questo libro è stato pubblicato partendo da poco più di un abbozzo di quello che senza dubbio sarebbe stato un lavoro letterario raffinato se il comandante Carr fosse vissuto qualche mese in più per finirlo.

Vi prego di accettare le mie scuse per l'evidente mancanza nella preparazione completa di questo lavoro e spero che, nonostante le sue lacune, sia una ricca fonte di materiale per la vostra riflessione futura. Ancor di più, che sia fonte di ispirazione per un futuro buon lavoro per continuare gli sforzi dell'autore di: "Dire la verità e svergognare il diavolo". Se lavoriamo tutti insieme, forse con l'aiuto del nostro Creatore, saremo in grado di rendere il mondo un po' più simile a quello che Dio ha voluto che fosse.

Cordiali saluti e
fraternamente
vostro,

W.J. Carr, Jr.
Lima, Perù
2 giugno 1966

Prologo

Pur essendo pienamente consapevole dei miei limiti, sono franco nell'ammettere che da quando ho pubblicato *Pedine nel gioco* (1955) e *Nebbia rossa sull'America* (1957), e poiché ho pubblicato questi libri, ho imparato molto di più sul Movimento Rivoluzionario Mondiale (W.R.M.) e sulla sua relazione con l'esistenza della continua cospirazione luciferiana diretta contro Dio e l'uomo da coloro che compongono la Sinagoga di Satana (S.O.S.) su questa terra di quanto non sapessi prima di pubblicarli.

Una grande quantità di informazioni aggiuntive sono giunte da una grande varietà di persone di ogni classe, colore e credo. Esse hanno fornito le prove aggiuntive che ho incluso in questo volume. Ammetto che quando ho pubblicato gli altri due libri ignoravo la maggior parte dei fatti che ora presento ai miei lettori.

Non mi vergogno minimamente del fatto che la mia conoscenza della lotta diretta da Lucifero per far sì che gli esseri umani disertino da Dio, in modo da poterli schiavizzare per l'eternità, fisicamente, mentalmente e spiritualmente, fosse limitata come lo era nel 1955. Dovrebbe insegnare ad altri una grande lezione. Avevo lavorato e studiato onestamente e sinceramente dal 1911, cercando di trovare la risposta alla domanda: "Perché la razza umana non può vivere insieme in pace, e quindi godere dei benefici e delle benedizioni che Dio, il Creatore, ha fornito in tale abbondanza per il nostro uso e piacere?". Gli ultimi due libri dei miei nove già pubblicati dimostrano che dopo quarantaquattro anni avevo ancora molto da imparare.

Sento che sarei negligente nei confronti di Dio e del mio prossimo se non rendessi pubbliche queste ulteriori informazioni. So che i nemici di Dio mi ridicolizzeranno e sottolineeranno le affermazioni pubblicate negli altri due. Io pubblico ciò che credo sia la verità, non ho mai preteso l'inviolabilità. Errare è umano, perdonare è divino.

Per correttezza nei miei confronti, desidero affermare che l'unico vero errore che ho commesso è stato quello di non essere riuscito a collegare la relazione soprannaturale della rivolta luciferiana del Cielo con il Movimento Rivoluzionario Mondiale come viene condotto oggi. Ho incolpato i banchieri internazionali; il capitalismo internazionale egoista, il nazismo e il comunismo come cause primarie dei nostri mali. Sapevo, nel profondo del mio cuore, che le guerre e le rivoluzioni sono state pianificate con anni e anni di anticipo e progettate per portare alla distruzione di TUTTE le forme di governo e di religione esistenti, in modo da imporre una dittatura totalitaria su ciò che resta della popolazione mondiale dopo la fine dell'ultimo cataclisma sociale.R.M. è un'esatta replica della lotta che Lucifero e i suoi seguaci hanno messo in atto per il controllo dell'Universo in quella parte del mondo celeste che conosciamo come cielo.

Ho intitolato il mio ultimo libro *Nebbia rossa sull'America* perché ero pienamente consapevole della nebbia di propaganda diffusa dalle Forze del Male allo scopo di impedire alla grande maggioranza delle persone di trovare la VERITÀ. Credevo di aver penetrato quella nebbia: mi sbagliavo! Le prove e le informazioni aggiuntive che presento ai miei lettori in *Satana, Principe di questo mondo* dimostrano che mi ero fatto strada solo ai margini esterni della nebbia di menzogne e inganni che sono la merce di scambio di coloro che compongono la Sinagoga di Satana e che mettono in atto la cospirazione del Diavolo (luciferiana) su questa terra.

Desidero far sapere con chiarezza ed enfasi che non credo che la Sinagoga di Satana (S.O.S.) sia ebraica, ma, come Cristo ci ha detto per uno scopo preciso, è composta da "Quelli che dicono di essere ebrei... e non lo sono... e mentono" (Ap. 2:9 e 3:9). Spero di dimostrare in questo libro che i Protocolli, che contengono i dettagli del complotto diabolico che Weishaupt ha rivisto e modernizzato tra il 1770 e il 1776, non sono quelli dei dotti Anziani di Sion, ma quelli della Sinagoga di Satana, basati sull'ideologia luciferiana e destinati a realizzare un Governo Unico Mondiale, i cui poteri saranno usurpati dai Sommi Sacerdoti del Credo Luciferiano che da sempre controllano segretamente la Sinagoga di Satana al vertice.

Questo libro è scritto per l'informazione delle masse. Nel mio piccolo sto cercando di mettere in pratica il mandato che Cristo ci ha dato. Non intendo ingombrare le pagine di questo libro con centinaia di note a piè di pagina che riportano titolo, capitolo e versetto di cosiddette Autorità.

Trovo che troppi autori citino come autorità coloro che servono segretamente la causa luciferiana. Chiederò ai miei lettori di accettare ciò che pubblicherò come ciò che ritengo essere la verità.

A riprova della mia sincerità, ricordo che finora ho pubblicato nove libri e centinaia di articoli di saggistica, senza che sia stato dimostrato un grave errore. Ho rinunciato completamente a qualsiasi considerazione mercenaria. Mentre studiavo, conducevo indagini e scrivevo i miei libri, non ho mai accettato aiuti finanziari, né ho mai desiderato di trarre benefici economici dal mio lavoro. Ho utilizzato i proventi delle mie opere e dei miei scritti prima per provvedere alla mia famiglia e poi per continuare gli studi e le ricerche. Quando la mia famiglia è stata in grado di andare avanti da sola, ho consegnato il mio lavoro e i miei documenti alla Federazione dei Laici Cristiani perché li utilizzasse interamente per scopi educativi.

Io e mia moglie viviamo con la pensione che ricevo per le disabilità fisiche ricevute durante il servizio nella Prima e nella Seconda Guerra Mondiale.

Mi rendo perfettamente conto che per gli agenti del diavolo è impopolare credere nella Bibbia; so che non è "The Thing" credere nell'Inferno o in un Diavolo; so che sarò ridicolizzato a causa di ciò che scrivo... MA SO CHE CIÒ CHE SCRIVO È LA VERITÀ.

Nessuno si divertirà a leggere il contenuto di questo libro, ma chi lo leggerà potrà vedere le cose nella loro vera prospettiva; potrà capire cosa sta succedendo nel mondo di oggi e perché.

Quello che sto per dire sembrerà strano se detto da un uomo con un passato di guerra come il mio, ma poiché le guerre e le rivoluzioni imposte alle masse (Goyim) sono il mezzo con cui la Sinagoga di Satana intende far sì che coloro che intende soggiogare distruggano le proprie forme di governo e la propria religione, in modo da poter essere schiavizzati sotto una dittatura luciferiana, è ovvio che l'unico modo per impedire che portino avanti questo piano diabolico fino alla sua logica conclusione è rifiutarsi di essere coinvolti in qualsiasi altra guerra e rivoluzione, in qualsiasi circostanza. Ciò richiede che gli individui pratichino una resistenza passiva alle autorità che li costringono alla guerra.

Un tempo disprezzavo tutti gli obiettori di coscienza. Li consideravo vigliacchi, traditori del loro Paese, persone che non apprezzavano i benefici che la cittadinanza dava loro. Ma ora, dopo aver studiato la cospirazione luciferiana da tutti i punti di vista, mi rendo conto di ciò che Dio intendeva veramente quando ci ha dato il comando "non uccidere". Non ha qualificato questo comando dicendo che l'uccisione su scala di massa, cioè guerre e rivoluzioni, può essere giustificata.

La versione riveduta di Weishaupt dell'Antica Cospirazione dice che guerre e rivoluzioni devono essere imposte ai Goyim, in modo che coloro che dirigono la cospirazione per usurpare il dominio del mondo possano "procedere verso il loro obiettivo in pace". Ci fanno combattere mentre loro si siedono e fanno il tifo per noi da bordo campo. E ancora Weishaupt ha detto che coloro che dirigono la cospirazione devono fare in modo che nemmeno le nazioni vittoriose in una guerra traggano beneficio o annettano ulteriori territori. Può una persona informata negare che questa politica non sia stata seguita alla lettera nella Prima e nella Seconda Guerra Mondiale? Ma d'altra parte, il comunismo è stato costruito in dimensioni e forza fino a raggiungere una potenza pari a quella del resto del mondo.

È vero che nelle rivoluzioni fomentate per mettere il comunismo dove si trova oggi le masse (Goyim) sono state fatte combattere tra loro, ma coloro che dovevano usurpare il potere, come Lenin, non sono mai stati coinvolti in combattimenti veri e propri se non per caso. È un altro fatto strano che se agenti di alto livello della Sinagoga di Satana sono stati catturati mentre erano impegnati nella sovversione e/o nella fomentazione di rivoluzioni, non sono mai stati fucilati ma invariabilmente imprigionati per poi essere rilasciati in modo da poter continuare le loro attività sovversive, come ho dimostrato nei miei libri precedenti.

Ora credo che Dio abbia voluto che l'uomo proteggesse la propria vita da un aggressore, proteggesse la moglie, la famiglia e la casa, ma credo che l'estensione di questo principio o della legge naturale a livello nazionale e internazionale fosse senza dubbio parte integrante della cospirazione luciferiana. I soldati e la polizia dovevano in primo luogo preservare la legge e l'ordine e proteggere i deboli dagli elementi criminali che rifiutavano di accettare il codice morale e le leggi naturali adottate dalla società civile. Questo è il motivo per cui SOLO il re e/o il sovrano doveva esercitare la forza per mantenere la legge e l'ordine. Se egli abusava dei suoi diritti, il popolo poteva rimettere le cose a posto, come fece la Magna Charta, ma secondo la legge di Dio non era previsto che essi distruggessero il dominio dinastico.

I Protocolli si vantano del fatto che, inducendo i Goyim a commettere questo errore, li hanno indotti ad abbandonare la loro unica protezione contro coloro che pretendono di liberarli dalle loro vecchie oppressioni per condurli alla nuova sottomissione di una dittatura totalitaria.

Mi rendo conto che gli Illuminati lavoreranno per riempire di buchi queste affermazioni, ma resta il fatto che non riesco più a trovare nelle Scritture, o con il ragionamento, l'autorità per giustificare il fatto che ci si lasci dividere in campi contrapposti, che ci si armi e che ci si faccia combattere e uccidere l'un l'altro per risolvere problemi politici, sociali, economici o di altro tipo che non sono più vicini alla soluzione oggi come prima. Non ha senso che i cristiani possano essere divisi in campi opposti e costretti a uccidersi a decine di milioni senza avere la minima animosità personale l'uno per l'altro.

Riportare la resistenza passiva! Gandhi stava facendo un ottimo lavoro utilizzando questo principio, quindi è stato assassinato. Cosa abbiamo al suo posto? Un uomo che dice di essere neutrale, ma che in realtà aiuta la Sinagoga di Satana a mantenere un "equilibrio di potere in modo che quando i Goyim si getteranno di nuovo alla gola" nella Terza Guerra Mondiale, le parti saranno più o meno uguali e quindi in grado di combattere una guerra più prolungata e distruttiva. Mi sembra che potremmo diventare degli eroi difendendo un principio, come la resistenza passiva, anche se questo ci fa soffrire la morte per mano di coloro che servono la Sinagoga di Satana. Mi sembra che sarebbe meglio morire esprimendo la nostra Fede in Dio che in un combattimento fisico con altri che sono nostri fratelli spirituali e persone che dovrebbero essere nostri amici. A sostegno di queste affermazioni cito: 2 Re 7:4; Sal. 44:22; Matteo 10:28; Luca 12:4; Rom. 8:36; Gc. 5:6.

Il diavolo, il mondo e la carne

Poiché le menzogne e gli inganni sono il mestiere di coloro che dirigono il Movimento Rivoluzionario Mondiale (M.R.M.) AL TOP, mai, da quando la storia è stata registrata, è stata concessa una sovvenzione da parte di governi, istituzioni educative, cosiddette fondazioni di beneficenza o altre fonti di ricchezza e potere per consentire agli storici di compilare una storia accurata e documentata del Movimento Rivoluzionario Mondiale (M.R.M.).

Non potendo finanziare l'aiuto necessario per fare un lavoro completamente soddisfacente (che richiederebbe almeno altri dieci anni di studio e ricerca) necessario per dimostrare fino in fondo la conoscenza che ho acquisito cercando di trovare la risposta alla domanda: "Perché la Razza Umana non può vivere in pace, e quindi godere delle benedizioni e dei benefici che Dio ha fornito per il nostro uso e piacere in tale abbondanza?". Offro le prove che sono riuscito a ottenere per dimostrare che ciò che chiamiamo W.R.M. non è altro che la continua rivolta luciferiana contro il DIRITTO di Dio di esercitare l'Autorità Suprema su tutto l'Universo.

Molti storici, tra cui studenti eccellenti come la signora Nesta Webster, il conte De Poncin, Copin-Albancelli, (Copon P.O. Copin C.J.) Dom Paul Benoit, Ed. Em. Eckert; Arthur Preuss; Domenico Margiotta; Witchl; Sua Eminenza il Rev.mo Cardinale Caro Rodriguez; Don Bell, di Palm Beach, Florida, e molti altri sembrano non essere stati in grado di collegare le guerre, le rivoluzioni e il caos generale che prevalgono in questo mondo oggi, con il fatto che le Sacre Scritture, l'ispirata Parola di Dio, ci dicono chiaramente che quando Dio decise di abitare questa nostra terra con gli esseri umani, Satana arrivò nel Giardino dell'Eden per far sì che i nostri primi genitori disertassero da Dio. Egli portò a termine il suo scopo, nonostante Dio avesse camminato e parlato con loro nel paradiso iniziale che chiamiamo Eden, spiegando loro il suo piano per il governo dell'intero universo e dicendo loro come desiderava che vivessero per un periodo di tempo su questa terra per dimostrare che lo amavano sinceramente e desideravano ardentemente servirlo volontariamente per TUTTA l'eternità per rispetto alle sue infinite perfezioni.

Lo studio della storia delle religioni comparate dimostra che anche i nomadi più primitivi e le tribù sefardite non solo credevano che esistessero altri mondi prima che l'"Essere Supremo" creasse questo mondo, ma prova positivamente che quelle che alcuni di noi chiamano le tribù "incivili" (che esistevano cacciando, pescando e raccogliendo i frutti selvatici della terra, prima che gli esseri umani iniziassero a coltivare la terra e ad allevare gli animali per utilizzarli a fini produttivi), credevano che in un qualche momento, in un qualche luogo, prima che Dio decidesse di creare questa terra, ci fosse stata una rivoluzione originata dal fatto che una delle creature create da Dio avesse contestato il Suo diritto di esercitare l'autorità suprema sull'intero Universo.

Poiché questo aspetto dell'origine del W.R.M. riempirebbe molti volumi voluminosi, è sufficiente per il nostro scopo affermare che questo principio di base del credo "religioso" era condiviso dagli aborigeni. W Schmidt, autore di *Der Ursprung des Gottesides*, ha pubblicato sette volumi. (Munster i. W 1912-1940). Il volume VIII era in stampa al momento della stesura di questo libro, cioè nel 1958, e i volumi dal IX al XIII sono ancora in forma manoscritta.

Considerato la massima autorità in materia, P. Schmidt distingue i popoli primitivi di questo mondo come "Urkulturen", cioè coloro che vivevano raccogliendo cibo e cacciando uccelli, pesci e selvaggina, dai "Primarkulturen", che si sono trasformati in produttori diventando coltivatori del suolo e allevatori di animali. Le persone che oggi chiamiamo aborigeni sono i resti della società umana che non si è mai sviluppata oltre lo stadio di Urkulturen.

P. Schmidt non intende che la parola "Urkulturen" significhi che le civiltà di cui si occupa sono identiche alla civiltà originaria della razza umana. La usa per indicare il tipo di civiltà più antico che i nostri mezzi di indagine e ricerca possono raggiungere.

P. Schmidt divide ciò che resta delle "Urkulturen", cioè delle civiltà primitive, in tre gruppi: (1) quello meridionale, che comprende alcune tribù (aborigeni) dell'Australia sud-orientale civiltà primitive, in tre gruppi: (1) quello meridionale, che comprende diverse tribù (aborigeni) dell'Australia sud-orientale, (2) quello centrale, che comprende i pigmei e i pigmoidi dell'Africa e dell'Asia sud-orientale, tra cui Ceylon, le isole Andamane e le Filippine, e (3) quello settentrionale, o artico-americano, i cui rappresentanti si trovano anche nell'Asia settentrionale e sono diffusi tra gli Esquimaux e gli indiani americani.

Tutti questi cosiddetti esseri umani incivili condividono la convinzione fondamentale che

(1) Prima della creazione di questo mondo esistevano altri mondi,

(2) in un certo momento, prima che l'Essere Supremo creasse questo mondo, si era verificata una rivoluzione nel mondo celeste (Universo), causata dal fatto che alcune creature del Creatore avevano contestato il Suo diritto di esercitare l'autorità suprema sull'intero universo,

(3) che, come risultato di questa rivolta contro la supremazia assoluta del Creatore (Dio), l'Universo è stato diviso in parti "buone" e "cattive",

(4) che gli Spiriti maligni hanno cercato di interferire con l'opera di Dio mentre Egli era effettivamente impegnato a creare questo mondo,

(5) che da quando questo mondo è finito queste forze del male sono all'opera per cercare di impedire agli esseri umani di fare la volontà di Dio,

(6) che è stato il rappresentante del leader della rivolta celeste a portare la morte, la malattia e tutti gli altri mali alla razza umana, perché ha ingannato i nostri primi genitori facendoli disertare da Dio.[1]

Ogni gruppo di discendenti degli Urkulturen, che sono sopravvissuti senza contatti, fino a poco tempo fa, con la cosiddetta civiltà, ha una propria particolare credenza su COME il capo degli spiriti maligni, che

---

[1] L'autore è in debito con il signor Richard M. Passil, Poughkeepsie, NY, che gli ha inviato una copia del libro *Satan*, pubblicato da Sheed and Ward. I lettori che desiderano approfondire questo aspetto della W.R.M. farebbero bene a leggere questo libro.

noi chiamiamo "il Diavolo", abbia cercato di interferire con Dio nell'atto di creare questa terra. Ogni gruppo ha il suo modo particolare di informare i propri figli su COME e PERCHÉ il diavolo abbia portato morte, malattie, guerre e altre tribolazioni alla razza umana. Ma tutti concordano sul fatto che il diavolo era, ed è tuttora, l'"AVVERSARIO" di Dio, l'Essere Supremo che ha creato i cieli e la terra.

Secondo gli Algonchini della parte centro-settentrionale della California, il diavolo entra in scena quando l'Essere Supremo ha quasi terminato l'opera della creazione. Cerca di appropriarsi di qualcosa dell'opera per sé. Secondo la mitologia algonchina, il diavolo appare spesso in forma umana e, poiché ha portato la morte in questo mondo, Dio lo ha trasformato in un animale che hanno chiamato Coyote.

In "Notizie dietro le notizie" ho pubblicato prove che indicano con forza che Satana ha maledetto i nostri primi genitori a disertare da Dio, inducendo Eva a indulgere in "perversioni" sessuali, con la promessa che se lei avesse accettato le sue avances e seguito i suoi consigli, lui le avrebbe insegnato i segreti della procreazione, rendendo così lei e Adamo uguali a Dio in potenza. Ho fatto notare che il Credo Luciferiano insegna che Satana la iniziò ai piaceri del rapporto sessuale. Abbiamo usato la parola "perversioni" nel senso che ciò che il diavolo insegnò a Eva riguardo al sesso e al comportamento sessuale erano pratiche contrarie al rapporto sessuale che Dio intendeva esistesse tra un uomo e sua moglie.

Leggendo il libro *Satana*, abbiamo scoperto che altre persone, accettate come autorità, hanno citato prove e opinioni a sostegno della convinzione che le perversioni sessuali abbiano contribuito a provocare "la caduta dell'uomo e ad assoggettarlo alla morte".

Alcuni ministri e sacerdoti mi hanno scritto per dire che l'ipotesi che Satana abbia avuto rapporti fisici con Eva è un'assoluta assurdità, perché Satana è un puro spirito e quindi incapace di avere rapporti sessuali con un essere umano. Per quanto riguarda queste argomentazioni, sono d'accordo con l'anziana donna che, baciando la mucca disse: "Ognuno è di suo gradimento".

Nel libro *Satan*, parlando dell'"Avversario di Dio nelle religioni primitive", Joseph Henninger, S.V.D., afferma che la tribù Wintum della California si riferisce a Dio, il Creatore, come "Olelbis" e al Diavolo come "Sedit".

Secondo la mitologia della tribù Wintum, Olelbis desiderava che i membri della razza umana vivessero insieme come fratelli e sorelle, che non ci fossero né nascita né morte, che la vita fosse piacevole e facile e che lo scopo della vita fosse quello di ricongiungersi a Olelbis in cielo e vivere con lui per l'eternità. Per soddisfare la fame del corpo umano, Olelbis creò una specie di noce che non ha guscio e che cade dall'albero quando è matura (questa specie di noce o frutto è ancora un elemento fondamentale della dieta dei Wintum). Olelbis ordinò a due fratelli di costruire una strada lastricata dalla terra al cielo per facilitare il ricongiungimento della tribù con il Creatore. Ma Sedit apparve sulla scena e convinse uno dei fratelli che sarebbe stato meglio avere rapporti sessuali e procreare la specie umana. Quello persuaso da Sedit convinse l'altro ad acconsentire, così entrambi disertarono da Olelbis e si unirono per distruggere la strada che stavano costruendo verso il cielo.

Sedit, inorridito quando scopre di aver portato la morte alla razza umana e di dover morire lui stesso, cerca di sfuggire al suo destino. Si costruisce un meccanismo di rami e foglie (un aereo), con il quale spera di volare in cielo. Ma si schianta e rimane ucciso. Olelbis guarda dall'alto del cielo e dice: "Vedi, la prima morte! D'ora in poi (tutti) gli uomini moriranno".

Secondo la mitologia degli Yakut, che vivono all'estremità nord-orientale della Siberia, all'inizio la terra era interamente ricoperta d'acqua. Ai-tojon (l'Essere Supremo) vide una bolla da cui usciva una voce. Ai-tojon chiese alla Voce: "Chi sei? Da dove vieni?".

La voce rispose: "Io sono il diavolo. Vivo sulla terra che è sotto le acque".

Ai-tojon dice: "Se è vero, portamene un po'".

Il diavolo si tuffò e tirò fuori della terra. Ai-tojon la prese, la benedisse e poi vi si sdraiò sopra, riposando sulle acque. Il diavolo cercò di annegarlo, ma più tirava e strattonava per rovesciare la zattera che Dio aveva fatto di terra, più questa si ingrandiva, finché, con suo grande stupore e sconforto, coprì la maggior parte delle acque e divenne il mondo su cui oggi vive la razza umana. La mitologia dei Tartari dell'Altai è molto simile a quella degli Yakut, tranne che per il fatto che la loro leggenda narra che, dopo che Erlik (il Malvagio) ha fatto emergere la prima terra dalle profondità e il Creatore l'ha trasformata in terraferma, il Creatore gli ordina di immergersi una seconda volta e di far emergere altra terra. Erlik decise di fare ciò che il Creatore aveva fatto e tirò fuori due lotti di terra, uno dei quali lo nascose in bocca. Ma la terra si gonfiò fino a doverla sputare per evitare di soffocare. La terra che sputò, Dio la trasformò in montagne, paludi e terre desolate. Poi il Creatore disse a Erlik,

"Ora sei in stato di peccato. Hai voluto farmi un torto. Tutti gli uomini che hanno anche pensieri cattivi saranno il tuo popolo; ma gli uomini buoni saranno il mio popolo".

Speriamo di dimostrare che la divisione tra "Bene" e "Male" è iniziata prima dell'inizio di questo mondo ed è stata trasferita qui dal diavolo che i cristiani chiamano Satana.

Quando Lucifero, per mezzo di uno dei suoi Principi delle Tenebre, che abbiamo chiamato Satana, fece sì che i nostri primi genitori, Adamo ed Eva, disertassero da Dio, essi e la loro progenie appartennero automaticamente a Lucifero e rimasero figli della carne fino a quando, di loro spontanea volontà, non dimostrarono di voler ristabilire la loro amicizia con Dio rinascendo spiritualmente. Il modo in cui la cospirazione luciferiana, che contestava il DIRITTO di Dio a esercitare l'autorità suprema sull'intero universo, è stata trasferita su questa terra affinché il Re dell'Inferno la aggiungesse, con i suoi esseri umani, al suo dominio, sarà trattato in dettaglio più avanti.

A questo punto è necessario produrre prove per spiegare ciò che è realmente accaduto in quella parte del mondo celeste che chiamiamo cielo al tempo della rivoluzione luciferiana. Questo è necessario perché le Forze del Male, che hanno diretto la continua cospirazione luciferiana DA QUANDO è stata trasferita su questa terra, hanno fatto sì che la VERITÀ fosse nascosta e resa così difficile da ottenere, che non si può biasimare l'uomo medio della strada per il fatto di sapere poco, o nulla, della verità, anche se la sua salvezza eterna potrebbe dipendere dalla conoscenza di queste VERITÀ.

Il più grande ostacolo che la persona media deve superare prima di comprendere e credere nell'esistenza continua della cospirazione luciferiana è quello di cancellare dalla sua mente la falsa concezione dei diavoli, perché le è stato insegnato a credere che i diavoli sono creature orribili, con facce brutte, teste cornute, zoccoli e code biforcute, ecc. San Giovanni della Croce dice: "Il diavolo è il più forte e il più astuto dei nostri nemici, e il più difficile da smascherare". San Giovanni dice: "Il diavolo è abbastanza abile da volgere il mondo e la carne a suo favore (il possesso delle anime degli uomini) come i suoi più fedeli accoliti". Questo santo dice che il Diavolo ha causato la rovina di una grande moltitudine di religioni che si erano avviate alla vita di perfezione.[2]

Il motivo per cui la maggior parte degli esseri umani immagina il Diavolo come una creatura orrenda, deforme e abominevole è perché gli artisti lo hanno caricaturizzato in questo modo, per portarci la loro concezione di TUTTO ciò che è malvagio e orribile. In questo modo hanno reso un grande disservizio alla razza umana (probabilmente su istigazione del Diavolo stesso).

I teologi della Chiesa cristiana primitiva e quelli delle Chiese cattolica e protestante in tempi più moderni concordano sul fatto che il Diavolo è un tipo di creatura molto diverso da quello che la maggior parte delle persone crede. Questa concezione errata di ciò che il Diavolo è in realtà, deve essere il risultato dell'astuzia e dell'inganno del Diavolo stesso e della sua capacità di indurre gli esseri umani a fare la sua volontà.

Secondo le Sacre Scritture, la creatura che sfidò il diritto di Dio Creatore di esercitare l'autorità suprema sull'intero Universo fu Lucifero. Lucifero fu chiamato così perché era ed è tuttora la più brillante e intelligente di tutte le creature di Dio. Il suo nome è "Principe dell'aurora", "Detentore della luce".

È uno spirito puro. Come tale è senza età e indistruttibile. Ha abilità e capacità che vanno oltre la comprensione del cervello umano. Le usa per scopi egoistici e malvagi.

---

[2] A pagina 2 di *Pedine nel gioco* abbiamo affermato che la maggior parte, se non tutte le religioni, sono partite da un livello più o meno uniformemente alto, in cui l'adorazione e l'amore di Dio... costituivano il principio fondamentale. "Sono stato duramente criticato per questa affermazione, ma da ciò che dice San Giovanni della Croce, sembrerebbe che io sia in buona compagnia".

Le Sacre Scritture ci dicono che a causa della "superbia", cioè del suo ego gonfiato e della falsa convinzione delle proprie perfezioni, guidò la rivolta contro la supremazia di Dio e, grazie al suo potere e alla sua grande influenza, fece sì che UN TERZO dei più brillanti e intelligenti della schiera celeste si unisse a lui nella ribellione. Se dire la verità fa vergognare e confonde il Diavolo (Lucifero), è mia opinione, confermata da San Giovanni della Croce, che, a causa delle astuzie del Diavolo, nessuna delle numerose denominazioni cristiane insegni alle proprie congregazioni una quantità sufficiente di VERITÀ riguardo ai diavoli e agli angeli caduti, di cui esistono in moltitudini che vagano per l'Universo, compreso questo pianeta, cercando la rovina delle anime.

L'umanità è stata sottoposta a un lavaggio del cervello che l'ha portata ad accettare restrizioni mentali in materia, tanto che oggi la stragrande maggioranza di coloro che si professano cristiani crede solo in una sorta di mitico spirito maligno soprannaturale che chiamiamo Satana e in uno spirito buono personale che chiamiamo angeli custodi. Milioni di persone al di fuori della religione cristiana si rifiutano di credere che esista un mondo celeste, diavoli e angeli. Molti modernisti sostengono che credere nel soprannaturale sia un sicuro sintomo di pazzia.

Ma se vogliamo comprendere la W.R.M. dobbiamo sapere e credere che anche il più basso coro di angeli è composto da moltitudini di puri spiriti, ognuno dei quali possiede più perfezioni dell'altro in questo modo sostanziale. Per completare questa prima gerarchia dobbiamo salire attraverso le numerose moltitudini degli Arcangeli, per poi passare a quelle ancora più grandi dei Principati. C'è ancora la seconda gerarchia costituita dalle Potenze, dalle Virtù e dalle Dominazioni; e la terza gerarchia costituita dai Troni, dai Cherubini e dai Serafini.

Di tutta questa galassia di esseri celesti creati da Dio, Lucifero è il più grande. Si trovava all'apice della perfezione creata da Dio.

Ci sono molte cose che Dio non ha ancora permesso alla mente umana di comprendere. Siamo su questa terra in prova. Ci è stato dato un intelletto e un libero arbitrio per decidere da soli se vogliamo amare e servire volontariamente Dio per l'eternità o se vogliamo letteralmente andare dal diavolo. Se sapessimo tutto ciò che è accaduto da quando Lucifero ha guidato la rivolta contro la supremazia di Dio, non ci sarebbe alcuna prova. Per fede, per gli insegnamenti delle Scritture, dei Profeti e di Cristo, dobbiamo credere e accettare VERITÀ che vanno oltre la comprensione della nostra mente umana. Dobbiamo esercitare l'UMILTA' invece dell'ORGOGLIO. Chi rimane umile e crede, vedrà Dio. Coloro che diventano orgogliosi e gonfiano il proprio ego fino a perdere il senso della propria piccolezza e dei propri limiti andranno incontro al diavolo.

Per l'essere umano medio sarebbe impossibile anche solo immaginare perché Lucifero sia "caduto dalla grazia" e perché abbia disertato da Dio e abbia influenzato così tante schiere celesti a unirsi a lui nella ribellione se non fosse che le Scritture ci insegnano che Dio, quando creò sia gli angeli che gli esseri umani, diede loro la volontà sovrana di fare ciò che volevano.

Sembrerebbe logico supporre che se Dio non avesse dato alle sue creature una VOLONTA' assolutamente libera, non avrebbe ottenuto molta soddisfazione dalla sua creazione. Il piacere di Dio, a quanto pare, deriva dall'amore delle sue creature che rimangono leali, fedeli e vere, volontariamente, per rispetto alle sue infinite perfezioni.

Così vediamo la verità nel vecchio detto: "Più grande è l'orgoglio, più grande è la caduta". L'orgoglio di Lucifero lo fece cadere dall'apice della sua grandezza. Era secondo solo alla vera e propria testa di Dio. La sua defezione lo portò a diventare il sovrano di quella parte dell'universo che chiamiamo Inferno. La caduta di Lucifero dimostra che tutti gli angeli e tutti gli esseri umani possono diventare malvagi se lo scelgono. Quanto precede ha lo scopo di far comprendere e credere all'uomo medio che, da quando l'Arcangelo Michele ha posto fine alla rivoluzione celeste, l'Universo è dominato da due POTERI soprannaturali. Dio governa le sue creature che gli rimangono fedeli, mentre Lucifero è il re delle regioni delle tenebre e governa le moltitudini che volontariamente si allontanano da Dio e si uniscono a lui nella ribellione.

Il prossimo grande ostacolo che impedisce alla persona media di accettare la VERITÀ che la cospirazione luciferiana è stata trasferita sulla terra nel Giardino dell'Eden, e da allora è continuata qui, è il fatto che le Scritture non spiegano chiaramente su quali basi Lucifero abbia sfidato il DIRITTO di Dio di esercitare l'autorità suprema sull'intero Universo. Nessuno dei grandi teologi si è azzardato a dichiarare un'opinione precisa in merito.

Conoscendo fin troppo bene la verità del vecchio adagio: "Un pazzo si precipita dove gli angeli hanno paura di camminare", sento comunque il dovere di esprimere la mia opinione su questa questione così importante, raggiunta dopo molti anni di riflessione e studio.

Se Dio basa il suo piano per il governo dell'universo sulla premessa che gli esseri minori possono essere educati a conoscerlo, amarlo e desiderare di servirlo volontariamente per tutta l'eternità per amore e rispetto delle sue infinite perfezioni, allora sembra ragionevole supporre che Lucifero abbia contestato il diritto di Dio di esercitare l'autorità suprema su tutto l'Universo sostenendo che il suo piano era debole e impraticabile. Se è così, è ovvio che l'ideologia di Lucifero deve basarsi sulla premessa che il POTERE è GIUSTO e che il governo deve essere totalitario.

Considerando che un terzo dei più alti e brillanti della schiera celeste si è unito volontariamente a lui nella ribellione contro Dio, sembra anche ragionevole supporre che Lucifero abbia fondato l'ulteriore principio totalitario secondo cui gli esseri di intelligenza enormemente superiore hanno il DIRITTO di governare quelli meno dotati.

In altre parole, il piano di Dio è quello di trarre piacere e gloria dall'amore e dal servizio che gli rendono volontariamente le sue creature che rimangono fedeli nonostante le menzogne, gli inganni e le tentazioni a cui sono sottoposte dalle agenzie sataniche di Lucifero, mentre stanno attraversando il periodo di prova. L'ideologia luciferiana prevede che tutti gli esseri inferiori debbano essere costretti a obbedire all'autorità suprema mediante l'applicazione di un dispotismo assoluto. Pertanto, sembrerebbe lecito credere che oggi ci troviamo di fronte alle stesse alternative sulla terra. Coloro che favoriscono il totalitarismo sono determinati a ridurre in schiavitù coloro che favoriscono la libertà e il volontariato.

Quando ho indagato sulla vita nascosta e pubblica di Albert Pike, ho appreso i seguenti fatti che gettano molta luce sulla mia convinzione che stiamo vivendo su questa terra condizioni simili a quelle che hanno accompagnato la rivoluzione luciferiana in cielo. Trovo molti passaggi nelle Sacre Scritture a sostegno della mia tesi che la cospirazione luciferiana finirà qui su questa terra, ESATTAMENTE come San Michele l'ha conclusa in cielo. Se ciò si avvererà, le anime che rimarranno leali e fedeli a Dio lo raggiungeranno in cielo, mentre quelle che diserteranno Dio si uniranno a Lucifero all'inferno.

Secondo la dottrina luciferiana esposta da Weishaupt e Pike, Lucifero, il più grande e intelligente della schiera celeste, contestò il "diritto" di Dio di esercitare l'autorità sull'intero Universo, sostenendo che solo una dittatura totalitaria avrebbe potuto garantire pace e prosperità permanenti, costringendo tutti gli esseri inferiori a obbedire agli editti dell'Essere Supremo mediante l'uso del dispotismo assoluto (satanico).

Inoltre, la dottrina luciferiana insegna agli adepti dei gradi più alti delle Logge del Grande Oriente e dei Consigli del Rito Palladiano Nuovo e Riformato di Pike che Dio aveva due figli. Si riferiscono a Dio Creatore, come Adonai, o Adonay. Identificano i suoi figli come Satana e San Michele Arcangelo. Sostengono che Satana abbia accettato l'ideologia luciferiana perché la considerava più pratica del piano del Padre per il dominio dell'universo. I teologi luciferiani sostengono che Satana è il fratello maggiore di San Michele. Ammettono che San Michele, che chiamano "il novellino" e "Le Parvenu", ha causato la cacciata di Lucifero dal cielo. Ma la dottrina luciferiana sostiene anche che con questo stesso atto Lucifero è stato elevato a Dio di quella parte dell'Universo che comunemente chiamiamo INFERNO, e che quindi è uguale ad Adonay. Gli studenti non devono mai dimenticare che le parole sono solo un mezzo usato per spiegare certe circostanze o per designare una persona, un luogo o una cosa. È così che centinaia di tribù, razze e nazionalità usano centinaia di nomi diversi per designare esattamente lo stesso Dio, lo stesso Diavolo, persona, luogo o cosa. Per questo motivo discuteremo il significato di alcune parole di uso comune se considerate nella loro relazione con la W.R.M. UNIVERSE. Significa la totalità delle cose esistenti, compresa la terra, i corpi celesti e tutto il resto nello spazio. Vediamo quindi che l'Universo comprende il Paradiso e l'Inferno, oltre a questa terra.

CIELO. La dimora di Dio, degli esseri soprannaturali che chiamiamo angeli e degli spiriti dei giusti che entrano in cielo dopo che la morte ha concluso il loro periodo di prova qui sulla Terra e/o su altri pianeti.[3]

---

[3] È interessante notare che quando Papa Giovanni XXII era un giovane sacerdote, scrisse degli articoli in cui affermava la sua ferma convinzione di non credere che le

Nello studio del W.R.M. non dobbiamo mai dimenticare che questa terra è di per sé una parte infinitesimale della galassia di pianeti e stelle che chiamiamo sistema solare. È ancora più importante ricordare che il sistema solare è una parte infinitesimale dell'Universo. In una notte limpida possiamo vedere a occhio nudo migliaia di galassie di sistemi solari molto più grandi e più estesi del nostro. Ognuno ha il suo sole, ognuno i suoi pianeti e le sue stelle. Ogni sole esercita un controllo perfetto sui suoi corpi subordinati. Quando ci rendiamo conto che ben oltre la portata dei nostri occhi ci sono milioni di altri sistemi solari, molti dei quali, secondo gli scienziati, sono più grandi di qualsiasi cosa possiamo vedere, allora diventa possibile iniziare a rendersi conto della grandezza del Creatore di tutti questi mondi, indipendentemente dal fatto che si tratti di terre simili alla nostra o di quelli che chiamiamo mondi celesti.

Il punto che dobbiamo comprendere e ricordare è che la parola CIELO indica quella parte dell'Universo in cui risiedono per l'eternità gli esseri soprannaturali che chiamiamo angeli e gli spiriti di coloro che hanno dimostrato di voler amare, onorare, obbedire e servire Dio volontariamente. Il paradiso è un luogo di beatitudine, i cui piaceri e le cui gioie sono al di là della capacità di comprensione della mente umana. Cristo ci ha detto: "La casa del Padre mio (il cielo) è un luogo con molte dimore (mondi)". Ci ha detto anche che è partito dalla nostra umile dimora (la terra) per preparare una casa per noi.

Le Scritture dedicano molto spazio agli eventi legati ai cieli. È quindi sufficiente per il nostro scopo dire che le Scritture e Gesù Cristo sono la nostra autorità per affermare qui che ci sono sette cieli, le cui dimensioni sono anche al di là della comprensione della mente umana. Questo dovrebbe essere un pensiero confortante per le persone che pensano, anche se non dicono, dei loro primi associati: "Se pensassi che Himmie Jones sta andando in cielo, smetterei di cercare di arrivarci".

---

anime di TUTTI gli esseri umani vedessero Dio durante il giudizio immediato che ha luogo dopo la liberazione dalla morte. Questi scritti si rivelarono un pomo della discordia tra i teologi della Chiesa e, dopo essere stato nominato Papa, lo scrittore convocò un concilio speciale di quelli che considerava gli anziani più dotti della Chiesa. Essi si pronunciarono contro di lui, che accettò la sentenza perché non aveva mai fatto delle sue convinzioni personali l'oggetto di una bolla papale, né aveva mai dichiarato che tali convinzioni fossero il dogma e parte dell'insegnamento della Chiesa da lui presieduta.

Queste persone non devono preoccuparsi. La creazione di Dio e il suo piano per il dominio dei cieli sono perfetti. Non sarete affollati, non dovrete frequentare persone incompatibili. Le condizioni saranno felici, pacifiche, gioiose e tutte sufficienti per la nostra natura celeste.

INFERNO. È quella parte dell'Universo in cui risiedono Lucifero e gli angeli che hanno disertato da Dio al momento della rivoluzione celeste, insieme a quelli che hanno disertato da Dio durante il loro periodo di prova servito su questa terra, ed eventualmente in altre parti dell'Universo.[4]

Le Sacre Scritture ci dicono che Lucifero è uno spirito puro. Perciò è indistruttibile. Deve vivere per l'eternità. Le Scritture ci dicono anche che c'è un giudizio subito dopo la morte e un giudizio finale.

Ciò getta molta luce sull'idea che il pubblico ha dell'infallibilità papale. Il Papa è considerato infallibile solo quando, dopo essersi consultato con tutti i suoi consiglieri, aver trascorso lunghi periodi di contemplazione e di preghiera, aver chiesto la guida spirituale dello Spirito Santo, emette una sentenza definitiva su una questione di Fede o di Morale. Tale pronunciamento diventa allora Diritto Canonico e deve essere accettato da tutti coloro che desiderano rimanere membri della Chiesa cattolica romana. Negli ultimi anni, un pronunciamento di questo tipo è stato la convinzione che Maria, la madre di Gesù Cristo, sia stata assunta in cielo anima e corpo e che ora occupi il posto del più alto degli angeli che hanno disertato da Dio al momento della rivoluzione celeste. Ma un cattolico può ancora avere la propria opinione sul fatto che la sua anima veda Dio subito dopo la morte, o

---

[4] Gli sforzi frenetici che si stanno compiendo in questo periodo della storia del mondo per conquistare lo spazio servono soprattutto a scoprire se forme di vita simili alla nostra esistono su altri pianeti. Gli uomini di ispirazione satanica che dirigono questo sondaggio nelle parti nascoste dell'Universo di Dio stanno cercando di fare e scoprire cose che Dio non intendeva che noi facessimo o scoprissimo finché non ci fossero state rivelate da Lui. Si dovrebbe attingere molto alla propria immaginazione per interpretare l'attuale ricerca sull'energia atomica a fini distruttivi come opera di coloro che credono in Dio e non in Lucifero. Appare abbastanza ovvio che coloro che dirigono e finanziano la ricerca atomica con fondi pubblici cercano una conoscenza dello spazio esterno che non intendono condividere con il grande pubblico, a meno che non serva ai loro piani totalitari. Ma è confortante sapere che anche il diavolo si impicca se gli si dà abbastanza corda. Mi sembra che coloro che fanno il lavoro del Diavolo su questa terra si stiano avvicinando molto alla fine dei loro legacci, cioè alle corde con cui si impiccheranno.

SATANA - PRINCIPE DI QUESTO MONDO

quando raggiunge la perfezione spirituale necessaria per meritare la visione beatifica.

Secondo l'Apocalisse, dopo il giudizio finale tutte le creature create da Dio saranno separate in due campi. Quelle chiamate "Pecore" andranno in Paradiso, mentre le "Capre" andranno all'Inferno, dove Lucifero regnerà per l'eternità.

Le Scritture ci informano che l'Inferno sarà un luogo in cui il governo totalitario di Lucifero sarà all'insegna del caos e della confusione. Ci viene detto che tutti odieranno gli altri, perché tutti all'Inferno si renderanno conto di essere stati ingannati da Lucifero e dai suoi agenti per disertare da Dio. Le fiamme dell'Inferno, che bruciano ma non consumano, consistono nella consapevolezza che coloro che sono dannati hanno perso l'amore e i benefici, le gioie e la compagnia di Dio per l'eternità.

LIMBO E PURGATORIO. Molti di coloro che professano la religione cristiana non credono che esistano luoghi intermedi in cui le anime possano scontare un ulteriore periodo di prova o di purificazione dopo aver terminato il periodo di prova su questa terra, per dimostrare di meritare la visione beatifica. Hanno tutto il diritto di avere una propria opinione in merito. La mia opinione personale è che le Scritture indicano che ci sono altri mondi in cui gli spiriti subiscono ulteriori periodi di prova per decidere il loro destino ultimo e finale. Il fatto che la conoscenza assoluta di questa materia non sia stata rivelata agli esseri umani è una benedizione. Se tutti sapessimo che ci sono delle tappe intermedie prima di arrivare in paradiso o all'inferno come destinazione finale, forse non ci impegneremmo abbastanza per guadagnarci la nostra ricompensa eterna mentre siamo su questa terra. Sembrerebbe logico supporre che coloro che servono Dio nel modo più perfetto possibile andranno in cielo quando moriranno. È altrettanto logico supporre che coloro che servono Lucifero al meglio delle loro capacità mentre sono sulla terra lo raggiungeranno all'inferno quando moriranno. La stragrande maggioranza delle persone non sembra essere in grado di rendersi conto che su questa terra ci sono molte più persone che servono la causa luciferiana di quelle che cercano di mettere in atto il piano di Dio per il governo dell'universo su questa terra.

LUCIFER Questo più grande di tutti gli angeli, creato da Dio, ha sfidato il diritto del suo Creatore di esercitare l'autorità suprema sull'Universo e su tutto ciò che è in esso e in esso, eppure è

29

menzionato solo una volta nelle Sacre Scritture. Isaia 14:12 (King James Version). Ci sono altri due luoghi in cui sembra ragionevole supporre che le parole usate si riferiscano a Lucifero. Si tratta di Luca 10:18 e Ap 9:1-11.

La mancanza di rivelazioni da parte delle Sacre Scritture sul perché Lucifero abbia sfidato la supremazia di Dio, e il fatto che nelle Sacre Scritture Lucifero sia identificato con Satana, fa sì che la maggior parte delle persone creda che Lucifero e Satana siano lo stesso essere soprannaturale. Lo studio degli scritti segreti degli uomini che in vari periodi della storia hanno diretto il W.R.M. dimostra definitivamente che coloro che dirigono il W.R.M. AL TOP sono luciferiani. Lettere di istruzione che trattano di dottrina e dogmi luciferiani sono cadute di tanto in tanto in mani diverse da quelle previste mentre venivano fatte circolare a scopo istruttivo tra coloro che dirigono AL TOP e i loro immediati subordinati. A mio modesto parere, le rivelazioni riguardanti la dottrina e la cospirazione luciferiana sono "Atti di Dio" tanto quanto le rivelazioni e le ispirazioni che fanno delle Sacre Scritture la Parola di Dio ispirata e rivelata. Credo che, poiché Dio (Adonay) è giusto e misericordioso, abbia voluto che tutte le Sue creature su questa terra, che Egli ha messo qui per elaborare il proprio destino eterno, conoscessero ogni dettaglio riguardante entrambe le parti coinvolte nell'ottenere il possesso delle nostre anime per l'eternità.[5]

Lo studio del W.R.M. indica che è molto importante decidere se Lucifero e Satana siano o meno lo stesso essere soprannaturale. La ricerca nelle Sacre Scritture non rivela una decisione definitiva. I più famosi teologi vissuti dopo Cristo hanno evitato di pronunciarsi in

---

[5] Pur riconoscendo la verità che il Diavolo (Lucifero) è il "Padre della menzogna", come ci è stato detto da Gesù Cristo, e la Sinagoga di Satana (S.O.S.), che dirige la cospirazione luciferiana qui su questa terra, sono figli del Diavolo e maestri nell'arte dell'inganno.), che dirigono la cospirazione luciferiana qui su questa terra, sono figli del Diavolo e maestri nell'arte dell'inganno, continuo tuttavia a sostenere che una grande quantità di verità può essere appresa dagli scritti segreti di uomini che erano i Sommi Sacerdoti della Religione Luciferiana ai loro tempi, perché non hanno mai voluto che i loro pronunciamenti su questo argomento così importante cadessero in mani diverse da quelle che si erano prefissate. Come verrà dimostrato in altri capitoli, molti uomini hanno diretto i cerimoniali e i dogmi della Sinagoga di Satana e della religione luciferiana dopo la morte di Weishaupt nel 1830. Tra questi, Moses Hofbrook e Albert Pike negli Stati Uniti d'America, Mazzini e Lemmi in Italia e, più recentemente, Alister Crowley in Inghilterra.

modo definitivo su questa particolare questione. Ma gli uomini che hanno diretto il W.R.M. AT THE TOP sono molto precisi nel ritenere che Lucifero sia Dio, l'uguale del nostro Dio (che i luciferiani chiamano Adonay). Sostengono che Lucifero è il "detentore della luce", "il Dio della bontà", che lotta per l'umanità contro Adonay, il Dio delle tenebre e del male e di tutta la malvagità. Albert Pike, che ha elaborato un piano militare di guerre e rivoluzioni che, secondo i suoi calcoli, avrebbero portato la cospirazione luciferiana al suo stadio finale su questa terra, nelle sue lettere ai compagni cospiratori ha affermato con decisione che Satana, sebbene principe di questo mondo, è decisamente inferiore e subordinato a Lucifero.[6]

> SATANA. Le Scritture usano la parola Satana molto spesso e ci parlano dei suoi scopi e delle sue opere malvagie. È, come dice la parola, l'avversario di Dio. Satana è sempre associato a Lucifero. La maggior parte dei cristiani accetta il fatto che Lucifero e Satana siano lo stesso essere soprannaturale, comunemente chiamato Diavolo. Coloro che hanno diretto la cospirazione luciferiana su questa terra sono stati molto precisi nel pronunciare la dottrina che Lucifero è Dio, e Satana il suo "Principe del Mondo". Esiste un supporto scritturale per la credenza che ci siano cinque o più altri mondi su cui Lucifero ha posto dei "Principi", e molti altri, oltre a sostenere che Satana è il figlio maggiore di Dio (Adonay) e il fratello maggiore di Gesù Cristo, affermano anche che Gesù Cristo è la stessa persona di San Michele Arcangelo. Sostengono che quando Dio decise di abitare questa terra Lucifero fece di Satana il "Principe di questo mondo". Questa affermazione è parzialmente confermata dalle Scritture, che si riferiscono a Satana come principe di questo mondo. Giovanni 14:30, 16:11, Ef. 2:2.

La dottrina luciferiana insegna che Satana, servendosi di agenti umani, ha sviluppato la cospirazione luciferiana così bene che Dio (Adonay) ha deciso di inviare San Michele sulla terra sotto forma di Gesù Cristo, per fermare la cospirazione come ha fatto in cielo.

---

[6] Pike e la sua direzione della cospirazione luciferiana sono trattati in modo approfondito in altri capitoli.

Coloro che adorano Satana come "Principe del Mondo" e Lucifero come Dio del mondo celeste, sostengono che Cristo abbia fallito nella sua missione terrena. Sostengono che quando Cristo si rifiutò di accettare le avances di Satana, il suo tradimento e la sua morte furono organizzati in modo tale che i Romani agissero come giudici e boia per il S.O.S., mentre i sommi sacerdoti usarono la psicologia della folla per far sì che gli ebrei rifiutassero Cristo come Messia e poi si assumessero la colpa della sua crocifissione. Lo studio della storia indica con forza che coloro che hanno diretto la cospirazione luciferiana su questa terra hanno fatto in modo che il maggior numero possibile di ebrei disertasse da Dio, rifiutasse Gesù Cristo e li usasse per servire gli scopi dei sommi sacerdoti della Sinagoga di Satana, che Cristo stesso ci ha informato essere composta da "coloro che dicono di essere ebrei, ma non lo sono e mentono".

La Sinagoga di Satana ha odiato gli ebrei fin dall'inizio perché Dio ha voluto che portassero il suo vessillo qui sulla terra. Il S.O.S. ha distorto la conoscenza dei desideri di Dio da parte degli ebrei quando erano in cattività a Babilonia. Da allora hanno distorto anche la conoscenza che i Gentili hanno dei desideri di Cristo. È perché la Sinagoga di Satana odiava gli ebrei e li aveva trattati così male nel tentativo di ottenere il controllo delle loro menti mentre schiavizzavano i loro corpi in cattività, che Cristo ci ha detto che la sua missione qui su questa terra era di liberare sia i gentili che gli ebrei dalla schiavitù di Satana e delle sue agenzie sataniche.

A mio parere, gli agenti degli Illuminati che hanno diffuso la propaganda e le menzogne della Sinagoga di Satana hanno deliberatamente nascosto alla conoscenza generale del sito molte cose che dimostrerebbero che sono stati i membri della Sinagoga di Satana a far avverare le profezie sul tradimento e la morte di Cristo. Giuda e gli ebrei sono stati solo strumenti utilizzati per realizzare il loro scopo diabolico, per poi coprire la propria colpa addossandola alle spalle degli ebrei che, purtroppo, a causa di menzogne e inganni, da allora sono stati costretti a portare quel mantello di colpa.

Bisogna ammettere che il tradimento di Gesù da parte di Giuda è stato reale e disastroso, soprattutto perché ha influito sugli sforzi di Cristo per convertire gli ebrei e liberarli dai vincoli con cui sono stati legati dalla Sinagoga di Satana. Ma perché tanti ministri ordinati della religione di Cristo predicano che Dio ha voluto che gli ebrei portassero alla morte di Suo Figlio, nostro Signore e Salvatore? Perché fanno credere ai membri della loro congregazione che Cristo si è consegnato docilmente al suo destino affinché si adempissero le profezie delle Scritture? Lo studio di questa fase della storia mi dà una visione completamente diversa di ciò che è realmente accaduto.

Le Sacre Scritture mi dicono che Cristo sapeva cosa sarebbe successo. Egli si occupava degli affari del Padre di giorno, perché sapeva che, data la sua popolarità presso le masse, le autorità non avrebbero osato arrestarlo di giorno o in pubblico. Le Scritture dicono che Cristo si nascose di notte. Questo dimostra che, nonostante la sua conoscenza profetica di ciò che sarebbe accaduto, non agì in alcun modo per portare a compimento le profezie.

L'assoluto contrario della credenza generale sembra essere la verità. Cristo ha smascherato le intenzioni traditrici di Giuda, ovviamente nella speranza che tale denuncia lo avrebbe trattenuto dal commettere un crimine così abominevole che lo avrebbe portato al suicidio e alla dannazione eterna. Cristo ha condannato Giuda proprio perché il suo tradimento si sarebbe rivelato disastroso. La sua carriera fu stroncata proprio all'inizio della sua missione. È interessante speculare su ciò che sarebbe potuto accadere nella storia da allora se a Cristo fosse stato permesso di vivere altri cinquant'anni. È strano che coloro che servono la Sinagoga di Satana sembrino vivere quasi invariabilmente fino a ottant'anni. Qui abbiamo l'esempio più eclatante di coloro che dirigono la cospirazione luciferiana facendo sì che gli esseri umani servano il loro scopo diabolico; Dio sapeva cosa sarebbe successo, ma non voleva che succedesse.

Cristo sapeva cosa sarebbe successo, ma non voleva che accadesse. Pregò persino il Padre celeste nel Giardino del Getsemani e implorò di essere salvato dal suo destino imminente, ma allo stesso tempo Cristo fece quello che molti di noi hanno fatto da allora. Disse: "Non la mia volontà, ma la Tua volontà sia fatta".

Credo che sia stata la Sinagoga di Satana a tramare, finanziare e dirigere il tradimento, il processo e la crocifissione di Gesù Cristo, a servirsi di Giuda come strumento e a far sì che la folla ebraica si assumesse la colpa del loro peccato contro Dio e del crimine contro l'umanità, in modo da poter mantenere la presa che Cristo stesso ci ha detto di essere venuto sulla terra per spezzare.

Ciò che la Sinagoga di Satana, coloro che, come ci ha detto Cristo, "sono coloro che dicono di essere ebrei, ma non lo sono e mentono", ha fatto è stato rendere possibile l'uso degli ebrei come strumenti, agenti e fustigatori da allora fino ai giorni nostri. Dite questa verità sia agli ebrei che ai gentili e forse il corso della storia cambierà prima e non dopo. Ciò che è accaduto a Cristo quasi duemila anni fa è stato celebrato come una vittoria luciferiana e satanica in ogni messa nera e/o adonistica da allora. L'orribile e rivoltante rituale sostiene che la Sinagoga di Satana ha sconfitto la missione di Cristo sulla terra portandola a una fine precoce e improvvisa, quando è stata in grado di architettare il suo tradimento, la sua condanna con false accuse e la sua morte. Non trovo alcuna menzione di questa vittoria ebraica nei documenti che ho studiato e che trattano questo aspetto della cospirazione luciferiana.

Coloro che dirigono la cospirazione luciferiana AL TOP hanno anche incoraggiato e persino finanziato l'antisemitismo e lo hanno usato per servire i loro piani segreti e le loro ambizioni diaboliche. Ma hanno anche ingannato i gentili affinché servissero i loro scopi diabolici esattamente nello stesso modo. È assolutamente ridicolo dire che il W.R.M. è un complotto ebraico progettato per dare agli ebrei il controllo finale del mondo, perché lo studio del complotto luciferiano dimostra chiaramente che TUTTE le forme di governo e di religione devono essere distrutte nella fase finale della cospirazione luciferiana, in modo che quando "Nessun potere o astuzia potrà impedircelo, noi (i sommi sacerdoti della religione luciferiana) incoroneremo il nostro leader Re-Despota del mondo intero".

Secondo gli scritti di coloro che hanno diretto la cospirazione luciferiana, il loro scopo è quello di schiavizzare assolutamente TUTTI gli esseri umani minori, fisicamente, mentalmente e spiritualmente, e di costringerli ad accettare l'ideologia luciferiana mediante l'applicazione del dispotismo satanico. Questo è un dato di fatto, chi sostiene che il W.R.M. sia una cospirazione ebraica, cattolica romana, comunista, nazista, massonica o di qualsiasi altro tipo, dice un'assoluta sciocchezza, perché le prove contenute in questo libro dimostreranno come i cospiratori intendano distruggere ogni forma di governo e di religione.

Per quanto riguarda le nostre indagini, le prove indicano che coloro che hanno diretto segretamente la cospirazione luciferiana si sono sempre mascherati da campioni di un'altra religione stabilita. Abbiamo il luciferiano che era a capo del Sinedrio ebraico durante la missione di

Cristo sulla terra; abbiamo Weishaupt, che insegnava il Diritto Canonico con cui venivano governati gli sforzi missionari cristiani ai suoi tempi; abbiamo Albert Pike, che era a capo della religione massonica (perché la massoneria è una religione), ai suoi tempi, ecc.

DIO. L'Essere Supremo, Creatore dei cieli e della terra (Universo). Dio è conosciuto come Geova, ma questa forma di indirizzo risale solo al 1518. Il nome dato a Dio dalla razza umana in epoca pre-mosaica era Jahweh, talvolta scritto Yahweh, che significa Creatore. Dio Creatore è conosciuto anche come Elohim. Ma è interessante notare che, dopo che Mosè ebbe ricevuto da Dio i Comandamenti, il fatto che essi proibissero a chiunque di nominare il nome di Dio invano indusse i capi religiosi degli ebrei a sostituire la parola Adonai o Adonay. Questa è la parola usata dai sommi sacerdoti del Credo luciferiano quando pronunciano qualsiasi dichiarazione o definiscono qualsiasi dogma.

PROTOCOLLI. La parola significa bozza originale scritta di un piano progettato per raggiungere un obiettivo preciso. I protocolli della cospirazione luciferiana sono stati scritti non appena gli esseri umani hanno imparato l'arte di mettere su pergamena, o su altro materiale adatto, i loro pensieri e le loro intenzioni riguardo al futuro, in modo da poterli conservare per l'informazione di coloro che sono venuti dopo di loro. La cospirazione luciferiana (per impedire alla razza umana di mettere in atto il piano di Dio per il governo dell'Universo su questa terra, in modo che una dittatura luciferiana totalitaria possa essere imposta a TUTTI gli Esseri Minori nelle fasi finali) è stata costantemente rivista e modernizzata, MA MAI CAMBIATA. È stato rivisto e modernizzato in modo che coloro che dirigono la cospirazione possano trarre il massimo vantaggio dalla rapida evoluzione delle condizioni sociali, economiche, politiche e religiose, e anche per trarre il massimo vantaggio dai progressi della scienza applicata. Gli uomini che si rifiutano di riconoscere a Dio il merito della loro intelligenza superiore diventano invariabilmente satanisti e, in quanto tali, servono i piani segreti e favoriscono le ambizioni diaboliche di coloro che dirigono la cospirazione luciferiana.

Questa VERITÀ è resa abbondantemente chiara negli scritti di Adam Weishaupt e Albert Pike. Essi affermano che quando la cospirazione luciferiana sarà finalmente imposta su ciò che resta della razza umana, il Re-Despota sarà servito da pochi milionari, economisti e scienziati, che si sono dimostrati devoti alla causa luciferiana, assistiti da un numero sufficiente di soldati e poliziotti (la Polizia Internazionale delle Nazioni Unite?) per imporre la volontà del dittatore sulle masse (Goyim). Tutti i Goyim, senza eccezione, devono essere ridotti allo stato di bestiame umano attraverso un processo di integrazione su scala internazionale. Dopo che la razza umana sarà stata trasformata in un vasto agglomerato di umanità, l'allevamento sarà limitato a tipi e numeri considerati sufficienti per soddisfare le esigenze dello Stato (Dio). Per raggiungere questo scopo si ricorrerà all'inseminazione artificiale. Meno dell'1% dei maschi e il 30% delle femmine saranno selezionati e utilizzati per la riproduzione.

Lo scopo di questo libro è quello di smascherare la cospirazione ideata per realizzare questi scopi diabolici. Spieghiamo come la cospirazione si è sviluppata, fino ad arrivare oggi alla sua fase semi-finale. Raccontiamo poi cosa accadrà se la VERITÀ sull'esistenza della continua cospirazione contro Dio e la razza umana non sarà resa nota in lungo e in largo, il più rapidamente possibile. Le Scritture promettono che se facciamo conoscere la VERITÀ a tutte le persone di tutte le nazioni rimaste, la (conoscenza della) Verità ci libererà dai legami di Satana con cui siamo sempre più saldamente legati con il passare degli anni. Satana è ancora il principe di questo mondo. Il nostro compito è quello di abbreviare il tempo in cui si realizzeranno le profezie riportate nell'Apocalisse. È nostro dovere legare Satana rendendo noti i suoi piani malvagi, in modo da ricacciarlo all'inferno per mille anni (come predetto nel 20° capitolo dell'Apocalisse), affrettando così il giorno in cui Satana romperà nuovamente i suoi legami e porterà caos, tribolazioni e ulteriori abomini agli abitanti di questa terra. È allora che Dio interverrà per il bene degli Eletti. Queste cose non avverranno finché le persone che si considerano elette non dimostreranno di essere sincere. Per dimostrare la nostra sincerità dobbiamo, a mio modesto parere, diventare FATTORI della Sua Santa Volontà e non SOLO UDITORI della Sua Parola. Ritengo che l'azione di massa possa abbreviare i giorni della nostra tribolazione. Se noi genitori abbiamo un vero affetto paterno, dobbiamo pensare anche al benessere delle generazioni future.

L'Apocalisse ci dice che quando Satana fuggirà dall'Inferno introdurrà abomini come quelli che il mondo non ha mai conosciuto e non conoscerà mai più. Di questo periodo Marco 13:20 dice che se non fosse per l'intervento di Dio a favore dei suoi eletti, "nessuna carne sarebbe salvata". San Matteo conferma ciò che dice Marco nel capitolo 24, versetti da 3 a 32.

Come molti altri che hanno cercato di scoprire chi provoca guerre e rivoluzioni e perché, ho brancolato nella nebbia rossa della propaganda luciferiana per molti anni. Ho raccolto migliaia di prove. Ho rintracciato centinaia di indizi in tutto il mondo. Una volta o l'altra ho dato la colpa al capitalismo egoista, al comunismo, al nazismo e al sionismo politico. Altri che ho consultato erano altrettanto convinti che l'una o l'altra di queste forze malvagie fosse il POTERE SEGRETO che lavorava dietro le quinte dei governi e li costringeva ad adottare politiche che alla fine li costringevano a guerre e rivoluzioni. Alcuni davano la colpa alla Chiesa cattolica romana, altri alla Massoneria, altri ancora al Giudaismo, ai Federalisti mondiali, ai Bilderberg. Ma quando ho usato la Sacra Bibbia, l'ispirata Parola di Dio, per verificare la verità o la falsità di ogni prova, ho cominciato a capire la VERITÀ. Questa verità è che la rivolta luciferiana contro il diritto di Dio di esercitare l'autorità suprema sull'intero universo è stata trasferita su questa terra nel Giardino dell'Eden. Da allora ha continuato a svilupparsi qui fino ad arrivare alla sua fase semi-finale. Coloro che hanno diretto la cospirazione hanno usato ogni astuzia e ogni forma di furbizia per mettere sezioni della razza umana l'una contro l'altra, dividendole in campi opposti, armandole e facendole combattere per una questione o per l'altra. Quando ho considerato come coloro che erano nemici in una guerra si sono alleati in quella successiva; come i capitalisti hanno finanziato presunte "rivoluzioni operaie"; come coloro che si definiscono ebrei, ma non lo sono, e mentono, hanno sacrificato tanti fratelli ebrei minori quanti erano necessari per servire i loro scopi diabolici; come la propaganda diabolica abbia diviso milioni di cristiani in eserciti contrapposti, facendoli combattere e uccidere a decine di milioni, senza che nessuno dei partecipanti avesse la minima animosità personale verso l'altro; allora mi sono convinto che le Sacre Scritture sono la Parola di Dio ispirata e che Gesù Cristo è venuto sulla terra per avvertirci dell'esistenza della cospirazione luciferiana. Egli è vissuto, ha sofferto ed è morto per far conoscere le verità che ci libereranno dai legami di Satana e che ci permetteranno di godere della felicità eterna con il Suo e nostro Padre Celeste. Ora dipende da noi. Possiamo accettare o rifiutare la verità. (Giovanni 8:32)

Come il W.R.M. è stato trasferito sulla terra

Abbiamo visto che i popoli primitivi credevano in un essere supremo che chiamiamo Dio. Credevano in un avversario malvagio che chiamiamo Satana perché cercava di interferire con la creazione di Dio e con le sue creature che abitano la terra. La Bibbia ci dice che, in un periodo molto più tardo della storia del mondo, gli Ebrei pensavano che il cielo fosse concavo, sopra una terra piatta, sostenuto da pilastri, eretto su fondamenta. (2 Sam 22,8; Prov 8,27-29) Credevano che ci fossero sette cieli abitati da vari gradi di superuomini, il più alto Aravoth, riservato a Dio. San Paolo racconta di essere stato rapito nel terzo cielo. (2 Cor 12,2) Le Scritture non ci dicono molto su ciò che accadde in cielo dopo che Lucifero e i suoi compagni ribelli furono scacciati; né ci viene detto con certezza PERCHÉ Dio decise di creare questa terra su cui gli esseri umani decidono il loro destino eterno. Ma Dio ci ha dato un'intelligenza che ci permette di ragionare da soli. Se non avesse fatto le cose in questo modo, non saremmo stati sottoposti a una grande prova, che è ovviamente concepita per far sì che ogni individuo *dimostri* se desidera onestamente e sinceramente amare Dio e servirlo *volontariamente* per l'eternità.

Diversi teologi gettano una luce interessante su questo argomento, facendo riferimento al fatto che la causa della rivolta di Lucifero contro Dio potrebbe essere stata suscitata dalla gelosia che Dio ha manifestato nel momento in cui ha annunciato la sua intenzione di creare gli esseri umani e di dare loro la possibilità e l'opportunità di svilupparsi nei più alti ranghi degli esseri celesti. Ma sembra più logico supporre che Dio abbia deciso di creare questo mondo e di popolarlo di esseri umani DOPO che San Michele aveva represso la rivolta luciferiana.

Questo ragionamento apre una linea di pensiero che potrebbe portarci a credere che Dio sia infinitamente misericordioso, oltre che giusto, e che quindi abbia creato il mondo (o i mondi) e lo abbia popolato di esseri umani perché non riteneva tutti coloro che si erano uniti a Lucifero nella rivolta ugualmente colpevoli. Non sembra irragionevole supporre che Dio abbia deciso di dare a quegli angeli che giudicava essere stati ingannati per unirsi a Lucifero, un'altra opportunità di decidere da soli se volevano accettare Lui come loro Dio e autorità suprema, oppure Lucifero. Questa teoria potrebbe spiegare perché esiste una precisa affinità di un'entità spirituale con ogni singolo corpo. Comunemente ci riferiamo a questa entità come all'anima e la associamo al nostro angelo custode personale.

Portando questa teoria alla sua logica conclusione, sembrerebbe ragionevole supporre che Dio intendesse collocare gli esseri umani sulla terra con un metodo di nascita che impedisse loro di avere conoscenza di altri mondi al di là di ciò che decise di rivelare ai nostri primi genitori personalmente e alle generazioni future attraverso i Suoi profeti e le Scritture. Ci viene detto che Egli camminò con Adamo ed Eva nel Giardino dell'Eden, parlando con loro e spiegando loro la Sua Santa Volontà e il Suo piano per il governo dell'Universo che voleva fosse stabilito su questa terra, come riportato nella Genesi.

Se questo è vero, i nostri primi genitori avevano una conoscenza diretta di Dio, dei suoi desideri, dei suoi piani e delle sue intenzioni per il futuro.

Promise che se avessero rispettato i suoi desideri e obbedito ai suoi comandamenti, dopo un periodo di prova si sarebbero ricongiunti a lui in cielo e avrebbero vissuto per sempre in perfetta felicità. Le Scritture confermano quella parte della mitologia dell'uomo primitivo secondo cui Dio avrebbe reso loro la vita facile provvedendo ai loro bisogni. È anche possibile, come sostengono alcuni teologi, che la spiegazione corretta sia che Dio abbia creato questo mondo e lo abbia abitato con esseri umani, nei cui corpi ha "soffiato" un'anima, per dare loro l'opportunità di riempire i posti vacanti lasciati in cielo dopo che Lucifero e i membri della schiera celeste che si sono uniti alla sua rivolta sono stati gettati all'inferno. Essi insegnano che Dio crea un'anima individuale per ogni singolo corpo.

Se è così, è anche probabile che esistano tanti mondi quanti sono i cori degli angeli e che ogni mondo sia abitato da esseri umani con un'intelligenza paragonabile a quella degli angeli caduti che sono destinati a sostituire in cielo. Se è così, non sembra irragionevole supporre che il nostro avanzamento o deterioramento spirituale possa essere progressivo oltre che immediato, dopo la morte dei nostri corpi mortali.

Milioni di esseri umani credono nella reincarnazione. È possibile che questa credenza abbia origine dalla consapevolezza che il cielo di Dio è composto da sette livelli; che gli angeli di Dio erano costituiti da molti cori di vario grado e che gli angeli di grado inferiore passano da un cielo all'altro. Se così fosse, sembrerebbe che Dio volesse che gli esseri umani esistessero in vari gradi, e che anche coloro che si trovano sul piano inferiore potessero, con l'applicazione, la diligenza e l'attenzione alle questioni spirituali, avanzare a livelli più alti sulla terra e a gradi più alti in cielo. Questo è il vero significato dell'individualismo robusto, e l'individualismo robusto è ciò che i nemici di Dio sono determinati a distruggere. Ovviamente gli esseri umani possono, e lo fanno, deteriorarsi spiritualmente fino a raggiungere lo stadio in cui vengono inghiottiti dall'inferno. Questa linea di pensiero spiegherebbe i riferimenti al Limbo, al Purgatorio e al fatto che Cristo, dopo la sua resurrezione, sia sceso in una parte dell'Inferno, dove ha liberato le anime che aspettavano la loro redenzione.

Se Dio ha creato gli esseri umani per colmare i vuoti creati dalle apostasie degli spiriti decaduti, allora è logico supporre che Egli voglia che noi dimostriamo definitivamente che desideriamo conoscerlo, amarlo e servirlo volontariamente per tutta l'eternità. Se sviluppiamo questa linea di pensiero fino alla sua conclusione logica, allora sarà la nostra condizione spirituale, quando usciremo dalla lotta in corso in questo mondo per le anime degli uomini, a determinare se saremo considerati "degli eletti" o "dei dannati". Il riferimento nelle Scritture al giudizio "immediato" al momento della morte e al giudizio "finale", quando viene effettuata una divisione definitiva dell'universo in Paradiso e Inferno, indicherebbe che esistono luoghi intermedi in cui le anime possono essere ulteriormente messe alla prova fino a quando non avranno deciso definitivamente il loro destino eterno. Alcuni teologi sostengono che gli eletti della razza umana sono assorbiti nella gerarchia stessa degli angeli, nei ranghi dei Cherubini e dei Serafini e in tutti gli altri ordini. I teologi a cui mi riferisco ritengono che "gli Eletti della razza umana non saranno solo la frangia esterna del mondo degli spiriti, ma saranno, al contrario, le stelle splendenti in ognuno dei piani spirituali". Questa linea di pensiero sembra essere sostenuta da San Luca nel capitolo 20, versetto 36: "Né potranno più morire, perché sono uguali agli angeli e sono figli di Dio, essendo figli della risurrezione". Come afferma l'abate Anscar Vonier O.S.A. nel suo trattato sugli angeli: "Non ci occupiamo qui direttamente di demonologia; il nostro scopo è più consolante. Qualunque sia l'altezza che un angelo caduto può aver occupato nella scala dell'essere, è possibile per la grazia di Dio elevare l'uomo a quell'altezza, così che anche il trono lasciato libero da Lucifero stesso può diventare l'eredità congenita di qualche anima santa". Il dotto abate afferma inoltre che: "È possibile che la grazia di Dio elevi l'uomo a quell'altezza". Credo che sarebbe meglio dire: "La grazia di Dio, usata come Egli intende usarla, può permettere all'uomo di elevarsi a una tale altezza di perfezione spirituale che è possibile per un'anima umana occupare i posti lasciati vacanti dal più alto degli angeli caduti".

Ogni "anima viva" sa che Dio ci ha dato un intelletto e l'uso illimitato della nostra volontà. Se Dio non avesse voluto metterci alla prova, non avrebbe avuto senso permettere che un "avversario" si opponesse ai suoi piani, ridicolizzasse i suoi desideri e cercasse di allontanarci da Dio per farci possedere da Lucifero, il Re dell'Impero delle Tenebre, che comunemente chiamiamo "Diavolo". Lo studio delle opinioni espresse dai primi cristiani, e in seguito dai teologi cattolici e non, fornisce prove a sostegno del ragionamento sopra esposto. Troviamo che molti fanno riferimento al fatto che Lucifero e i suoi seguaci hanno espresso il desiderio lussurioso di avere rapporti sessuali e il controllo fisico sui corpi degli esseri umani che Dio aveva progettato di creare. È ovvio che avrebbero potuto sviluppare tali desideri solo come risultato della loro ribellione contro l'autorità suprema di Dio Creatore, al fine di rovinare il suo piano di far sì che gli esseri umani riempissero i vuoti che la loro ribellione aveva causato nei cori degli angeli.

Diversi primi teologi cristiani ritenevano che gli angeli caduti desiderassero gli uomini di questo mondo. Sant'Agostino sosteneva che l'interpretazione perversa e depravata dei rapporti sessuali adottata dalla razza umana su istigazione di Satana, è contraria allo scopo e all'intenzione di Dio. Egli chiama questo fenomeno "concupiscenza". Sembrerebbe quindi logico supporre che se la "concupiscenza" è contraria alla volontà di Dio, è stata introdotta da Satana per favorire la cospirazione luciferiana su questa terra. Le opinioni di cui sopra si basano sull'autorità del Libro di Enoch. Ma queste opinioni sono state giudicate "in errore" dai teologi più moderni. San Tommaso e il decreto del Concilio di Trento sostengono che, poiché tutti gli angeli (quelli che sono rimasti fedeli e quelli che hanno disertato da Dio) sono puri spiriti, è impossibile per loro desiderare o avere rapporti sessuali con gli esseri umani.

D'altra parte, ci sono prove nei registri degli esorcismi, praticati da ministri ordinati della religione cristiana, che affermano che le vittime rilasciate dopo essere state possedute dai demoni, hanno affermato di essere state possedute fisicamente a livello sessuale.

Comunque sia, sappiamo che Dio ha creato questa terra. L'ha abitata con esseri umani. Ci viene detto che siamo fatti a Sua immagine e somiglianza. Poiché ci sono così tanti gradi di forma corporea, la somiglianza di un essere umano con Dio deve necessariamente riguardare la sua entità spirituale, che chiamiamo anima. Le Scritture confermano questa congettura. Ci dicono che fino a quando i nostri primi genitori non hanno disertato da Dio, scegliendo di accettare i consigli di Satana, i loro corpi brillavano come il sole perché erano illuminati dalla luce della grazia santificante. Questa illuminazione spirituale è venuta meno con la commissione di quello che chiamiamo "peccato originale". Ma qualunque cosa sia accaduta a questo proposito, è definitivamente stabilito che i nostri corpi mortali hanno le loro entità spirituali. Credere il contrario significa essere atei.

Arriviamo ora al punto della storia del mondo in cui l'avversario di Dio si chiama Satana. Egli ha indotto Eva a disertare da Dio. In seguito convinse Adamo a unirsi a lei nella ribellione. Senza sottolineare il punto di come Satana abbia ingannato Eva per indurla a disertare da Dio, deve essere evidente alla maggior parte delle persone pensanti che la perversione del sesso ha sicuramente fatto parte dell'inganno.

Per perversione del sesso intendiamo che Satana insegnò a Eva come usare i rapporti sessuali per appagare passioni animali e desideri carnali. Lo studio di questa fase cospirazione luciferiana indicherebbe che Dio intendeva il rapporto sessuale come un'unione sacra tra un uomo e sua moglie, stipulata allo scopo di creare un altro essere umano in cui Dio potesse infondere un'anima, perché desiderava avere l'opportunità di riempire uno dei posti vacanti lasciati in cielo come risultato della ribellione luciferiana. Questa linea di pensiero deve avere un qualche valore, altrimenti non ci sarebbe un tale scontro di opinioni sull'uso dei contraccettivi e sulle cosiddette nascite programmate. Se non c'è un merito in questo punto di vista, perché coloro che lavorano per impedire che il piano di Dio per il dominio della Creazione sia stabilito su questa terra sono segretamente determinati a sostituire il piano di Dio per la riproduzione della razza umana con l'inseminazione artificiale praticata su scala internazionale

L'insegnamento di Cristo e molte citazioni scritturali ci dicono che Dio ha reso gli esseri umani più grandi degli angeli in quanto ha dato loro il potere di riprodurre la loro specie secondo la Sua volontà. Lo spreco di seme umano è condannato più volte. Ogni essere umano sensibile sa che, poiché Dio è Dio, cioè l'Essere Supremo, Creatore del Cielo e della Terra (l'Universo), avrebbe potuto, se avesse voluto, impedire a Lucifero di interferire con il Suo piano di creare mondi terrestri ed esseri umani, ma se lo avesse fatto, non saremmo stati sottoposti a nessuna prova reale. Senza voler essere presuntuosi, sembra ragionevole supporre che Dio ottenga il piacere della sua meravigliosa creazione grazie all'amore e alla fedeltà che gli viene data da coloro, sia angelici che umani, che rimangono fermi, leali, fedeli e veri, nonostante tutte le malvagie macchinazioni del Diavolo e dei suoi angeli, che vagano per questo mondo (e probabilmente anche per altri), cercando la rovina delle anime immortali.

Per capire queste cose dobbiamo comprendere i fatti relativi alla "tutela dello Spirito". La parola "tutela" è usata per significare "tutela" e/o "istruzione". La tutela dello Spirito è un'ordinanza divina. Permette all'uomo di essere influenzato da spiriti buoni e cattivi che hanno il potere di mettere "pensieri" nella nostra mente. Le tentazioni sono ciò che definiamo pensieri "malvagi". La tentazione da parte degli spiriti maligni non è un'"ordinanza divina". È il risultato di ciò che i teologi chiamano "la provvidenza permissiva di Dio". Se la razza umana non fosse soggetta a influenze "malvagie" e "buone", non avrebbe senso che Dio ci abbia dato un intelletto e il libero arbitrio. L'intelletto ci permette di analizzare i pensieri che entrano nella nostra mente. Prendiamo una decisione. Poi, usando il nostro libero arbitrio, facciamo in modo che il nostro corpo metta in atto la decisione della mente.

La domanda più frequente posta da persone di ogni estrazione sociale su questo tema così importante è: "Se Dio è BUONO, perché permette il male? Se Dio ama la razza umana, PERCHE' permette che anche persone innocenti soffrano le tribolazioni delle guerre, delle rivoluzioni, delle malattie, eccetera?".

L'esperienza di due guerre e tre rivoluzioni mi ha insegnato la risposta a queste domande. PRIMO - Credo che sia intenzione di Dio riempire i vuoti in cielo risultanti dalla caduta degli angeli di molti gradi dalla Grazia con esseri, compresi gli esseri umani, che dimostrino positivamente e definitivamente, attraverso la natura delle loro preghiere e delle loro opere, il modo in cui affrontano le tentazioni e il modo in cui resistono in condizioni di stress fisico, mentale e spirituale, che, indipendentemente da ciò che accade loro su questa terra, desiderano ancora, con un desiderio ardente e costante, amare e servire volontariamente Dio per l'eternità. Questa convinzione è giustificata in Matteo 10:28; Luca 12:4; II Re 7:4; Sal 44:22, ecc.

Baso questa spiegazione sull'ulteriore convinzione che Dio, essendo il Creatore della totalità dell'Universo, può trarre felicità solo dall'amore, dalla fedeltà, dalla devozione e dal servizio che le sue creature gli prestano VOLONTARIAMENTE. Egli intende che gli dimostriamo di aver preso definitivamente e irrevocabilmente questa decisione prima di permetterci di entrare nel Regno dei Cieli. In altre parole, siamo noi a decidere il nostro destino eterno.

Il testo di San Paolo, 1 Cor. VI, 3, dice: "Non sapete che giudicheremo gli angeli? Quanto più le cose di questo mondo?". Credo che questo indichi che gli esseri umani che usciranno da questa prova terrena "con i colori di Dio" saranno scelti per giudicare gli angeli caduti che hanno usato i loro poteri per ispirarci pensieri malvagi e ingannarci nel fare cose malvagie. Il fatto che gli eletti mettano da parte la tentazione e rifiutino di farsi ingannare, anche se gli agenti del diavolo compiono grandi meraviglie, dimostra che hanno conquistato il dominio spirituale sulle forze del male. Sarà loro permesso di esercitare questo dominio nel giorno del giudizio finale.

Nel 1918, mentre aiutavo a rimuovere le macerie di un bombardamento aereo tedesco su West Hartlepool, in Inghilterra, per salvare un neonato le cui grida provenivano dall'interno buio dell'edificio crollato, appresi la risposta alla seconda parte della domanda. Mentre lavoravamo, ho sentito la madre angosciata gridare: "Se Dio è TUTTO BUONO, come può permettere un tale male? Come può permettere che dei bambini innocenti soffrano? Perché mi punisce così? Ho cercato di amarLo e di servirLo".

Mentre lavoravo, mi venne in mente la risposta. Mezz'ora dopo raggiungemmo il bambino. Era vivo e non ferito. Era sdraiato accanto alla nonna su un materasso a terra all'interno di un armadio ricavato racchiudendo lo spazio sotto le scale che portavano dal piano terra alle stanze del piano superiore. La nonna era morta.

Quando il bambino è stato messo tra le braccia della madre, le ho chiesto se potevo accompagnarla. Alcuni amici che si trovavano nei paraggi le avevano offerto un riparo. Mi diede il permesso.

Davanti a una tazza di tè (che per gli inglesi è una necessità assoluta nei momenti di gioia o di dolore), la madre abbracciò il suo bambino al seno e mormorò: "Oh Dio, perdonami. Come ho potuto dubitare della tua infinita bontà?". Le misi una mano sul braccio e le dissi: "Dio non vuole che noi, sue creature, subiamo l'abominio della guerra. Le guerre sono una punizione che l'umanità si autoinfligge perché la maggioranza si è ostinatamente e persistentemente rifiutata di fare la Sua volontà, di obbedire ai Suoi comandamenti e di mettere in atto il Suo piano per il governo dell'Universo su questa terra". Ci puniamo perché permettiamo a Satana di rimanere "Principe di questo mondo".

Questa linea di ragionamento credo onestamente che sia la VERITÀ. L'incidente che riporto qui è avvenuto nell'aprile del 1918. Da allora sono state combattute un'altra guerra mondiale e molte rivoluzioni. Il W.R.M. è diretto al vertice dalla Sinagoga di Satana per portare avanti i piani segreti dei Sommi Sacerdoti del Credo Luciferiano. Sono loro, gli esseri umani, diabolicamente ispirati dalle forze spirituali delle tenebre, a fomentare guerre e rivoluzioni, e così facendo confermano le parole pronunciate da Cristo stesso quando disse del S.O.S.: "Voi siete figli del diavolo, di cui farete le passioni. Egli è stato un omicida fin dal principio; ecc.". Sì, il diavolo è stato ed è tuttora un assassino. Le guerre e le rivoluzioni sono i suoi mezzi per commettere omicidi di massa. A mio parere, commettiamo un peccato terribile quando pensiamo che Dio voglia guerre, rivoluzioni e altre forme di abominio. Dio non ha voluto che i nostri primi genitori si allontanassero da Lui. Lo hanno fatto di loro spontanea volontà. Dio non ha voluto che gli esseri umani terminassero questa esistenza terrena con la morte dei nostri corpi mortali. Quando Adamo ed Eva peccarono, subirono la perdita della grazia santificante. Ciò ha comportato automaticamente la morte dei loro corpi mortali, *contrariamente alla* volontà di Dio e alla sua intenzione originale.

Le stesse conclusioni sono corrette se applicate ai disturbi fisici e mentali. Se gli esseri umani mangiavano carne, pesce, pollame, frutta, noci, semi e verdure come previsto da Dio, vivevano in salute e in età matura. Se morivano naturalmente, morivano di vecchiaia, il graduale esaurimento degli organi vitali del corpo. Solo quando la razza umana si è allontanata dalla Volontà di Dio, per quanto riguarda l'alimentazione, e ha sostituito "l'infuso del diavolo", costituito da cibi, bevande e droghe che soddisfano la golosità, l'appetito carnale, e suscitano pensieri lussuriosi e desideri sensuali, i disturbi della carne hanno accorciato la durata della nostra vita e causato malattie fisiche e sofferenze mentali. Non credete alle mie parole. Nelle Scritture, Romani 6:23 ci dice: "Il salario del peccato è la morte".

Perché coloro che tramano la nostra sottomissione ci costringono a mangiare cibi denaturati al giorno d'oggi, se non per indebolirci mentalmente e fisicamente?

C'è un altro fatto che riguarda il trasferimento della W.R.M. su questa terra nel Giardino dell'Eden. Il Diavolo, Lucifero, Satana, o comunque vogliate designare il Potere Segreto del Male su questa terra, che costituisce l'"Avversario" della Volontà di Dio, occupava questa terra PRIMA che Dio creasse Adamo ed Eva. Satana era qui e pronto a tentare Eva e, attraverso di lei, Adamo, quando entrambi erano ancora in uno stato di innocenza e godevano della presenza e dell'amicizia di Dio. Il peccato dell'uomo ha rafforzato la presa che il diavolo aveva su questo mondo. Non l'ha creato. I teologi di solito accettano questo come un "mistero insolubile". Vorrei sottolineare che questo fatto indica che questo mondo era, ed è tuttora, parte della sezione dell'Universo controllata da Lucifero, la parte che chiamiamo Inferno. Sembra che ci sia molto di vero in un vecchio detto, che risale all'antichità: "Questo è l'inferno sulla Terra". Gli esseri umani hanno ancora la possibilità di riunirsi a Dio, se lo desiderano, ma la stragrande maggioranza non sembra fare molto al riguardo. La domanda successiva è la seguente: "Lucifero e Satana sono lo stesso essere soprannaturale?". Per ragioni che vanno oltre la mia comprensione, l'idea accettata dalla maggior parte dei teologi è che Lucifero e Satana siano una cosa sola. Tuttavia, gli stessi teologi concordano sul fatto che ci sono prove per credere che ci siano diversi principati all'Inferno, ciascuno governato da un essere soprannaturale che è subordinato a Lucifero. È irragionevole supporre che Satana sia un altro essere che ha disertato da Dio al momento della rivolta celeste guidata da Lucifero? È irragionevole supporre che ci sia un certo grado di VERITÀ negli insegnamenti e nelle dottrine di coloro che espongono l'ideologia luciferiana su questa terra? Anche ammettendo che un angelo, per il fatto di essere un puro spirito, indipendentemente dal fatto che sia "buono" o "malvagio", non è confinato in alcun limite geografico e può usare la sua influenza per il "bene" o per il "male" in una dozzina di luoghi diversi in un tempo minore di quello impiegato in un battito di ciglia, sembra comunque ragionevole supporre che Lucifero sia "Re" di tutta quella parte dell'Universo che chiamiamo Inferno e che Satana sia uno dei suoi Principi. Non è forse Cristo stesso a designare Satana come "Principe di questo mondo"? Le condizioni esistenti su questa terra sembrano indicare che essa fa parte dell'Inferno piuttosto che del Paradiso.

Se questo mondo fa *parte* dell'Inferno, allora è ragionevole supporre che la decisione che prendiamo qui sia definitiva. Questo può spiegare perché Egli ha visitato questa parte dell'inferno come un'altra prima della sua risurrezione. Egli ci ha redenti, ma se accettiamo la sua redenzione o la rifiutiamo, sono affari nostri.

Comunque sia, resta il fatto che le dottrine luciferiane trascurano ciò che le Sacre Scritture dicono su questo importante argomento. Cristo ha detto chiaramente che Lucifero è il "Padre della menzogna" e che Satana usa la menzogna e l'inganno per raggiungere il *suo* scopo diabolico. È irragionevole supporre che Lucifero abbia ispirato coloro che hanno diretto la sua cospirazione qui sulla terra, a dire solo un po' di verità? Se questa linea di pensiero non è logica, allora da dove ha avuto origine il vecchio detto che "Una mezza verità è più pericolosa di una bugia intera?".

Se Lucifero si trovava in cima ai cieli più alti, e nidificava in bellezza, potenza e gloria a Dio stesso, e se la mitologia luciferiana del figlio maggiore di Dio e fratello maggiore di San Michele è basata sulla verità, allora i molti e vari elementi di prova relativi al trasferimento della cospirazione luciferiana su questa terra, forniti in precedenza, cadono al loro posto e forniscono un quadro eccezionalmente chiaro di questa fase della cospirazione.

Esistono volumi e volumi di scritti che indicano e/o provano che ai massoni viene insegnato che l'origine della loro società segreta risale all'epoca della costruzione delle piramidi. Ci sono altrettanti volumi che provano che agli adepti delle Logge del Grande Oriente e dei Consigli del Rito Palladiano Nuovo e Riformato viene insegnato che la loro forma di Massoneria continua dalla caduta di Eva. Essi sostengono che la sua seduzione da parte di Satana generò Caino e che Caino fondò la Sinagoga di Satana. Questo è l'insegnamento che impone ai membri dei gradi inferiori del Grande Oriente e del Rito Palladiano di diventare satanisti.

È una strana coincidenza che la maggior parte degli uomini che protestano fermamente di essere al 100% per Dio e rifiutano di accettare l'idea che Satana sia diverso e subordinato a Lucifero, siano sostenuti in questa opinione da coloro che riconoscono apertamente la loro fedeltà a Satana. Verranno prodotte prove per dimostrare che solo quando un satanista confermato nel Grande Oriente o nel Rito Palladiano viene iniziato al Sommo Sacerdozio del Credo Luciferiano, gli viene rivelato IL SEGRETO COMPLETO e gli viene richiesto di accettare il suo Credo, che dice: "*Lucifero è Dio uguale ad Adonai* (Adonay) e l'adorazione di Satana è *quindi un'eresia*".

Il generale Albert Pike è considerato la più grande autorità moderna per quanto riguarda il luciferianesimo. In qualità di capo del Rito Palladiano, scrisse una lettera di istruzioni datata 14 luglio 1885 e la inviò ai capi dei ventisei Consigli dislocati in tutto il mondo. In questa lettera non solo confermava la convinzione che Satana è subordinato a Lucifero, ma affermava che Lucifero è Dio, uguale ad Adonay, e aggiungeva che Lucifero è il Dio della LUCE, il Dio del BENE, che lotta per l'umanità contro Adonay, il Dio delle tenebre e di tutto il male.

Pike è stato costruito dalla stampa degli Stati Uniti al punto che la maggior parte dei massoni lo considera uno dei loro fratelli più illustri e uno dei più grandi patrioti americani. Ma le ricerche rivelano che Pike viveva una doppia vita. In segreto era un adoratore di Lucifero. Tra il 1859 e il 1889 divenne capo dei Sommi Sacerdoti del Credo Luciferiano.

Ai massoni di grado inferiore viene insegnato a credere a diverse affermazioni riguardanti la fonte della loro Società Segreta. Il fatto è che, quando vengono iniziati a un grado superiore, viene detto loro qualcosa di completamente diverso da coloro che conducono l'iniziazione, dicendo loro che man mano che avanzano verso i gradi superiori sono ammessi sempre più in profondità nei misteri dell'Artigianato. Nessun massone su mille sospetta che, molto al di sopra del Rito Scozzese della Massoneria Blu, e al di fuori della portata di tutti tranne di coloro che sono stati accuratamente selezionati per essere ammessi nelle Logge del Grande Oriente e nei Consigli del Rito Palladiano Nuovo e Riformato di Pike, si pratichi il satanismo. In queste società segrete Satana è venerato come Dio e "Principe di questo mondo". Ma al di sopra di queste società sataniche, membri appositamente selezionati della Sinagoga vengono iniziati al

SEGRETO COMPLETO, che è la VERITA' finale esemplificata nel Credo Luciferiano, come abbiamo appena spiegato.

Il lettore potrebbe chiedersi: "Perché tutta questa segretezza?". La risposta è che gli esseri umani che si sono letteralmente venduti al diavolo sanno che il successo finale della loro diabolica cospirazione contro Dio e la sua razza umana dipende dalla loro capacità di mantenere segreta la loro identità e il loro VERO scopo. Questo libro viene pubblicato per svelare il loro segreto e suscitare l'opinione pubblica affinché si ponga fine a questa cospirazione e si realizzi così la profezia contenuta nell'Apocalisse, secondo la quale Satana sarà incatenato e riportato all'Inferno e vi rimarrà per mille anni.

Nelle logge internazionali del Grande Oriente e del Nuovo Rito Palladiano di Pike, gli adepti sono tenuti ad accettare come VERITA' che la Massoneria ha avuto realmente origine con Caino. Viene detto loro che Satana, che chiamano Ebilis, ha conferito alla razza umana il più grande beneficio possibile quando ha sconfitto il complotto di Dio (Adonay) per tenere nascosta la conoscenza del comportamento sessuale e il segreto della procreazione ai nostri primi genitori. Agli iniziati viene detto che Ebilis iniziò Eva ai piaceri del rapporto sessuale e le insegnò il segreto della procreazione, rendendo così lei e Adamo uguali a Dio. All'iniziato viene anche detto che, come risultato del rapporto sessuale, Eva partorì Caino, che diede inizio al movimento (Massoneria) e mise in atto l'ideologia luciferiana qui come in quella parte del mondo celeste su cui regna Lucifero. Così, mentre ai membri dei gradi inferiori del Rito Scozzese viene insegnato che Hiram fu il padre della Massoneria, a quelli ammessi al grado più alto viene insegnato diversamente.[7]

Lo studio del movimento e della dottrina manichea ci informa che, per impedire il piano di Dio di fare di Adamo ed Eva i primi genitori della sua razza umana, Satana sedusse Eva, la possedette e fu il padre *anche della prima figlia di* Caino ed *Eva*. La dottrina manichea insegna che Caino "sposò" sua sorella e che la progenie di questa unione (incesto) ha perpetuato il satanismo da allora. Senza voler insistere troppo su

---

[7] Chi desidera ulteriori informazioni su questa particolare fase della cospirazione dovrebbe leggere i libri elencati altrove, in particolare le *Drame Maçonnique* di Copin-Albancelli, ecc.

questo punto, è interessante sottolineare che le Scritture riferiscono che il "matrimonio" di Caino aveva qualcosa di molto spiacevole per Dio. Caino uccise anche suo fratello Abele; e Cristo ai suoi tempi castigò quelli della Sinagoga di Satana come

> "Voi siete figli di vostro padre, il diavolo, e farete le sue voglie. Egli è un omicida fin dal principio e non è rimasto nella verità, perché non c'è verità in lui." (Giovanni 8:44)

"Il Serpente" è il nome con cui Satana è conosciuto nelle Sacre Scritture (Ap. 20:2; Num. 21:9). Il serpente è il simbolo del satanismo nelle società segrete che lo adorano come principe del mondo. Le Scritture parlano di Eva e del "seme del serpente" (Gen. 3:1-16). Possiamo quindi chiederci: "Da dove viene il seme del Serpente?".

Paolo dice, in 2 Cor. che *Eva* era stata *impudica* con il Serpente (Lucifero, Diavolo, Satana) - (Lucifero significa l'Illuminato e il Lucente). Ecco l'origine del Seme del Serpente. In Gen. 3:15 Dio disse: "Porrò inimicizia tra te e la donna, tra il tuo seme e il suo seme". Dicendo questo al Serpente (Lucifero, Diavolo, Satana), Dio affermò che Lucifero avrebbe avuto un seme (fisico come il seme di Eva). In Gen. 3:16 Dio disse a Eva: "e il tuo desiderio sarà per tuo marito", indicando chiaramente che *il suo desiderio era stato in precedenza per un altro*! In Cor 11,2-3 Paolo parlava di "castità", per presentare i Corinzi come una vergine casta a Cristo. Nel versetto successivo, Paolo dice: "Ma temo che, in qualche modo, come il serpente ingannò Eva con la sua astuzia".

Paolo afferma che Eva non si presentò ad Adamo come una vergine *CASTA*! Ricordate, c'è solo un modo per una vergine di perdere la sua castità. In Gen. 4:1, Eva pensava che Caino fosse il suo seme promesso, ma in seguito riconobbe di essersi sbagliata e che Seth (non Caino), era il suo seme promesso, quando disse (Gen. 4:25) "Poiché Dio mi ha assegnato un altro seme al posto di Abele, che Caino uccise".

Caino e Abele erano gemelli (Gen. 4:3-4), perché divennero maggiorenni nello stesso momento e presentarono le loro offerte nello stesso giorno. Abele era figlio di Adamo, ma Caino era figlio di Lucifero. Lucifero e la sua discendenza sono stati assassini nel corso dei secoli e Cristo li ha accusati di aver ucciso tutti i profeti da Abele ai suoi tempi (Mt 23,35). Lucifero generò un seme, come Dio aveva detto che avrebbe fatto (1 Giovanni 3:12). "Non come Caino, che era di quel malvagio".

La lussuria è il desiderio sessuale al di fuori della Legge naturale di Dio. Perciò Cristo stesso sembra aver confermato che Satana era lussurioso ed è il padre della Sinagoga di Satana, come insegnano e credono i satanisti. I satanisti hanno sempre usato la corruzione sessuale e le depravazioni e perversioni del sesso per ottenere il controllo di uomini e donne che volevano usare per portare avanti i piani segreti della loro cospirazione diabolica. Il satanismo fa del sesso un Dio. Adora il corpo umano per le sue capacità sessuali. Quando gli uomini e le donne dimostrano di resistere a tutte le altre forme di tentazione diabolica, spesso cadono e si lasciano coinvolgere in relazioni illecite e perversioni. Davide non ha forse commesso crimini sessuali abominevoli, compreso l'incesto?

Poi, Cristo ci ha anche detto che il padre della Sinagoga di Satana era un assassino fin dall'inizio. Chi poteva essere se non Satana? Non ha forse ispirato Caino, suo figlio, a uccidere il proprio fratello Abele? L'omicidio non è forse il mestiere di coloro che da allora fanno parte della Sinagoga di Satana? Cos'è la rivoluzione e la guerra se non un omicidio praticato su scala di massa?

Un altro fatto importante che riguarda l'incesto usato per avviare la Sinagoga di Satana su questa terra è la pratica dei re pagani, che adoravano il Diavolo. Per perpetuare la loro linea di successione, insistevano affinché i loro figli sposassero le loro stesse sorelle. Ma a prescindere da ciò che è "giusto" o "sbagliato", resta il fatto che quando Cristo iniziò la Sua missione, ci disse che la cospirazione luciferiana aveva raggiunto lo stadio in cui Satana, come Principe di questo mondo, aveva ottenuto il controllo su tutti coloro che si trovavano in alto.

Le parole di Gen. 4:15 sembrano indicare che, dopo che Adamo ed Eva hanno disertato da Dio, Egli ha voluto che avvenisse ciò che è accaduto da allora. Egli disse: "Chiunque uccida Caino, si vendicherà su di lui sette volte". Sembra che, dopo la defezione dei nostri primi genitori, Dio abbia insistito affinché coloro che desideravano veramente amarlo e servirlo volontariamente per l'eternità, per rispetto alle sue infinite perfezioni, dimostrassero la loro sincerità. Senza l'"Avversario" e la Sinagoga di Satana, non ci sarebbe una vera prova. Le Sacre Scritture ci danno informazioni sufficienti per permetterci di decidere da soli quale strada vogliamo percorrere.

Il satanismo insegna che Gesù Cristo è la stessa cosa di San Michele ed è il fratello minore di Satana.

Il satanismo sostiene anche che Dio abbia inviato San Michele sulla terra, sotto forma di Gesù Cristo, affinché ponesse fine alla cospirazione luciferiana qui come aveva fatto in precedenza in cielo. Sia i satanisti che gli adepti luciferiani si vantano che Cristo abbia fallito nella sua missione. Fanno della reazione alla sua sconfitta la parte principale della celebrazione della "Messa Nera". Pike ha rivisto e modernizzato la "Messa Nera" e ha chiamato la sua invenzione "Messa Adonaicida".

La parola "Adonaicidio" significa la morte, o la fine, di Dio. La morte di Dio era lo scopo principale del nietzscheismo.[8]

Sembrerebbe che, poiché l'inimicizia tra Satana e San Michele è iniziata in cielo e poiché Cristo, mentre era sulla terra, ha respinto le proposte di Satana di unirsi a lui nella ribellione contro la supremazia assoluta di Dio, l'inimicizia è stata portata avanti in modo tale che il cristianesimo è stato ed è tuttora intriso di cellule luciferiane e/o sataniche.

Da quando Cristo scelse i suoi apostoli, questi Agenti hanno sempre nascosto la loro vera identità, mentre si affannavano dall'interno. Oggi li troviamo travestiti da "modernisti", che indeboliscono le varie denominazioni in modo che siano pronte a crollare quando coloro che dirigono la cospirazione AL TOP, decideranno che è giunto il momento di provocare il cataclisma sociale finale. Pike spiegò cosa intendeva fare in una lettera scritta al suo direttore (Mazzini) del W.R.M. il 15 agosto 1871. Questa lettera è citata altrove. È catalogata nella Biblioteca del British Museum, Londra, Inghilterra[9] ed è stata citata e riferita da decine di autorità e studenti della W.R.M., tra cui il Cardinale Rodriguez del Cile. (Cfr. pagina 118 di *The Mysteries of Freemasonry Unveiled*, 1925. Traduzione inglese, 1957). Il fatto che la cospirazione luciferiana esista, e che abbia avuto una continuità ininterrotta fin dal suo inizio, indipendentemente dal fatto che si consideri il suo inizio nel

---

[8] Si vedano le pagine 346-7 di *Satana*, di Sheed and Ward, New York, 1951.
[9] Il custode dei manoscritti ha recentemente informato l'autore che questa lettera NON è catalogata nella biblioteca del British Museum. Sembra strano che un uomo della conoscenza del Cardinale Rodriguez abbia detto che lo era nel 1925.

mondo celeste o nel Giardino dell'Eden, dimostra che ha un'origine e una direzione soprannaturali. Nulla di concepito da una mente umana potrebbe essere così perfetto, così diabolico, di dimensioni titaniche o così totalmente distruttivo come la cospirazione luciferiana, che oggi chiamiamo Movimento Rivoluzionario Mondiale (W.R.M.).

Ogni volta che è stato fatto un tentativo da parte di funzionari ecclesiastici e/o civili di esporre il satanismo come l'inversione dei piani e delle leggi di Dio e l'antitesi della religione cristiana, gli agenti dei Sommi Sacerdoti del Credo Luciferiano, che si trovano dietro le quinte di tutti i governi, sia laici che ecclesiastici, sono riusciti finora a trasformare l'esposizione prevista in una vera e propria caccia alle streghe. Per evitare che i veri satanisti e i luciferiani devoti venissero smascherati e puniti, la Sinagoga di Satana e i Sommi Sacerdoti del Credo Luciferiano, che controllano il S.O.S., sono sempre riusciti a mettere nelle mani degli inquirenti un gran numero di sostituti, che hanno fornito ai carnefici un numero di vittime sufficiente a soddisfare gli indignati sentimenti dei Principi, sia religiosi che laici, e la sete di sangue delle folle inferocite. Fino a poco tempo fa, questi sostituti erano accusati di essere streghe e/o stregoni che adoravano il diavolo. I credenti in Dio saranno i prossimi.

Tra il 1486 e il 1675, furono prese trentadue misure ecclesiastiche contro il satanismo; e tra il 1532 e il 1682, 149 streghe e/o stregoni furono bruciati, 78 banditi dai loro Paesi e 124 puniti in altri modi. Queste misure e punizioni colpirono gli americani. Furono accusati di essere satanisti e di favorire la cospirazione luciferiana contro il cristianesimo. L'attenzione dell'opinione pubblica rimase così concentrata su vittime non importanti, la maggior parte delle quali era stata accusata o tradita dagli alti funzionari che mantenevano segreta la propria identità con la cospirazione luciferiana.[10]

Le Scritture e gli scritti degli uomini ispirati dall'avvento di Cristo sono pieni di episodi di possessione demoniaca di individui, ma tranne che nella Colletta, letta dai sacerdoti che celebrano la Messa della 17a domenica dopo Pentecoste, non si riesce a trovare nulla di molto preciso sulla "Diabolica Contagis" - il contagio diabolico - o sull'influenza del diavolo sulle masse umane. Questo è piuttosto straordinario perché se

---

[10] Si vedano le pagine 346-7 di Satana, di Sheed and Ward, New York, 1951.

le guerre e le rivoluzioni sono, come sostengo, la forza distruttiva usata da coloro che dirigono il W.R.M. per eliminare tutte le altre forme di governo e di religione, allora l'influenza del Diavolo sui "Goyim" (masse umane) è molto più potente, seducente e ingannevole della possessione di un individuo.

Non si può negare logicamente che il Diavolo, attraverso i suoi agenti terreni, possa influenzare il pensiero delle masse e lo faccia per produrre risultati di massa malvagi, tra cui guerre e rivoluzioni. Ci riferiamo al modo in cui le Potenze Segrete del Male usano la propaganda e la psicologia di massa per servire i loro scopi diabolici.

Luciferianesimo

Per poter capire che la W.R.M. è una continuazione della rivoluzione celeste, dobbiamo capire Lucifero; cosa ha fatto Lucifero in cielo e PERCHE', PRIMA che lui e/o Satana causassero la defezione dei nostri primi genitori da Dio.

Essendo la più alta, la più brillante e la più intelligente delle creature di Dio, aveva anche un libero arbitrio. Poteva decidere di rimanere leale, fedele e obbediente a Dio e accettare Dio (Adonay) come suprema autorità sull'intero universo, oppure poteva sfidare questo "diritto".

Lucifero, in Paradiso, era accanto a Dio. Era intelligente, quindi è ovvio che non avrebbe potuto invidiarlo. San Tommaso disse: "Solo uno sciocco può essere invidioso di ciò che è così al di sopra di lui da essere impossibile da raggiungere". Lucifero non è uno sciocco!

L'orgoglio di Lucifero per i suoi attributi angelici, ossia la carica, il carattere e la personalità, potrebbe avergli fatto desiderare di essere nel suo ordine come Dio è nell'ordine divino. In altre parole, l'orgoglio di Lucifero per le proprie perfezioni potrebbe avergli fatto desiderare di diventare il sovrano del proprio ordine piuttosto che rimanere soggetto a Dio, indipendentemente dallo stato eccelso a cui era stato elevato da Dio. Questo ragionamento non implica che Lucifero fosse così sciocco da voler detronizzare Dio. Desiderava semplicemente governare una parte dell'universo a pieno titolo. Oggi molti esseri umani soffrono dello stesso tipo di ego gonfiato. Si potrebbe definire un desiderio irrefrenabile di assoluta indipendenza o autosufficienza. San Tommaso, Scoto e Suarez concordano sul fatto che il peccato commesso da Lucifero fu "il peccato di orgoglio", ma non sono d'accordo su cosa costituisse esattamente il suo peccato di orgoglio.

I miei studi mi hanno convinto che il peccato di orgoglio di Lucifero consisteva nella sua determinazione a staccarsi da Dio e a creare una propria dinastia. Questa mia convinzione è sostenuta dall'autorità biblica e dalla storia: Lucifero ottenne ciò che voleva guidando la rivolta celeste. Persuase vaste moltitudini di angeli di vario livello a unirsi a lui. Tra questi c'era un terzo dei più alti, dei più brillanti e dei più intelligenti della schiera celeste.

Lucifero si è fatto espellere dal Paradiso e gettare all'Inferno, e questo era esattamente ciò che voleva che accadesse. Da allora ha lottato per allontanare il maggior numero possibile di persone da Dio, in modo che potessero passare sotto il suo dominio. Conosciamo le sue attività solo su questa terra e le chiamiamo Movimento Rivoluzionario Mondiale.

Il mio scopo nello scrivere i miei ultimi tre libri (dubito che mi sarà concesso il tempo di scriverne altri), è stato quello di far luce sulla W.R.M. e sulla S.O.S., un argomento di così grande importanza che riguarda la vita di ogni essere umano e la sua anima immortale. Molti sacerdoti e ministri mi hanno detto di apprezzare le mie motivazioni.

D'altra parte, ci sono sacerdoti e ministri che, quando hanno chiesto ai loro parrocchiani di esprimere un'opinione sui capitoli nascosti della storia biblica e secolare esposti e spiegati in *Pawns in the Game* e *Red Fog over America*, hanno detto: "Quello che scrive rasenta l'eresia". Ciò che non menzionano è la grande VERITÀ esposta dai più grandi teologi e filosofi della Chiesa di Cristo, cioè "TUTTA LA VERITÀ confina con l'eresia". Ciò che conta davvero è che, nell'esporre la VERITÀ, non si oltrepassi il confine definito nelle Scritture. Quando i ministri e/o i sacerdoti chiudono la porta a una "mente" che cerca di approfondire la conoscenza della VERITÀ, servono lo scopo del diavolo. Isai. 28:7; Mic. 3:11; Mall 2:7.

Un ministro presbiteriano di Ottawa ha detto che i miei scritti erano "sciocchezze senza limiti". Un ministro di Owen Sound ha pubblicato un opuscolo in cui affermava che ero antisemita e diffondevo un'eresia moderna. Questi uomini e molti altri, sia gentili che ebrei, hanno fatto del loro meglio per coinvolgermi in discussioni e controversie. Probabilmente, così facendo, intendevano occupare il mio tempo a tal punto da interferire seriamente con la mia determinazione a fare quanta più luce possibile su questo argomento prima che la mia luce si spenga.

Nel caso in cui i lettori si imbattano in questo tipo di critiche, vorrei ricordare loro che la conoscenza dei ministri e dei sacerdoti è soggetta alle restrizioni imposte dai programmi di studio stabiliti da coloro che controllano i seminari di una particolare fede. I miei studi, per un periodo di quarant'anni, non sono mai cessati. Non ho mai permesso che la mia mente fosse soggetta a limitazioni. Questo è il modo in cui credo che Dio abbia voluto che fosse. Quello che scrivo credo sia la VERITÀ. I lettori dovrebbero considerare i fatti nascosti della storia, così come sono descritti nei miei scritti, per formare le proprie opinioni e prendere le proprie decisioni.

I programmi di studio di molti seminari sono seriamente limitati per la semplice ragione che anche i teologi delle stesse fedi sono stati, e sono tuttora, apertamente divisi su molte questioni riguardanti la caduta degli angeli.

Tuttavia, sia Scoto che Suarez concordano sul fatto che nessuno degli angeli, compreso Lucifero, si sia mai pentito della sua defezione da Dio. Entrambi concordano sul fatto che il pentimento era una possibilità per loro e che Dio diede loro il tempo e l'opportunità di pentirsi, ma nell'intervallo di tempo Lucifero e i suoi seguaci commisero altri peccati. San Tommaso non è d'accordo con queste opinioni.

Non c'è nulla da stupirsi quando teologi e filosofi sono in disaccordo. Solo Dio e il diavolo sanno da che parte stanno. Matteo 7:15 ci mette in guardia dai "falsi profeti travestiti da pecore". Già ai tempi di Geremia, i sacerdoti venivano denunciati per la loro infedeltà (Ger 1:18). Molti sacerdoti e ministri oggi insegnano perché sono assunti. Insegnano ciò che chi li assume dice che devono insegnare (Mal. 2:8). La parola "ingaggio" usata a questo proposito può significare più che "ottenere una retribuzione per i servizi". Può significare rendere servizio e dare obbedienza illimitata a un potere terreno nella speranza di ottenere ricompense terrene e soprannaturali.

Quando, in qualità di Ufficiale addetto all'addestramento del personale della Divisione della Riserva Navale Canadese nel 1943-4, tenni una lezione agli ufficiali e agli uomini sul tema "Disciplina e obbedienza". Sconvolsi alcuni degli ufficiali comandanti di divisione dicendo ai loro subordinati che nessun ufficiale o uomo era tenuto a obbedire a un ordine contrario ai Comandamenti di Dio, cioè alla Legge Naturale o alla Dignità dell'Uomo. Molte delle più orribili atrocità commesse in nome di Dio contro la razza umana dai satanisti sono state commesse da uomini innocenti che eseguivano ordini. Comodo! Se i subordinati sono tenuti a obbedire a tutti gli ordini, allora tutto ciò che i S.O.S. (che controllano tutti coloro che occupano posti di rilievo) devono fare è assicurarsi che gli ordini siano impartiti per fare cose che servono allo scopo del Diavolo.

I cristiani nell'Ordine Sacro non devono mai dimenticare che, a prescindere da qualsiasi considerazione, compreso il giuramento di obbedienza prestato all'autorità superiore, la loro prima fedeltà, come quella di un soldato o di un marinaio, è a Dio. Nessun giuramento può vincolarli a commettere peccato. Tacere o non dire tutta la verità sulla W.R.M. è un peccato contro Dio e un crimine contro le creature di Dio. "Dite la verità e svergognate (confondete) il diavolo" dovrebbe essere il motto di ogni cristiano militante. Questa verità è stata ripetutamente sottolineata dal defunto Papa Pio XII, quando ha detto ai parroci che sono responsabili del benessere secolare e spirituale delle loro congregazioni e devono guidare i membri del loro gregge su questioni sociali, economiche e politiche. Egli mostrò la sua volontà a questo proposito quando, nel 1957, chiese a tutti i fedeli cattolici di pregare per la "Chiesa silenziosa". La parola "Chiesa", come lui la usava, significa "l'intero corpo dei credenti cristiani; l'organizzazione o il potere ecclesiastico, distinto dallo Stato". Non lasciate che qualcuno vi dica il contrario. Se lo fanno, mentono. Se mentono, servono la causa del diavolo.

La cospirazione luciferiana non avrebbe potuto svilupparsi, dopo la morte di Nostro Signore, fino al suo stadio semi-finale se coloro che si sono spacciati per clero cristiano, dedito a Dio, non avessero peccato contro di Lui mantenendo il "Silenzio" su questo importantissimo argomento.

Vorrei ricordare ai miei lettori che NESSUNA autorità ecclesiastica, cattolica o non cattolica, ha messo in dubbio la verità di ciò che dico su questo argomento. Centinaia di sacerdoti e ministri ordinati hanno ammesso che li ho convinti della VERITÀ. La maggior parte di loro si scusa dall'aiutarmi apertamente dicendo: "Sono sotto disciplina".

Temo che Dio non lo accetti come una scusa valida. Dio ha eliminato ogni forma di disciplina obbligatoria. Secondo il piano di Dio per il governo dell'universo, siamo liberi di amarlo e servirlo di nostra volontà, o di andare all'inferno a modo nostro. È ora di smettere di trovare scuse e di dimostrare a Dio che vogliamo amarlo e servirlo per l'eternità.[11]

---

[11] Mi sento in diritto di fare un'ulteriore osservazione per proteggere i miei lettori da coloro che calunniano me e il mio lavoro. Oltre a essere mentalmente limitati dai programmi scolastici e universitari, coloro che mi calunniano sono cresciuti in un'atmosfera di sicurezza sociale. Nella maggior parte dei casi la loro educazione, o indottrinamento, è stata pagata da multimilionari che hanno creato cosiddette Fondazioni di beneficenza per poter dettare i programmi di studio delle istituzioni educative da loro finanziate. È stato dimostrato che questi milionari appartengono ai cartelli finanziari internazionali che hanno finanziato ENTRAMBI gli schieramenti in ogni guerra e rivoluzione combattuta negli ultimi duecento anni. È logico supporre che, stando così le cose, i programmi di studio delle istituzioni educative da loro finanziate non sono diretti a far conoscere la verità di Dio, ma a limitare la conoscenza della verità, in modo che la cospirazione luciferiana possa essere sviluppata fino ai suoi obiettivi finali.

I miei calunniatori non hanno mai dovuto preoccuparsi della provenienza del loro prossimo pasto. Sono stati coccolati e incoraggiati a sviluppare un ego gonfiato riguardo alla loro conoscenza e importanza. Possono aver sofferto qualche difficoltà, ma hanno sempre saputo che si sarebbero presi cura di loro a patto di rimanere obbedienti a coloro che i loro benefattori avevano posto sopra di loro.

La mia vita è stata completamente diversa. A causa di un grave incidente, mio padre morì a quarant'anni. All'età di tredici anni sono stato abbandonato a me stesso. A quindici anni ero in mare, lavorando in media dodici ore al giorno. Sono diventato Maestro di Marina e Comandante della Marina canadese. Ho scritto abbastanza da avere dieci libri di saggistica pubblicati e inseriti nelle biblioteche di riferimento di tutto il mondo.

Ho fatto tutto questo grazie alla Grazia di Dio e alla mia applicazione a una causa dedicata. Ero determinato a scoprire, se possibile, perché gli esseri umani non possono vivere in pace. È giusto ricordare che ho rifiutato offerte di fama e di fortuna, perché tali offerte avevano sempre dei vincoli che mi avrebbero impedito di continuare a cercare e a pubblicare la VERITÀ. L'unica cosa che chiedo a Dio è che mi permetta di vivere abbastanza a lungo per trasmettere ad altri ciò che ho imparato sulla WR.M..

Mentre i miei traditori dormivano in letti caldi e vivevano nel comfort e nella sicurezza, accuratamente protetti dal pericolo, io mi sono battuto in mari tempestosi e ho vissuto una vita che mi ha portato in intimo contatto con tutto ciò che è male. Sono stato intimamente associato a bolscevichi, nichilisti e proseliti nazisti. Ma, nonostante ciò, volevo aiutare i perdenti e avevo l'impulso di essere un "benefattore". Per grazia di Dio, non sono mai stato convinto che, unendomi a una cosiddetta organizzazione riformatrice, avrei fatto la volontà di Dio. È al di là della mia comprensione come la gerarchia di molte religioni abbracci uomini che hanno lavorato apertamente nel W.R.M. per anni solo perché professano di aver avuto un cambiamento di cuore e di mente. Li lodano e li nominano professori nelle università. Ma, per quanto ne so,

Per la sua stessa natura, la rivolta luciferiana deve necessariamente essere progettata per portare alla distruzione di TUTTE le altre forme di governo e di religione, in modo che, nella fase finale della cospirazione, l'ideologia luciferiana possa essere imposta su ciò che resta della razza umana dal dispotismo satanico. Oggi la chiamiamo "dittatura totalitaria".

Ovviamente, per un gruppo piccolo ma potente è molto più facile sottomettere una persona, un gruppo, un'organizzazione, un governo o una religione, che non decine o centinaia di individui.

Per questo la Sinagoga di Satana ha introdotto l'"internazionalismo". Il defunto William Lyon Mackenzie King, primo ministro del Canada per quasi un quarto del XX secolo, vendette alla famiglia Rockefeller questa idea all'inizio del 1900, quando era ministro del Lavoro del governo canadese. Proprio come Albert Pike lavorò segretamente per realizzare un unico governo mondiale e un'unica religione mondiale (il luciferianesimo), così fece Mackenzie King. Si specializzò nel porre il lavoro organizzato sotto il controllo dell'autorità internazionale, perché se coloro che sono posti al vertice sono agenti della Sinagoga di Satana, il lavoro organizzato potrebbe essere usato per fomentare guerre e rivoluzioni che porterebbero alla distruzione di governi e religioni. Poi, dopo che il lavoro organizzato è stato usato per fomentare lotte tra capitale e lavoro e causare caos e disordini economici, potrebbe essere a sua volta soggiogato nella fase finale della cospirazione. Ovviamente, un'organizzazione internazionale controllata al vertice dagli agenti segreti della Sinagoga di Satana può essere controllata più facilmente di centinaia di sindacati e corporazioni indipendenti. Una persona pensante crede che i delinquenti, gli ex detenuti e i laureati in economia che controllano il lavoro organizzato AL TOP non siano agenti degli Illuminati, altrimenti noti come Sinagoga di Satana? Se questo fosse vero, perché chi controlla sta cercando di rendere obbligatorio per tutti i lavoratori iscriversi ai sindacati?

---

nessuno di loro ha fatto luce sul "Potere Segreto" che devono sapere essere dietro i vari movimenti sovversivi che compongono il W.R.M. Se Mazzini sentiva questo controllo segreto, sicuramente lo sentono anche loro. Ma se lo sentono, non lo dicono mai.
Non faccio i nomi dei miei traduttori perché non ritengo opportuno farlo. Tuttavia, sono sicuro che questo libro sarà portato alla loro attenzione da alcuni dei miei lettori. Allora, se avranno un po' di buon senso, accetteranno la verità e si riconcilieranno con Dio.

Lo stesso principio usato da Mackenzie King per il lavoro organizzato è usato da coloro che dirigono il W.R.M. AL TOP per ottenere il controllo di tutti gli altri campi dell'attività umana, comprese le scienze, le professioni, la politica, gli affari, l'industria, i governi e le religioni. Così vediamo che, prima dell'organizzazione della Società delle Nazioni (dopo la fine della Prima Guerra Mondiale), la politica di coloro che dirigono il W.R.M. AL TOP era stata quella di dividere e distruggere tutti i governi più potenti, le religioni, le organizzazioni industriali, finanziarie, capitalistiche e del lavoro, ecc.

La Seconda Guerra Mondiale fu fomentata e combattuta per ammorbidire ulteriormente il nazionalismo e l'aspro individualismo. Viene istituita l'Organizzazione delle Nazioni Unite (su un terreno messo a disposizione dai Rockefeller, da cui Mackenzie King era dipendente dal 1914 al 1919). L'ONU ha lo scopo di dare un'aria di rispettabilità all'internazionalismo che il comunismo e il nazismo avevano portato al discredito. La Sinagoga di Satana controlla le Nazioni Unite come controllava la Società delle Nazioni. Guardando indietro possiamo vedere come questo "Potere Segreto" abbia controllato ogni gruppo, organizzazione, movimento e governo forte e potente da dietro le quinte, per mezzo di "Specialisti", "Esperti" e "Consiglieri" che ha addestrato e collocato in posizioni chiave, usando il potere e l'influenza che il controllo dell'ORO gli ha dato. Ogni sviluppo della cospirazione luciferiana ha portato allo stadio in cui si trova oggi il mondo. I suoi progressi possono essere fatti risalire ai giorni in cui Cristo ci disse senza mezzi termini che la Sinagoga di Satana controllava TUTTI coloro che si trovavano in alto.

Cristo ha detto la VERITÀ. MA NON HA DETTO, NÉ HA IMPLICITO, CHE TUTTI coloro che si trovavano in posti elevati si rendessero conto di essere controllati dalla "Sinagoga di Satana". È per questo motivo che Cristo ci ha mostrato la natura, il modo e il luogo della Sua nascita; la Sua vita iniziale di sottomissione all'autorità legittima e parentale; dal modo in cui scelse i suoi apostoli - umili lavoratori - e dai suoi insegnamenti durante gli ultimi tre anni della sua vita, che se vogliamo liberarci dai vincoli con cui siamo legati ogni giorno più fortemente dalla "Sinagoga di Satana", dobbiamo iniziare dal basso, dalla base, per far conoscere la VERITÀ sull'esistenza continua della cospirazione luciferiana, a TUTTE le nazioni, il più rapidamente possibile.

È la perfetta saggezza di Cristo che giustifica la fede dei cristiani in Lui come "Figlio di Dio". Il fatto che i cristiani non accettino la VERITÀ che Egli ha insegnato e non seguano i suoi consigli illustra esattamente quanto intelligenti, astuti e privi di scrupoli siano quei diavoli incarnati che, ispirati da Lucifero, compongono la "Sinagoga di Satana" (S.O.S.). Solo la S.O.S., ispirata soprannaturalmente, avrebbe potuto impedire alla razza umana di mettere in atto il piano di Dio per il governo della creazione su questa terra. Invece, abbiamo permesso a coloro che dirigono il W.R.M. AL TOP di portare avanti i piani segreti e le ambizioni diaboliche dei Sommi Sacerdoti del Credo Luciferiano.

Cristo ci ha dato la preghiera del Signore affinché, ripetendola quotidianamente, avessimo impresse nella mente le suddette verità. Deve essere ovvio che se stabilissimo il Regno di Dio qui sulla terra, la Sua volontà sarebbe fatta qui come in cielo. Quando Cristo disse a coloro che lo perseguitavano: "Il mio regno non è di questo mondo", non disse, né implicò, che non fosse nostro dovere introdurre i piani di Dio per il governo dell'universo nelle nostre forme di governo.

Il piano di Dio prevede che i leader religiosi, veri uomini di Dio, debbano consigliare i nostri governanti temporali e impedire che si allontanino dal vero e stretto sentiero. Questo è il rapporto che Dio ha voluto che esistesse tra Chiesa e Stato.

Invece di uomini santi, abbiamo permesso al S.O.S. di mettere uomini malvagi al controllo di TUTTE le alte sfere.

La nostra terra è una patata molto, molto piccola se paragonata alle galassie di corpi celesti, ai soli, alle stelle e ai pianeti che compongono l'Universo. Le Sacre Scritture ci dicono che l'Universo è ora diviso in due parti. Una parte è il Paradiso, riservato a coloro che dimostrano di voler amare e servire Dio volontariamente per l'eternità; l'altra parte è l'Inferno, riservato a coloro che disertano da Dio. L'Apocalisse ci dice esattamente come e quando questa divisione sarà definita e definitiva. Allora ci saranno solo il Paradiso e l'Inferno, e dureranno per tutta l'eternità.

Deve essere ovvio a tutte le persone pensanti che il motivo per cui Cristo ci ha detto che dobbiamo iniziare dal basso e risalire, usando uomini e donne le cui menti non sono state portate sotto il controllo della Sinagoga di Satana (attraverso la propaganda introdotta nelle nostre sedi di studio e in tutti gli altri canali di informazione pubblica), è perché sapeva che TUTTI coloro che si trovano nelle "alte sfere" non si rendono conto di essere controllati dagli agenti della "Sinagoga di Satana". Tuttavia, gli agenti del diavolo tengono la razza umana così occupata a grattarsi per vivere o a cercare ricchezze e piaceri carnali, che la grande maggioranza non ha mai tempo per la preghiera e la meditazione. I nostri leader, laici e religiosi, sembrano non avere mai tempo per considerare altro che i problemi del mondo... e gli agenti del diavolo vedono che sono occupati con problemi che riguardano il mondo e la carne, escludendo ogni interesse e valore spirituale.

Ma poiché la stragrande maggioranza di coloro che occupano gli ALTI POSTI sono eletti dal popolo, è logico affermare che finché il popolo non sarà soggiogato è possibile per un pubblico illuminato e pienamente informato creare una tale forza di opinione pubblica, che tale forza potrebbe influenzare seriamente anche coloro che occupano i posti più alti in politica, nel governo, nell'economia, nell'industria, nelle scienze e nella religione. A mio modesto parere, questo è ciò che Cristo intendeva quando ci disse di "andare e insegnare la VERITÀ a TUTTI i popoli di tutte le nazioni". Cristo ci ha fatto la promessa che se lo avessimo fatto "la VERITÀ ci avrebbe reso liberi". Queste sono le ragioni per cui coloro che dirigono la cospirazione luciferiana AL TOP mantengono segrete le LORO vere intenzioni, per schiavizzare il popolo fisicamente, mentalmente e spiritualmente. Circondano deliberatamente la VERITÀ con una fitta nebbia di menzogne, che chiamiamo propaganda.

Nel trattare questa fase del W.R.M., è essenziale dimostrare che la Sinagoga di Satana non permette nemmeno a coloro che seleziona per dirigere il W.R.M. di sospettare di essere usati come "strumenti" per avvicinare la cospirazione luciferiana al suo obiettivo finale.

Gussepi (a volte indicato come Giuseppe di Giuseppe) Mazzini è stato rappresentato al popolo dalla stampa controllata come un grande patriota italiano, così come Mackenzie King del Canada e il generale Albert Pike degli Stati Uniti, e molti altri da allora si sono rivelati ipocriti. Questi uomini fingevano di servire Dio, il loro Paese e l'umanità, mentre in realtà favorivano consapevolmente i piani segreti luciferiani. Le prove documentali dimostrano inequivocabilmente che dal 1834 fino alla sua morte, avvenuta nel 1872, Mazzini diresse la

W.R.M. in tutto il mondo. Utilizzò come quartier generale rivoluzionario le Logge del Grande Oriente, istituite verso la fine del XVIII secolo da Weishaupt, e i Consigli del Rito Palladiano Nuovo e Riformato di Pike, istituiti nella seconda metà del XIX secolo in tutti i Paesi del mondo.

Mazzini era strettamente legato a un certo dottor Breidenstine. Dopo la morte di Mazzini, nel 1872, venne alla luce una lettera che egli aveva scritto a Breidenstine. Il contenuto illustra appieno ciò che intendo quando dico che nemmeno ai direttori del W.R.M. è permesso di sapere che favoriscono i piani segreti della cospirazione luciferiana, a meno che non abbiano convinto coloro che costituiscono la Sinagoga di Satana di aver finalmente e completamente disertato da Dio e di essere adatti e pronti per l'iniziazione alla Complesso, o SEGRETO FINALE Lo studio della vita "segreta" di Mazzini dimostra che egli accettò effettivamente Satana come "Principe del Mondo". Lo adorava come tale. Come direttore del W.R.M. fu ammesso nella Sinagoga di Satana, eppure, anche come membro di quel gruppo, la sua lettera a Breidenstine mostra che non era stato iniziato al SEGRETO COMPLETO, cioè che Lucifero è Dio, l'uguale di Adonay (il nostro Dio) e che lo scopo ultimo del W.R.M. è quello di portare a compimento l'opera del mondo.R.M. è quello di realizzare una forma o un'altra di governo unico mondiale, i cui poteri i Sommi Sacerdoti del Credo Luciferiano intendono usurpare per poter poi imporre una dittatura totalitaria luciferiana alla gente di questo mondo. Nella lettera citata, Mazzini scriveva,

> "Formiamo un'associazione di Fratelli in tutte le parti del mondo. Desideriamo spezzare ogni giogo. Eppure ce n'è uno che non si vede, che si sente appena, ma che pesa su di noi. Da dove viene? Dove si trova? Nessuno lo sa, o almeno nessuno lo dice. Questa associazione è segreta anche per noi, veterani delle Società Segrete".

Il fatto che il PIENO SEGRETO sia noto solo a pochissime persone è di estrema importanza. Significa che finché c'è tempo si può far conoscere la VERITÀ. Ho dimostrato la verità di questa affermazione facendo conoscere ai leader comunisti in Canada nel 1956 il fatto che, secondo il piano di Pike per la fase finale della cospirazione luciferiana, il comunismo deve essere fatto distruggere da solo, insieme al cristianesimo, nel più grande cataclisma sociale che il mondo abbia mai conosciuto, provocato a questo scopo specifico da coloro che dirigono la cospirazione luciferiana AL TOP Questa informazione ha causato la più grande spaccatura nell'Internazionale Comunista che si sia verificata da quando Lenin usurpò il potere per conto degli Illuminati nel 1917. Nel 1956-1957 la scissione nel Partito Comunista fece notizia sui giornali di tutto il mondo e spiegò perché Molotov, Malenkov e altri furono estromessi. Le stesse informazioni sono state rese note ai leader religiosi della maggior parte delle confessioni cristiane, ma per quanto ne sappiamo si rifiutano ancora di accettare gli avvertimenti come VERITA'.

Quando Mazzini morì nel 1872, Pike scelse Adriano Lemmi, un altro presunto patriota italiano, per succedergli come direttore della W.R.M. Anche lui era un satanista confermato. Prima della morte di Mazzini, Pike aveva istituito a Roma il consiglio di supervisione o di direzione della sezione Azione Politica della W.R.M..

Quando Pike fece la sua selezione, si creò una strana situazione. Lemmi era un satanista convinto, tanto da insistere affinché tutti i membri del Rito Palladiano Nuovo e Riformato di Pike adorassero Satana come "Principe di questo mondo" e come loro Dio. Arrivò al punto di far comporre al suo amico, Fratello Carducci, un inno a sua maestà satanica intitolato Lo specchio di Dio, che, con grande disappunto di Pike, Lemmi ordinò di cantare a tutti i banchetti del Rito Palladiano. Questa situazione si sviluppò fino al punto in cui Pike, per porre fine alla questione una volta per tutte, emise una "Lettera di istruzioni": Pike, parlando come Sovrano Pontefice del Credo Luciferiano, fece questo pronunciamento molto profondo e, dal punto di vista cristiano, "profano". La rivolse ai capi dei 26 consigli del suo Rito Palladiano Nuovo e Riformato (di Pike), istituiti in tutti e cinque i continenti come quartier generale segreto di coloro che aveva scelto per dirigere TUTTI gli aspetti e le fasi della W.R.M.., in modo che il comunismo, il nazismo, il nichilismo e ogni altro nemico di Dio e delle Sue creature, potessero essere usati per portare avanti i piani segreti di coloro che dirigevano la cospirazione luciferiana AL TOP La lettera di Pike recita in parte: (Ne riportiamo una traduzione, tratta da pagina 587 del libro di A.C. DeRive che tratta questo argomento, *La Femme et l'enfant dans la France-Maçonnerie Universelle.*

> Quello che dobbiamo dire alla "folla" è: "Noi adoriamo Dio", ma è il Dio che si adora senza superstizioni.... La religione massonica dovrebbe essere, da parte di tutti noi iniziati agli alti gradi, mantenuta nella purezza della dottrina luciferiana... se Lucifero non fosse Dio, Adonay, le cui azioni dimostrano la sua crudeltà, la sua

perfidia e il suo odio per gli uomini, la sua barbarie e la sua repulsione per la scienza, Adonay e i suoi sacerdoti lo calunnierebbero?

"Sì, Lucifero è Dio. E, purtroppo, anche Adonay è Dio. Perché la legge eterna è che non c'è luce senza ombra, non c'è bellezza senza bruttezza, non c'è bianco senza nero, perché l'assoluto può esistere solo come due dei.... PER CUI LA DOTTRINA DEL SATANISMO È UN'ERESIA; (corsivo aggiunto), e la vera e pura religione filosofica è la fede in Lucifero, l'uguale di Adonay. Ma Lucifero, Dio della Luce e del Bene, sta lottando per l'umanità contro Adonay, il Dio delle Tenebre e del Male".

Desideriamo sottolineare che la lettera di Pike, da cui è stata tratta la citazione sopra riportata, è stata tradotta in francese da De Rive e poi ritradotta in inglese. Poiché ho studiato la questione da molti punti di vista, credo che la parola "folla" avrebbe dovuto essere tradotta come "Goyim" o "Masse". Credo anche che il traduttore abbia usato le parole "religione massonica" quando avrebbe dovuto dire "la religione praticata nelle Logge del Grande Oriente e nei Consigli del Nuovo Rito Palladiano e Riformato". Usando la parola "massone", si può essere fuorviati perché lo studio della letteratura contemporanea di quel tempo dimostra che il capo della Massoneria britannica aveva avvertito i Gran Maestri delle logge massoniche inglesi che loro e i loro membri non dovevano, con nessun pretesto o circostanza, affiliarsi o associarsi ai massoni del Grande Oriente, tanto meno al Nuovo Rito Palladiano Riformato di Pike.

Dom Paul Benoit, riconosciuto come un'autorità in materia, autore di *La Cité Antichrétienne* (2 parti) e *La France Maçonnerie* (2 volumi), dice a pagina 449 e seguenti del Vol. I. Di FM,

"Il Rito Palladiano Riformato ha una pratica e uno scopo fondamentale, l'adorazione di Lucifero. È pieno di tutte le empietà e di tutte le infamie della magia nera. Dopo essere stato fondato negli Stati Uniti (da Pike), ha invaso l'Europa e ogni anno fa progressi spaventosi. Tutti i suoi cerimoniali sono pieni... di bestemmie contro Dio e contro nostro Signore Gesù Cristo".

Tale è l'astuzia, la furbizia e l'inganno di coloro che dirigono la cospirazione luciferiana che non solo tollerano, ma incoraggiano il satanismo nei gradi più alti. Essi dirigono i loro agenti per far passare nella mente del pubblico l'idea che la Massoneria, il Giudaismo, il Cattolicesimo Romano, il Comunismo, il Nazismo e qualsiasi altra organizzazione con obiettivi internazionali, stiano segretamente dirigendo il W.R.M., mentre per tutto il tempo le prove documentali e gli eventi della storia dimostrano che la Sinagoga di Satana, controllata AL MASSIMO dai Sommi Sacerdoti del Credo Luciferiano, utilizza tutti i movimenti ogni volta che è possibile per promuovere i propri diabolici piani segreti e le proprie ambizioni.

Lemmi, quando era a capo della Massoneria del Grande Oriente in Italia e in Francia, apparteneva anche al Rito Palladiano Nuovo e Riformato di Pike. Prima di essere iniziato al Segreto Completo da Pike, Lemmi cercò di distruggere il Vaticano con le sue campagne anticlericali.

Dopo la sua iniziazione, che si dice sia stata condotta personalmente da Pike, il suo atteggiamento e le sue attività cambiarono improvvisamente. Pur rimanendo esteriormente anticlericale e anti-Vaticano, non sostenne più il rovesciamento violento del Vaticano con la forza. Pike fece con Lemmi quello che Karl Rothschild aveva dovuto fare poco più di un decennio prima con altri satanisti, quando avevano fomentato un odio così forte contro il Vaticano che i governi di Francia e Italia erano sul punto di distruggerlo. Karl Rothschild, un iniziato del Segreto Completo, intervenne per fare da "paciere" tra il Vaticano e i suoi nemici. La storia racconta come il suo intervento "salvò" il Vaticano e fece di Karl Rothschild l'"amico" e il "fidato consigliere" del Papa. Riorganizzò gli affari del Ministero del Tesoro e del Dipartimento di Stato.

Ma la storia ha dimostrato che Karl Rothschild non era un vero amico del Vaticano. Due guerre mondiali, istigate dalla sua famiglia di usurai e dai loro affiliati internazionali che dirigono il W.R.M., hanno visto i cristiani di tutte le confessioni divisi in campi opposti, fatti combattere e uccidere a decine di milioni. Questo è stato fatto per avvicinare il piano di Pike per il cataclisma sociale finale. Il comunismo si è rafforzato man mano che il cristianesimo veniva indebolito, finché oggi, come previsto dal piano di Pike, il comunismo ha oscurato l'intera terra.

Sebbene sarebbe inesatto negare che ci siano stati Papi "cattivi", così come ci sono stati Re "cattivi", è giusto sottolineare che i Papi e i Re "cattivi" non erano peggiori di altri leader della cristianità, quando sono diventati presidenti di repubbliche. Il luciferianesimo esige che TUTTE le autorità temporali e spirituali siano distrutte a causa della loro presunta cattiveria. Poiché la lotta in cui siamo coinvolti è contro le forze spirituali delle tenebre, è logico che ci siano persone buone e cattive in tutti i settori della vita, in tutti i livelli di governo e in tutte le religioni. È tipico di tutti coloro che servono la causa del Diavolo usare sempre critiche distruttive rivolte a coloro che sono in autorità, per minare la fiducia e la lealtà dell'individuo nelle restanti istituzioni governative e religiose. Questa politica aiuta coloro che dirigono il W.R.M. a indebolire prima e a distruggere poi TUTTI i governi e le religioni rimanenti. Non dimentichiamo mai che non c'è nulla di sbagliato nel cristianesimo. Molte cose fatte in nome del cristianesimo sono state fatte da uomini che, consapevolmente o meno, hanno favorito i piani segreti della cospirazione luciferiana. Ciò che dobbiamo fare è ripulire e rafforzare il cristianesimo come Dio vorrebbe.

Le osservazioni di cui sopra sono pubblicate per spiegare come mai i satanisti hanno sempre attaccato i Papi e il Vaticano e ne hanno invocato la distruzione, mentre i Sommi Sacerdoti del Credo Luciferiano sono sempre intervenuti e hanno impedito che ciò avvenisse. L'intervento di coloro che controllano al vertice la Sinagoga di Satana non è avvenuto per amore o rispetto del Papa del Vaticano. Sono intervenuti perché, essendo stati iniziati al SEGRETO COMPLETO, sapevano che quando la loro cospirazione raggiungerà la fase finale, dopo che tutti i poteri temporali saranno stati ridotti di forza fino a non rimanere più Potenze Mondiali, quando un popolo stanco e affaticato sarà stato ridotto in condizioni fisiche e mentali tali da convincersi che SOLO un Governo Unico Mondiale può porre fine alle rivoluzioni e alle guerre e dare loro la pace, dovranno usare lo scontro tra Comunismo e Cristianesimo per distruggere anche TUTTE le istituzioni religiose rimaste.

Il generale Albert Pike ha rivelato come questo sarebbe stato fatto nella lettera che scrisse a Mazzini il 15 agosto 1871. La parte che riguarda questa particolare fase della cospirazione recita come segue,

> "Scateneremo i nichilisti e gli atei, e provocheremo un formidabile cataclisma sociale che in tutto il suo orrore mostrerà chiaramente alle nazioni (popoli di diverse nazionalità), gli effetti dell'ateismo assoluto, origine della barbarie e del più sanguinoso disordine. Allora, ovunque, i cittadini obbligati a difendersi dalla minoranza mondiale o dai rivoluzionari, stermineranno quei distruttori della civiltà, e la moltitudine, disillusa dal cristianesimo, i cui spiriti deistici saranno da quel momento senza bussola (direzione), ansiosi

di un ideale, ma senza sapere dove rendere la propria adorazione, riceverà la VERA LUCE, attraverso la manifestazione universale della pura dottrina di Lucifero, portata finalmente alla luce del sole, manifestazione che risulterà dal movimento reazionario generale che seguirà la distruzione del Cristianesimo e dell'Ateismo, entrambi conquistati e sterminati allo stesso tempo."

Chiediamo al lettore di studiare ogni parola di questo documento diabolicamente ispirato. Secondo il piano militare di Pike, redatto tra il 1859 e il 1871, tre guerre globali e tre grandi rivoluzioni avrebbero dovuto mettere i Sommi Sacerdoti del Credo Luciferiano in condizione di usurpare i poteri mondiali. Due guerre mondiali sono state combattute secondo il programma. Le rivoluzioni russa e cinese hanno avuto successo. Il comunismo è stato rafforzato e la cristianità indebolita. La Terza Guerra Mondiale è ormai alle porte. Se si lascia che scoppi, tutte le nazioni rimaste saranno ulteriormente indebolite e l'Islam e il sionismo politico saranno distrutti come potenze mondiali. Il lettore non deve dimenticare che il mondo arabo è composto da milioni di persone, molte delle quali sono cristiane; molte sono di fede ebraica; molte sono maomettane, ma tutte sottoscrivono la fede nello stesso Dio che i cristiani adorano come Creatore dell'Universo. Il Corano della fede maomettana è praticamente identico alla Bibbia, tranne che per il fatto che la religione maomettana, pur accettando Gesù Cristo come il più grande dei profeti di Dio prima di Maometto, non permette ai suoi membri di credere nella divinità di Cristo.

Il punto che vogliamo sottolineare è questo: Coloro che dirigono la cospirazione luciferiana AL TOP si rendono conto fin troppo bene che, prima di provocare il cataclisma sociale finale, devono prima di tutto distruggere l'Islam come potenza mondiale, perché se l'Islam non venisse distrutto, si schiererebbe senza dubbio con il Cristianesimo in caso di guerra totale con il comunismo. Se ciò fosse permesso, l'equilibrio del potere sarebbe detenuto dal cristianesimo, alleato del maomettanesimo, e sarebbe molto improbabile che entrambe le parti si conquistino e si sterminino a vicenda.

È della massima importanza che questi fatti, che spiegano gli intrighi politici e gli imbrogli attualmente in corso nel vicino, medio e lontano Oriente, siano portati all'attenzione di TUTTI i leader politici e religiosi, in modo che possano agire per impedire che le ultime fasi della cospirazione luciferiana siano messe in atto e portino a compimento la predizione fatta nel capitolo 20 dell'Apocalisse, cioè che Satana sarà legato per mille anni.

Gli eventi dell'ultimo mezzo secolo indicano che ci stiamo rapidamente avvicinando a quel periodo della storia del mondo in cui, se non fosse per l'intervento di Dio, "nessuna carne sopravvivrebbe" (Matteo 24:22, Marco 13:20). È importante che il grande pubblico conosca il destino diabolico che si sta preparando per l'intera razza umana. Non posso essere d'accordo con alcuni esponenti del clero di diverse denominazioni, con i quali ho discusso a lungo di questo argomento, che dicono,

> "È meglio che il pubblico sia lasciato nell'ignoranza del suo destino. Dire loro la verità non farebbe altro che allarmarli e gettarli nel panico".

Persino alcuni vescovi, che dovrebbero essere i pastori del loro gregge, hanno tali opinioni. Questo va oltre la mia comprensione. Sono come i medici che sostengono la necessità di drogare una persona che si suppone stia morendo al primo segno di dolore. Se al pubblico in generale viene detta tutta la VERITÀ, la conoscenza della VERITÀ farà sì che la stragrande maggioranza delle persone si occupi di salvare la propria anima immortale. La conoscenza della VERITÀ sulla cospirazione di ispirazione diabolica li sveglierà; porrà fine al letargo e all'indifferenza.

Come ci ha detto Cristo, la VERITÀ ci renderà liberi (spiritualmente) dai legami con cui siamo quotidianamente legati dalle forze spirituali delle tenebre. Che importa se gli incarnati del diavolo uccidono i nostri corpi, purché impediamo loro di ingannarci e di perdere le nostre anime immortali? (Matteo 10:28; Luca 12:4).

La VERITÀ è che se si combatte la Terza Guerra Mondiale, gli Stati Uniti saranno l'unica potenza mondiale rimasta dopo la sua conclusione. O TUTTI i popoli dovranno riconoscere questo potere, o chiederanno a gran voce un governo mondiale. E lo otterranno se si permetterà alla cospirazione luciferiana di svilupparsi fino alla sua conclusione. Allora, attraverso gli auspici delle Nazioni Unite, o di un'organizzazione simile, un re fantoccio sarà nominato sovrano mondiale, e sarà segretamente sotto l'influenza e la direzione degli agenti della Sinagoga di Satana, che saranno stati nominati, non eletti, per essere i suoi "specialisti", "esperti" e "consiglieri".

I sommi sacerdoti del Credo Luciferiano sanno di non poter usurpare il potere mondiale prima che gli Stati Uniti siano rovinati come ultima potenza mondiale rimasta, quindi coloro che dirigono il W.R.M. MASSIMI vertici stanno organizzando le cose in modo che gli Stati Uniti, come ha affermato Lenin, "Cadano nelle nostre mani come un frutto troppo maturo". Questo è il modo in cui gli eventi che si verificano oggi indicano che la sottomissione degli Stati Uniti è pianificata.

Il piano di Pike prevede che il cataclisma sociale finale tra le masse controllate dal comunismo ateo e quelle che professano il cristianesimo sia combattuto su scala nazionale e internazionale. Questa è la ragione, e l'unica, per cui il comunismo viene tollerato, pur essendo tenuto sotto controllo, nelle rimanenti nazioni cosiddette libere del mondo. Ho prestato servizio ai livelli più alti del governo e nelle forze navali, in posizioni che mi hanno permesso di capire che il comunismo in Canada e negli Stati Uniti è tollerato, ed è controllato e contenuto, in modo che la sua forza distruttiva malvagia possa essere usata a livello nazionale e internazionale, quando il cataclisma sociale finale sarà provocato da coloro che dirigono il W.RM. Ho cercato di portare questa grande VERITÀ all'attenzione dei ministri del governo fin dal 1944, quando facevo parte dello staff del Quartier Generale della Marina a Ottawa. Il defunto Right Hon. Angus McDonald era allora Segretario della Marina.

L'ammiraglio J.C. Jones era Capo di Stato Maggiore della Marina. Convinsi entrambi i capi dell'esecutivo sulla VERITÀ di ciò che stava accadendo DIETRO LE SCENE del governo in Canada e negli Stati Uniti. Mi fu ordinato su di presentare questi fatti sotto forma di memorie, in modo che potessero essere presentati al gabinetto canadese. So che questi fatti sono stati presentati a tale gabinetto, ma Mackenzie King li ha messi da parte. Il Col. Ralston, Ministro dell'Esercito, e il Maggiore "Chubby" Power, Ministro dell'Aeronautica, erano talmente disgustati da Mackenzie King per il modo in cui esercitava il potere autocratico, che entrambi si dimisero dal suo governo, anche se era tempo di guerra. Il ministro della Marina me lo disse personalmente,

> "Carr, il gabinetto è pieno di persone che tu vuoi esporre. Intendo rimanere con la nave (la Marina) finché non vinceremo la guerra. Poi mi dimetterò dalla politica federale. Quello che sta succedendo è più di quanto io possa sopportare....".

Quando chiesi di essere de-mobilitato nel maggio 1945 (dopo il crollo della Germania), per poter iniziare a scrivere Pawns in the Game e Red Fog over America, l'ammiraglio Jones mi strinse la mano mentre ci salutavamo e mi disse: "Le auguro buona fortuna con i suoi nuovi libri. La pubblicazione della VERITÀ, così come l'ha spiegata al Ministro e a me, potrebbe fare di più per prevenire la Terza Guerra Mondiale di qualsiasi piano difensivo basato sugli armamenti". Entrambi gli uomini morirono improvvisamente poco dopo.

Nel 1955, per "contenere" il comunismo in Canada e negli Stati Uniti, era necessario un numero di membri del RC.M.P e dell'F.B.I. sei volte superiore a quello del 1945. Nel 1956 il Ministro della Giustizia canadese chiese al Parlamento di aumentare il suo budget di milioni di dollari, in quanto per tenere sotto controllo i comunisti erano ora necessari sei ufficiali del RC.M.P., mentre dieci anni prima ne bastava uno. Questa è stata un'illustrazione superlativa del doppio senso usato dagli uomini coinvolti nel W.R.M.. Il Ministro ha detto: "Per tenere sotto controllo i comunisti".

Avrebbe dovuto dire: "Tenere sotto controllo il comunismo finché i tempi non saranno maturi per usarlo".

Conoscevo personalmente l'ispettore John Leopold, che per molti anni ha diretto il dipartimento anti-sovversivo del RC.M.P. Abbiamo discusso di questi argomenti in molte occasioni. Il RC.M.P e l'F.B.I. potevano arrestare ogni comunista in Canada e negli Stati Uniti entro ventiquattro ore dall'ordine impartito dai capi dei rispettivi dipartimenti di giustizia, a condizione che i comunisti non fossero stati avvisati in precedenza. Non è esagerato dire che John Leopold faceva dormire ogni notte uno dei suoi agenti con i leader comunisti.

Ma l'ordine di distruggere l'arma più distruttiva che i leader della cospirazione luciferiana possiedono, con mezzi legali, non fu dato, e John Leopold si ritirò dal RC.M.P. come un uomo distrutto, logorato corporalmente, mentalmente e, mi dispiace dirlo, spiritualmente, a causa della pura frustrazione.

Il potere degli Stati Uniti può essere distrutto solo dall'interno. I disordini interni che si stanno fomentando tra cittadini di razza, colore e credo diversi non sono tanto il risultato di azioni aggressive intraprese da gruppi diversi, quanto piuttosto il risultato di sentenze emesse dalla

Corte Suprema. Il loro scopo è stato quello di creare questioni e problemi dove prima non esistevano.

Dico con tutta serietà, rendendomi pienamente conto della gravità di ciò che dico, che se si permetterà che arrivi il giorno in cui coloro che sono controllati dal comunismo ateo saranno sgozzati da coloro che professano il cristianesimo, su scala internazionale, per qualche questione reale o inventata, allora i comunisti in ognuna delle rimanenti nazioni cosiddette libere saranno liberati dalle briglie con cui sono ora contenuti e, come Pike si vantava con Mazzini, il popolo sperimenterà il peggior cataclisma sociale che il mondo abbia mai conosciuto. Ciò che dico si basa su prove documentali supportate da fatti storici, eventi che si sono verificati da quando i piani sono stati elaborati. Tutto ciò che Weishaupt ha pianificato tra il 1770 e il 1776 per favorire la cospirazione luciferiana si è sviluppato ESATTAMENTE come egli intendeva. Tutto ciò che Pike ha pianificato tra il 1859 e il 1871 si è verificato esattamente come previsto. Ora siamo sull'orlo della Terza Guerra Mondiale e stiamo per entrare nella prima fase della cospirazione. Ma ciò che è ancora più importante è che le Sacre Scritture confermano ciò che dico. Tutto ciò che una persona deve fare, per convincersi di questa VERITÀ, è leggere Matt. 24:1-35, Marco 13:1-30 e Luca 21:25-33.

Quali abomini potrebbe concepire la mente umana peggiori di quelli che, per esperienza, sappiamo accadere quando gli esseri umani combattono guerre civili? Cosa c'è di peggio dell'uso delle armi atomiche e dei gas nervini? Sembra che gli esseri umani si trasformino in diavoli incarnati quando sono impegnati in una guerra, in particolare in una guerra civile, perché praticano gli uni sugli altri tutti gli abomini che Dante, nel suo *Inferno*, descrive come praticati all'Inferno.

La dottrina luciferiana

Il dogma e le dottrine luciferiane esposte da Pike e da altri che, in un momento o nell'altro, sono stati Sommi Sacerdoti della canna luciferiana possono essere riassunte in poche parole. Insegna l'"inversione" dei Comandamenti di Dio. Insegna l'esatto contrario di quello che le Sacre Scritture raccontano essere il piano di Dio per il governo dell'Universo prima che Lucifero guidasse la rivolta celeste. Come facciamo a sapere che questa affermazione è la VERITÀ?

La risposta è semplice. In varie occasioni documenti di natura gravissima sono caduti in mani diverse da quelle previste, mentre venivano fatti circolare dai Sommi Sacerdoti del Credo Luciferiano a coloro che avevano scelto come capi delle Logge del Grande Oriente e dei Consigli del Nuovo e Riformato Rito Palladiano, che sono stati la sede segreta del W.R.M. in tutto il mondo. Ho chiamato questi incidenti "atti di Dio".

Le incursioni nelle Logge del Grande Oriente e nei Consigli del Rito Palladiano Nuovo e Riformato tra il 1784 e il 1924 hanno prodotto documenti e altre prove che dimostrano in modo inequivocabile la continua esistenza della cospirazione luciferiana per ottenere il dominio finale del mondo. Le incursioni condotte dal governo bavarese nel 1784-1785 hanno prodotto documenti che sono stati pubblicati con il titolo *Gli scritti originali dell'Ordine e della Setta degli Illuminati*.

I raid condotti dalla polizia su ordine del governo ungherese nel 1919, dopo che Bela Kun aveva usurpato il potere ed era stato deposto, sono tipici di ciò che intendiamo.

Ulteriori prove del complotto luciferiano per distruggere TUTTI i governi e le religioni esistenti si trovano nel libro *Proofs of a Conspiracy to Destroy All Governments and Religions in Europe* del professor John Robison, dell'Università di Edimburgo, del 1797. Il professor Robison era stato contattato da Weishaupt e dai suoi principali Illuministi e gli era stato chiesto di assisterli nell'infiltrazione delle idee luciferiane, mascherate da Illuminismo e Progresso, nelle istituzioni educative e nelle Logge della Massoneria in Inghilterra e Scozia. Gli fu chiesto di girare l'Europa e, in qualità di 32° Massone di Rito Scozzese, di assistere l'infiltrazione di idee luciferiane travestite da Illuminismo e Progresso nelle istituzioni educative e nelle Logge della Massoneria in Inghilterra e Scozia. Massone di Rito Scozzese, fu presentato ai principali Illuministi che avevano creato Logge del Grande Oriente in tutta Europa. John Robison sospettava che ci fosse qualcosa dietro l'Illuminismo, come gli era stato spiegato, ma tenne per sé i suoi sospetti. Gli fu affidata una copia dell'edizione rivista e modernizzata di Weishaupt dell'antica cospirazione, compilata da Zwack, per studiarla e commentarla.

Quando nel 1789 scoppiò la Rivoluzione francese come parte del programma rivoluzionario dei cospiratori, il professor Robison decise di pubblicare le informazioni in suo possesso a sostegno di quanto il governo bavarese aveva esposto nel 1786.[12]

Le indagini di decine di storici hanno portato alla luce ulteriori prove che hanno trovato negli archivi nazionali e in quelli delle università. Non mancano prove documentali e di altro tipo per dimostrare quanto stiamo per dire.

La cosa veramente sorprendente della cospirazione luciferiana è il modo in cui coloro che l'hanno diretta nel corso dei secoli sono stati in grado di far sì che i funzionari sia della Chiesa che dello Stato ignorassero le prove, anche quando sono state presentate loro da uomini la cui vita aveva dimostrato la loro onestà e integrità e il desiderio di servire Dio volontariamente. Il fatto che coloro che dirigono la cospirazione luciferiana siano in grado di esercitare questo controllo su persone che occupano posti di rilievo nella politica e nella religione conferma semplicemente le parole del nostro Signore e Salvatore Gesù Cristo. Illustra nel modo più chiaro possibile le caratteristiche soprannaturali della cospirazione. Dimostra che gli esseri soprannaturali, gli "Angeli", sia "buoni" che "malvagi", esercitano una

---

[12] Poiché questi eventi sono stati trattati in modo esauriente in *Pedine nel gioco*, non ne ripetiamo qui i dettagli.

grande influenza sugli esseri umani mentre siamo qui sulla terra e stiamo attraversando il nostro periodo di prova. Dimostra che le astuzie, le furbizie, le bugie e gli inganni degli "Angeli Caduti" spesso influenzano negativamente il consiglio (le ispirazioni) degli "Angeli Buoni". Dimostra che la nostra natura umana, a causa della caduta dei nostri primi genitori, inclina più al "male" che al "bene", finché non rinasciamo spiritualmente.

Non vogliamo dilungarci su questo aspetto del W.R.M., ma vogliamo che l'uomo della strada capisca facilmente cosa sta succedendo. Coloro che dirigono la cospirazione sono riusciti a mantenere la loro esistenza così segreta che la mancanza di conoscenza da parte del pubblico permette loro di sviluppare il loro complotto fino allo scopo prefissato e di allontanare milioni di anime da Dio.

Questo è il Credo Luciferiano:

1. Laddove Dio richiede che un essere umano dimostri di volerlo amare e servire volontariamente per l'eternità, per rispetto alle Sue infinite perfezioni, Lucifero dice: "Ridurrò in schiavitù la razza umana sotto una dittatura totalitaria e la priverò delle sue libertà fisiche e mentali, negando così la sua capacità di usare l'intelletto e il libero arbitrio come Dio intendeva". (Questo è lo scopo delle Organizzazioni delle Nazioni Unite per la Salute Mondiale e per la Salute Mentale Mondiale, entrambi movimenti internazionali fondati dal dottor Brock Chisholm, del Canada).

2. Laddove i Comandamenti di Dio chiariscono perfettamente ciò che Egli considera peccato, i Luciferiani e i loro agenti insegnano l'inversione dei Comandamenti di Dio. Pike e altri sommi sacerdoti del Credo Luciferiano affermano che: "Tutto ciò che Dio ha reso noto essere a Lui sgradito, è gradito a Lucifero".

3. Il piano di Dio per la creazione prevedeva che ogni cosa fosse fatta in modo diverso. Non ci sono due foglie esattamente uguali! Non ci sono due fiocchi di neve. L'ideologia luciferiana richiede l'irreggimentazione, in modo che tutto possa essere centralizzato e reso il più simile possibile. L'integrazione è l'esempio più tipico della messa in pratica di questa teoria. Integrazione non significa semplicemente che il pubblico deve accettare il principio che le persone di razza, colore e credo diversi godano degli stessi privilegi e considerazioni dei

bianchi. Integrazione significa: "Riunire le parti in modo che formino un tutto" (cioè, "Comporre e completare un insieme").

L'ideologia luciferiana richiede che la razza umana sia assolutamente integrata in modo che i rossi, i neri, i gialli e i bianchi si mescolino in un unico vasto conglomerato di umanità senza alcun tratto distintivo, cultura, tratto razziale o altre peculiarità. (L'uomo dell'UNESCO) 4. Il piano di Dio prevede che ci siano numerosi mondi. Le Scritture parlano del Settimo Cielo (2 Sam. 22:8; Prov. 8:27-29; 2 Cor. 12:2). Esse nominano i diversi cori di angeli, la loro natura, il loro ufficio e le loro caratteristiche.[13] Ci dicono che anche in ogni coro, ogni angelo è più alto o più basso in scala rispetto a un altro. Ci dicono che è possibile per coloro che si trovano nei cori più bassi farsi strada per raggiungere uno status più elevato per merito, oppure scendere nella scala per mancanza di merito.

L'ideologia luciferiana richiede che ci siano solo due classi...

1. Coloro che governano, cioè i "detentori della luce" - gli esseri superintelligenti,[14][15] e...,

2. Coloro che schiavizzano. Laddove Dio permette, incoraggia e premia l'iniziativa individuale, il luciferianesimo non la tollera in nessuna forma.

5. Dio insiste sul fatto che, per garantire la pace e la felicità perfette in Paradiso, ogni anima che Egli sceglie come uno dei suoi Eletti deve aver dimostrato di desiderare onestamente e sinceramente, senza riserve o revoche, di amare e servire Dio volontariamente per rispetto delle sue infinite perfezioni per TUTTA l'eternità. È per produrre la PROVA di questo desiderio che noi esseri umani veniamo messi alla prova in modo così approfondito. Dio non intende che ci sia una seconda rivolta in

---

[13] Nelle Scritture ci sono 22 passi che trattano della loro natura.

[14] Questo è il motivo per cui Weishaupt diede alla sua organizzazione il nome di Illuminati.

[15] Pike a Mazzini, 15 agosto 1871.

Paradiso. Il luciferianesimo, invece, dice che la pace permanente sarà assicurata dal Re-Despota, che eserciterà un dispotismo assoluto sui suoi sudditi. I Protocolli Luciferiani dicono: La dittatura totalitaria luciferiana, una volta stabilita su questa terra, avrà a capo un Re-Despota, la cui volontà dovrà essere attuata dal dispotismo satanico.

6. Laddove il piano di Dio prevedeva che l'"Amore" fosse la forza creativa e la "Carità" quella che governava la Natura, il Credo luciferiano dice che la "Lussuria" sarà la forza creativa e il "Diritto o Potere" quella che governa.

7. Laddove Dio ha ordinato che ogni classe delle sue creature su questa terra cresca e si moltiplichi, ciascuna secondo la propria specie, l'ideologia luciferiana richiede che nella fase finale della cospirazione solo il corpo dirigente abbia la "libertà di godere dei piaceri" della carne e il "diritto" di appagare i propri desideri carnali. Tutti gli altri devono essere trasformati in bestiame umano e resi schiavi fisicamente, mentalmente e spiritualmente, al fine di garantire la pace permanente e la sicurezza sociale.

La procreazione sarà strettamente limitata a tipi e numeri determinati scientificamente come sufficienti a soddisfare i requisiti dello Stato (Dio). Secondo Bertrand Russell, alle pp. 49-51 del suo libro "L'impatto della scienza sulla società", meno del 5% dei maschi e del 30% delle femmine saranno selezionati tra i Goyim per essere utilizzati a scopo riproduttivo, e la riproduzione avverrà tramite inseminazione artificiale praticata su scala internazionale. Le indagini hanno dimostrato che sia in Canada che negli Stati Uniti si stanno conducendo esperimenti per determinare se lo sperma dei maschi umani non possa essere conservato e mantenuto fertile a tempo indeterminato, come lo sperma prelevato da tori da premio.

Recenti scoperte hanno permesso di conservare a tempo indeterminato lo sperma prelevato dai tori congelandolo rapidamente a una temperatura di circa 130° sotto zero. Sono già state istituite enormi banche in cui sono conservati diversi milioni di campioni di sperma classificato. Gli ordini ricevuti per un particolare tipo o ceppo possono essere trasportati in aereo in qualsiasi parte del mondo. Ora si stanno creando banche più piccole in luoghi adatti per soddisfare le esigenze degli Stati in cui si alleva il bestiame. Questa affermazione è un *fatto, non una finzione.*[16]

8. Secondo il piano di Dio, la riproduzione della specie umana era, ed è, destinata ad essere la funzione più santa e sacra svolta da un maschio e una femmina, uniti in una sola carne per la durata della loro vita mortale. Secondo il piano di Dio, il motivo principale per cui ci si concede un rapporto sessuale è quello di procreare un altro corpo umano in cui Dio possa infondere un'anima a cui vuole dare l'opportunità di imparare a conoscerlo e ad amarlo, e di volerlo servire volontariamente per tutta l'eternità.

I teologi ammettono che, nel dare la capacità di riprodursi "secondo la Sua volontà", Dio ci ha dato poteri di cui non godono nemmeno gli angeli. Sono tutti esseri creati, sia "buoni" che "cattivi". I poteri che Dio ha dato agli esseri umani hanno provocato la gelosia degli angeli che si erano uniti a Lucifero. Per questo Lucifero e/o Satana hanno deciso di "rovinare" il piano di Dio per quanto riguarda la procreazione della specie umana. Questo è il motivo per cui le donne hanno dovuto presentarsi per la purificazione dopo la nascita di un bambino da quando siamo stati in grado di informarci. È per questo che il Battesimo è stato istituito come sacramento. Questo spiega perché le donne devono coprirsi il capo in Chiesa. Dato che Satana ha rovinato il piano di Dio, gli esseri umani che discendono da Adamo ed Eva sono figli della carne finché non rinascono spiritualmente.

9. Il piano di Dio dice che tutti gli esseri umani devono amare ed essere caritatevoli verso il prossimo. La parola "prossimo", come usata da Cristo, significa "una persona che non farà del male a un'altra, ma piuttosto si farà in quattro per fare del bene, anche se il destinatario è un estraneo". La dottrina luciferiana afferma che per imporre il potere assoluto attraverso il dispotismo satanico, coloro che sono scelti per governare devono prima dimostrare di essere totalmente privi di sentimenti umani. Secondo il pronunciamento di Albert Pike, questa

---

[16] L'autore ha visto queste banche del seme surgelate e si è fatto spiegare il loro attuale uso e scopo. È stato anche informato sul progetto di eliminare la popolazione umana storpia e malata ricorrendo a metodi di procreazione simili a quelli praticati dai migliori allevatori di bestiame.

liberazione dalle emozioni umane deve essere effettuata da uomini selezionati per governare al punto da non provare nemmeno amore, o simpatia, o qualsiasi sentimento di qualsiasi tipo, verso i membri del sesso opposto. Pike stabilì che le donne iniziate nelle Logge di Adozione dovessero diventare proprietà comune. Disse che i membri del Rito Palladiano dovevano usarle frequentemente e senza passione, ma solo per appagare i loro impulsi sessuali senza permettere che l'amore o il sentimento, "che portano tanti cuori umani fuori strada", entrassero nelle loro relazioni sessuali. "In questo modo", dice, "gli uomini incateneranno le donne ottenendo il controllo assoluto delle proprie debolezze umane". Così vediamo che tutto ciò che Dio considera "bene", Lucifero dice che è "male". Tutto ciò che Dio considera "forza di carattere", i luciferiani lo considerano "debolezza di carattere".

10. Il piano di Dio richiede che gli esseri umani si prendano cura dei malati, dei disabili, dei carcerati e degli anziani.

L'ideologia luciferiana insiste sul fatto che tutti i Goyim che diventano incapaci o inadatti a servire lo Stato in modo efficiente devono essere distrutti. *Questo principio diabolico viene reso accettabile nelle menti di esseri umani innocenti e viene presentato come "Misericordia"*, il cui nome scientifico è eutanasia.

11. Il piano di Dio per la società civilizzata si basa sul principio che due esseri umani di sesso opposto devono stabilire una casa e formare una famiglia. I luciferiani affermano che la distruzione della famiglia e della casa è assolutamente essenziale per il successo della loro cospirazione.

12. Il piano di Dio prevedeva che i genitori provvedessero alla loro prole e li educassero alla Santa Volontà di Dio e ai fatti della vita. I luciferiani dicono che lo Stato deve regolare le nascite e allevare i bambini nati come risultato della riproduzione selettiva pianificata. Insistono sul fatto che SOLO lo Stato ha il diritto di "educare" (perdonate l'uso di questa parola da parte di questi diavoli in forma umana) coloro che intendono servire lo Stato.

13. Il piano di Dio intende elevare la dignità dell'uomo fino a raggiungere un alto grado di perfezione spirituale. Le Scritture ci dicono che possiamo qualificarci per i più alti posti vacanti in Paradiso.

Il luciferianesimo insiste sulla necessità di ridurre ogni essere umano al suo livello più basso possibile. È per promuovere questa teoria diabolica che i "Livellatori" di Cromwell hanno spinto la lama sottile del cuneo.

Oggi si è arrivati allo stadio in cui le donne hanno chiesto il "diritto" di adottare gli stessi codici immorali degli uomini; il diritto di fumare, di fare tutto ciò che non le eleva al di sopra del sudiciume, della sporcizia e della melma della natura umana decadente. Dio propone la castità come virtù; Lucifero dice che dobbiamo essere promiscui per dimostrare la nostra divinità. Cristo ha dimostrato con la sua devozione, il suo amore e il suo rispetto per la sua madre terrena Maria, che Dio ha inteso la maternità come la più grande di tutte le vocazioni. Il rapporto di Cristo con la sua madre terrena e l'amore e la devozione di Maria per suo Figlio dovrebbero dirci che, nonostante la caduta di Eva, Egli vuole ancora che la donna sia un essere di bellezza, fascino e grazia, pieno di amore, carità e affetto. Vuole che le donne siano vere madri, non solo incubatrici umane che concepiscono accidentalmente a causa di un errore umano. Il luciferianesimo è determinato a trascinare la donna nella fogna, al livello dello stato naturale delle bestie inferiori della creazione.

14. Dio ha fornito tutto ciò di cui abbiamo bisogno per il nostro uso e beneficio. Ha ordinato di usare TUTTE le cose con moderazione. L'ideologia luciferiana dice, ma non intende, che l'uomo deve essere legge a se stesso e fare ciò che vuole.

15. Il piano di creazione di Dio ha posto tutto ciò che ha creato in perfetto equilibrio. Coloro che stanno sviluppando la cospirazione luciferiana fino al suo obiettivo finale stanno facendo del loro meglio per mettere fuori equilibrio la creazione di Dio, e la razza umana paga la pena per i "peccati di presunzione" commessi dai luciferiani.

Potremmo continuare a lungo, dimostrando che il luciferianesimo è diametralmente opposto al piano di Dio per il governo della creazione. Il punto che speriamo di aver chiarito è questo: L'ideologia luciferiana è stata elaborata per fare appello a uomini che si considerano giganti intellettuali. Lucifero sa che la sua ideologia totalitaria è sbagliata. Quando occupava il trono più alto del cielo ed era subordinato solo a Dio, il suo orgoglio lo convinse che se avesse creato il suo regno e lo avesse governato con assoluto dispotismo, ogni aspetto e fase del suo dominio avrebbe dovuto funzionare in modo pacifico, efficiente ed economico.

Usò i suoi poteri soprannaturali per forzare la mano di Dio Onnipotente. Poiché Dio trae piacere solo da quelle creature che amano servirlo volontariamente, in virtù del loro rispetto per le sue infinite perfezioni, dovette lasciare che Lucifero andasse alla sua dannazione eterna o cambiare il principio su cui aveva stabilito il suo dominio.

Non si può dubitare che Lucifero si sia reso conto del suo enorme errore. Ma il suo "orgoglio" non gli ha permesso di ammetterlo. Quanti, moltissimi esseri umani si comportano oggi come Lucifero sotto questo aspetto? Gli Hitler, i Mussolini, i Roosevelt, i Rockefeller, i Rothschild, i Churchill - tutti coloro che diffondono il luciferianesimo dai loro posti ai vertici della nostra civiltà. Quanti dei nostri ordini inferiori li scimmiottano e li seguono? Ci conducono, come Lucifero condusse molti degli ospiti celesti, alla nostra distruzione!

Ora che ho studiato questo argomento per così tanto tempo e da così tanti punti di vista, non trovo difficile capire come la capacità soprannaturale di Lucifero di AMARE Dio, il suo Creatore, si sia trasformata in un'uguale capacità di odiare Dio, tutte le creature di Dio e tutta la Sua meravigliosa creazione. Non trovo difficile capire che, dopo che Lucifero mise in pratica la sua ideologia totalitaria nel suo Regno delle Tenebre, che noi chiamiamo Inferno, e scoprì che ciò che considerava PERFETTO in teoria, non funzionava come si aspettava in pratica, la sua delusione fece sì che il suo odio aumentasse fino a raggiungere dimensioni astronomiche al di là della comprensione della mente umana.

Non trovo più difficile accettare la definizione di Inferno che ci viene data nell'Apocalisse. Anzi, mi è facile capire che, dopo il giudizio finale, ogni angelo caduto e ogni anima umana che è stata ingannata da Lucifero e dagli altri principi delle tenebre per disertare Dio, deve necessariamente odiare non solo Lucifero e i suoi principi dominanti, ma anche se stessa e i suoi vicini. Se è vero che l'egoistico e sciocco orgoglio ha condotto la stragrande maggioranza degli abitanti dell'Inferno alla propria dannazione, non è difficile capire perché le condizioni dell'Inferno siano di odio, caos e confusione. Se è vero che gli abitanti dell'Inferno sono lì perché hanno accettato e praticato l'inversione dei Comandamenti di Dio, allora non dovrebbe essere difficile per una persona di media intelligenza capire che tutti gli abomini, quelli che hanno diretto la cospirazione luciferiana introdotta su questa nostra terra, sono praticati all'Inferno e continueranno per tutta l'eternità.

Non c'è dubbio che questo nostro mondo sia stato trasformato dalle forze demoniache in un "piccolo inferno". A causa del fatto che ci rifiutiamo, con cieca ostinazione, di accettare la legge di Dio e di mettere in atto il Suo piano su questa terra, le condizioni sono state già abbastanza cattive e non c'è dubbio che se rimaniamo ciechi alla VERITÀ e ostinati nel rifiutare di dimostrare il nostro desiderio di amare e servire Dio volontariamente per tutta l'eternità, allora le condizioni devono necessariamente peggiorare fino a quando, come afferma la Bibbia, arriveranno al punto che, se non fosse per l'intervento di Dio, nessuna carne sopravvivrebbe. Matteo 24:22; Marco 13:20.

Il fatto che le condizioni qui e all'inferno siano quelle che sono, non è la volontà o l'intenzione di Dio. Esistono a causa dell'orgoglio egoista e sciocco di Lucifero e della sua determinazione ad essere autosufficiente. Ha disertato da Dio. Ha portato con sé moltitudini di altri. È logico supporre che, dopo essersi reso conto del suo errore, il suo odio abbia raggiunto proporzioni tali da spingerlo a continuare a vendicarsi di Dio ingannando le sue creature. Dio desiderava riempire i posti lasciati vacanti da Lucifero e dai suoi angeli. Lucifero non si preoccupa di ciò che accade a coloro che inganna, e nemmeno di ciò che riserva a se stesso. Questa totale mancanza di interesse per qualsiasi cosa è la vera disperazione!

Artisti, predicatori, autori e altri hanno rappresentato l'Inferno e i suoi abitanti in modo così esagerato che, invece di far credere alla gente, hanno indotto milioni di persone, soprattutto negli ultimi due secoli, a screditare la sua stessa esistenza. Questi cosiddetti intellettuali hanno servito bene la causa luciferiana, perché quando si rifiuta Dio, si rifiuta automaticamente l'idea del Paradiso e dell'Inferno.

Il satanismo prima e dopo l'avvento di Cristo

La mia esperienza personale mi ha dimostrato che non ero in grado di mettere insieme le migliaia di informazioni e prove che avevo raccolto dal 1918 sul Movimento Rivoluzionario Mondiale (M.R.M.) fino a quando, nel 1943, ho preso in mano una Bibbia e ho iniziato a sfogliarla perché, mi vergogno a confessarlo, mi annoiavo a morte su un letto d'ospedale, senza avere a portata di mano altra letteratura che non avessi già letto.

Da quel giorno mi sono convinto che ciò che la stragrande maggioranza delle persone chiama "incidenti" o semplici coincidenze, in realtà sono "Atti di Dio". Non mi spingo a dire che il Creatore di questo universo ci faccia personalmente cose che, se teniamo conto di ciò che accade, influenzeranno seriamente la nostra vita, ma credo che Egli voglia che tali cose accadano e che i suoi angeli, che sono associati a questo nostro mondo, mettano in atto la sua volontà divina.

Sia come sia. Sfogliando la Bibbia, non ho potuto fare a meno di notare che molte affermazioni sembravano avere un collegamento diretto con eventi storici e avvenimenti che si stavano verificando nel XX secolo. Questo ha suscitato il mio interesse. Ulteriori studi mi convinsero che nella Bibbia si trovava la "chiave" che avrebbe svelato il mistero che circonda quello che tanti autori hanno definito in passato come *il Potere Segreto* che governa da DIETRO le quinte di TUTTI i governi e li induce ad adottare politiche che alla fine portano alla loro stessa distruzione. Ho quindi iniziato a cercare nella Bibbia la spiegazione di eventi umani con cui avevo familiarizzato, ma di cui non riuscivo a comprendere la "CAUSA" o la "RAGIONE" del loro verificarsi. Con questa spiegazione procederò a spiegare il "satanismo" come lo intendo io.

Il satanismo è il manuale d'azione che mette in atto la cospirazione luciferiana su questa terra. L'Antico Testamento, ridotto alla sua massima semplicità, non è altro che la "Storia del Satanismo". Ci racconta come è stato diretto dalla caduta dei nostri primi genitori fino all'avvento di Cristo, che ha avuto il compito di liberarci dai legami del satanismo, con i quali la razza umana veniva legata più saldamente generazione dopo generazione. Le Sacre Scritture fanno riferimento a Satana sessantasette volte e a Cristo solo sessantatré. Ma ciò che più ci interessa è il fatto che le Sacre Scritture ci dicono e dimostrano che "Satana è il principe di questo mondo" (Giovanni XII, 31; XIV, 30; XVI, II). Poiché Satana è "l'avversario" di Dio e delle sue creature umane, come "principe di questo mondo" deve essere in relazione con il W.R.M.

La parola "mondo" ha certamente diverse connotazioni. Possiamo definire la parola in senso "favorevole" o "neutro" e usarla per indicare "la terra dove abitano gli uomini" o per metonimia "gli uomini stessi". (Giovanni I. 9-10; III. 16,17,19;)G. 27. ecc.)

La parola "Mondo" può anche essere usata, in senso sfavorevole, per significare "Il regno del male sulla terra". Coloro che costituiscono il "Regno del male" sono la Sinagoga di Satana. Ciò che ispirano e fanno, e hanno fatto, è diametralmente opposto alla VOLONTA' DI DIO; essi erigono una barriera tra questo mondo e Cristo e i suoi seguaci. Per illustrare questo aspetto, Giovanni riporta che Cristo disse: "Io non sono di questo mondo... Non prego per questo mondo... esso mi odia". E ai suoi discepoli: "Voi non siete per il mondo... il mondo vi odia", e così via. (Gv VIII, 23; XVII, 9; VII, 7; XV, 19; ecc.).

Così possiamo capire che, fin dall'avvento di Gesù Cristo, il satanismo ha condotto una guerra perpetua per impedire ai figli di Dio su questa terra di mettere in atto il piano di Dio per il governo dell'intero universo su questa terra. Impedendoci di mettere in atto il piano di Dio e impedendoci di vivere "la via della vita" insegnataci da Cristo e riassunta nelle parole del "Padre Nostro", il satanismo impedisce alle masse di fare la Volontà di Dio sulla terra come viene fatta in cielo.

Questo ci porta all'interpretazione del Padre Nostro. Il preambolo e la parte centrale non richiedono spiegazioni, ma le parole "E non ci indurre in tentazione, ma liberaci dal male" certamente sì. Come possiamo concepire che Dio "guidi" i membri della razza umana nella tentazione? Egli può, e senza dubbio lo fa, permettere che siamo tentati da coloro che dirigono o servono il satanismo. Le Scritture ci dicono che Dio non permetterà che siamo tentati oltre le nostre capacità di resistenza. La tentazione ci permette di dimostrare se siamo "per" o "contro" Dio.

Come la stragrande maggioranza dei cristiani, ho ripetuto il Padre Nostro ogni giorno da quando potevo parlare.

Ma non ho mai studiato le parole fino a quando, nel 1943, non mi sono ritrovato sulla schiena con la spina dorsale fratturata. Dopo aver studiato le parole nel loro rapporto con il satanismo e il W.R.M., sono giunto alla conclusione che le parole avrebbero avuto un rapporto migliore se l'interpretazione in inglese fosse stata "And let us not be led into temptation; but deliver us from the Evil One (Satan)". Ho scoperto con piacere, molto tempo dopo, che i padri greci del primo cristianesimo, gli antichi padri romani e diverse liturgie erano decisamente a favore dell'uso maschile piuttosto che neutro delle parole "A malo". L'importanza di questa questione va ricercata nel FATTO che se dovessimo dire "Ma liberaci dal Maligno (Satana)" significherebbe automaticamente che Cristo considerava il satanismo l'autore di TUTTE le tentazioni e di tutto il male (peccato) che possiamo commettere e, allo stesso tempo, essere il regista di tutti i mali che ci possono essere fatti subire come mezzo per allontanarci dalla Fede in Dio.

Questi pensieri mi hanno spinto a fare ulteriori ricerche e ho trovato nel Nuovo Testamento e nei testi dei "Padri del deserto" che Satana e quelli della Sinagoga di Satana esercitano una direzione generale o una sovrintendenza su TUTTO il male, temporale e spirituale, che viene commesso o sperimentato in questo mondo.

A sostegno di questa interessantissima rivelazione - per quanto riguarda il W.R.M. - troviamo che "Chi commette il peccato è del diavolo" (1 Giovanni III. 8) e, secondo i Vangeli e le Epistole di San Giovanni e San Paolo, è l'impero di Satana che Cristo è venuto a rovesciare, e Satana e i suoi agenti (agenturs) sono la radice e la causa di tutti i mali, sia spirituali che temporali, che devastano l'umanità. Molto più vicino a noi, Sant'Agostino sostiene questa linea di ragionamento quando paragona ciò che accade nel mondo alla "città del peccato, il diavolo, nato come risultato del rifiuto di Dio (da parte dei nostri primi genitori), in eterna opposizione alla "città di Dio". San Tommaso non è del tutto d'accordo con questa interpretazione precisa ed esatta e quindi, come spesso accade, si tratta solo di un altro caso di ognuno a suo piacimento.

Tuttavia, quando studiamo il W.R.M. nella sua relazione con il satanismo praticato su questa terra, è importante ricordare che se Satana, o i suoi agenti in forma umana, possono influenzare le decisioni degli individui, e lo fanno, in modo che essi commettano peccato, è ragionevole pensare che i singoli esseri umani così influenzati possano estendere il potere di Satana per il male sulla collettività. Perciò ho trovato il mio ragionamento basato su una solida premessa quando ho affermato in *Pedine nel gioco* e in *La nebbia rossa sull'America* che gli individui che consapevolmente o involontariamente servono la causa del satanismo sono responsabili di fomentare dissensi che permettono loro di dividere le masse in campi opposti su questioni politiche, razziali, sociali, economiche, religiose e di altro tipo, in modo da poterle armare e farle combattere guerre e rivoluzioni su scala sempre maggiore, cosicché, se si permette a questa politica distruttiva di continuare, essa deve portare alla distruzione finale di TUTTE le forme di governo e di religione rimaste, lasciando così il campo libero a coloro che costituiscono la Sinagoga di Satana, per imporre la dittatura totalitaria luciferiana su ciò che resta della razza umana.

Questo ci porta a un'altra domanda molto importante. Potremmo chiederci, come fanno molti sacerdoti e ministri,

> "Se le porte dell'inferno non prevarranno contro la Chiesa di Cristo e se Dio getterà Satana e i suoi seguaci all'inferno dopo il giudizio finale, di cosa c'è da preoccuparsi?".

A mio modesto parere, non c'è nulla di "preoccupante", ma c'è ancora molto da fare prima che quel benedetto evento si verifichi, per salvare il maggior numero possibile di anime dall'inganno della defezione da Dio.

Possiamo dimostrare, come individui, che desideriamo onestamente e sinceramente amare e servire Dio volontariamente per l'eternità. Dobbiamo lavorare instancabilmente per portare altre anime a unirsi a noi in questo desiderio. In altre parole, dobbiamo diventare, come ci ha ammonito Cristo, veri soldati di Gesù Cristo e nemici attivi della Sinagoga di Satana. Se le menzogne e gli inganni sono la merce di scambio delle forze del male, allora dobbiamo svergognare il diavolo e confondere le sue astuzie, dicendo la VERITÀ, il più lontano, il più lontano e il più velocemente possibile. Se gli assassinii individuali e gli omicidi su larga scala (guerre e rivoluzioni) sono i mezzi con cui le forze sataniche rimuovono dal loro cammino tutti gli ostacoli che le ritardano nell'usurpare il dominio assoluto del mondo, allora dobbiamo usare ogni mezzo legale per prevenire guerre e rivoluzioni.

Perché il satanismo lavora per realizzare un Governo Unico Mondiale, di cui intende usurpare i poteri?

Oggi il potere detenuto dalla Sinagoga di Satana non è né generale, né completo, né assoluto. Le Forze del Male cospirano per rendere il loro potere assoluto in modo da poter schiavizzare ciò che resta della razza umana in modo assoluto, corpo, mente e anima. Il satanismo non conosce mezze misure. Quando si tratta di usare bugie e inganni, allo scopo di conquistare la nostra anima immortale per Lucifero, opera secondo il principio "chi vince prende tutto".

Le Scritture nell'Apocalisse ci dicono esattamente quali saranno i risultati finali. Ma la Sinagoga di Satana non accetta le Scritture come parola ispirata di Dio. Pertanto, coloro che servono la Sinagoga di Satana continueranno a sviluppare la cospirazione luciferiana nella convinzione di poter instaurare una dittatura totalitaria. Credono che, se riusciranno a usurpare il potere mondiale, potranno stabilire un controllo fisico sui nostri corpi. Credono che questo controllo fisico permetterà loro di ottenere anche il controllo mentale (psicopolitica).

Credono che il controllo mentale permetterà loro di cancellare ogni conoscenza di Dio dalla mente umana, dando così a Lucifero il controllo delle nostre anime per l'eternità.

Arriviamo così al punto che rivela cosa si intende con la frase (usata così spesso dagli scrittori comunisti, o dovrei dire satanisti, che scrivono per promuovere i movimenti comunisti e altri movimenti sovversivi), "la battaglia in corso è per le menti degli uomini". Questo dimostra che l'obiettivo finale del W.R.M. non è materialistico, come generalmente si suppone, ma decisamente spirituale, cosa che pochi autori e storici sembrano aver sospettato.

Ragionando su questa linea di pensiero si comprende come le parole "Movimento Rivoluzionario Mondiale" siano solo le parole ingannevoli che i satanisti usano per nascondere l'esistenza della continua cospirazione luciferiana. Essi fanno credere alla stragrande maggioranza delle persone, ministri ordinati e laici cristiani, che il comunismo sia la radice di tutti i mali esistenti, che sia ateo e materialista e che il controllo del potere temporale sia l'obiettivo finale. Questa mezza verità è la più grande menzogna mai diffusa da coloro che servono il Padre della Menzogna. La VERITÀ è rivelata in Efesini 6,10-17 che ci dice, tra l'altro, che "la nostra lotta non è contro la carne e il sangue, ma contro i Principati e le Potenze, contro le regole del mondo di queste tenebre e contro le forze SPIRITUALI della malvagità nell'alto". L'altra metà della verità nascosta al grande pubblico è il fatto che la Sinagoga di Satana controlla e usa la forza distruttiva del comunismo per portare avanti i suoi piani segreti per ottenere il dominio del mondo. I Principati e le Potenze sono sezioni dell'Ospite Celeste da cui Lucifero ha indubbiamente reclutato molti seguaci.

Il dominatore mondiale delle tenebre è la Sinagoga di Satana che è ispirata dalle "forze spirituali della malvagità in alto" per mettere in atto la continua cospirazione luciferiana. Così siamo in grado di capire esattamente a cosa andiamo incontro. Mentre viviamo il nostro periodo di prova su questa terra, dobbiamo fare i conti con:

1. I Sommi Sacerdoti del Credo Luciferiano. Dimostreremo che gli esseri umani che sono stati a capo del Sacerdozio hanno ammesso di avere il potere di contattare e consultare i membri del mondo celeste che si erano uniti a Lucifero nella sua rivolta contro la supremazia assoluta di Dio.

2. La Sinagoga di Satana, che ha messo in atto la cospirazione luciferiana.

3. Le società segrete che credono e praticano il satanismo e i cui membri sono gli "Agentur" che servono la Sinagoga di Satana.

4. Tutti coloro che, a causa delle menzogne di coloro che costituiscono i "dominatori del mondo di queste tenebre", hanno disertato da Dio e seguono uno stile di vita "distruttivo" in opposizione allo stile di vita "costruttivo" che Cristo ci ha insegnato essere la Santa Volontà di Dio.

Ora studieremo il satanismo come viene praticato in questo mondo. La stragrande maggioranza delle persone, a causa del modo in cui è stata istruita, non riesce a credere che il satanismo sia effettivamente praticato su questa terra. Poniamo a queste brave persone una domanda molto semplice: "Come potrebbe Satana essere il Principe di questo mondo se non avesse un governo e i mezzi per ingannare milioni e milioni di esseri umani affinché lo servano e favoriscano le sue intenzioni?".

Non sembrano in grado di rendersi conto che Cristo è venuto sulla terra per smascherare l'esistenza della continua cospirazione luciferiana come è diretta su questa terra da Satana e da coloro che lo servono che sono, in realtà, diavoli in forma umana. Cristo lo ha detto chiaramente quando ha detto ai suoi apostoli: "Non vi ho forse scelti tutti e dodici? E uno di voi è un diavolo". (Giovanni 6:70) E nell'Ultima Cena non leggiamo forse: "Il diavolo aveva già messo in cuore a Giuda, figlio di Simone l'Iscariota, di tradirlo", e poco dopo: "Una volta dato il boccone, Satana entrò in lui; e Gesù gli disse: "Fa' presto a fare la tua missione"". Giuda è stato usato dalla Sinagoga di Satana, non dal popolo ebraico, e accettando i trenta pezzi d'argento ha aperto la porta del suo cuore e Satana vi è entrato.

È poi interessante notare le parole che Cristo usò quando fu arrestato. Egli disse: "Ma questa è la vostra ora e (l'ora del) potere delle tenebre". (Satana e/o Lucifero) - (Luca 22:53).

Mi ha lasciato molto perplesso cercare di capire se ci troviamo nella fase della cospirazione luciferiana in cui Satana sta per essere legato per mille anni, o se Satana è stato legato per mille anni, come menzionato nell'Apocalisse, al momento e con la morte di Gesù Cristo. Come ho già sottolineato in precedenza, le parole "Giorno" e "Anni" hanno più di un significato; così le parole "Mille anni" potrebbero significare semplicemente "un periodo, o un lungo periodo di tempo", come espresso nel detto comune "Non tra mille anni".

Se le parole "Mille anni" significano "Un periodo di tempo", allora la Scrittura ci dice con certezza che ci stiamo avvicinando rapidamente al momento in cui Dio interverrà a favore dei suoi eletti. Ciò significa che anche il giorno del giudizio finale si sta avvicinando rapidamente.

Possiamo pensare che la morte di Nostro Signore e la sua resurrezione trionfale significhino che "la sentenza è stata emessa su questo mondo (il principato di Satana); ora è il momento in cui il principe di questo mondo (Satana) deve essere cacciato". (Giovanni 12:31 ecc.) E sebbene coloro che accettano la dottrina luciferiana non siano d'accordo, le Scritture ci assicurano che Cristo è riuscito nella sua missione. E poi arriviamo a una cosa straordinaria che riguarda la Bibbia. La parte che avrebbe dovuto dichiarare e spiegare la vittoria di Cristo su Satana, in quanto principe di questo mondo, sembra essere stata malamente falsata. Mi riferisco a Colossesi 2:14. Traduttori come Douay, Westminster, Knox - come dimostreranno le versioni autorizzate e riviste - danno significati diversi e in un certo senso contraddittori alle parole originali, che io "penso" interpretino al meglio la VERITÀ come San Paolo desiderava che fosse compresa. Parlando del trionfo di Cristo sulle forze del male, che hanno governato questo mondo fino al suo avvento, Egli ha corretto i falsi insegnamenti di coloro che insegnavano l'educazione e la religione; ha smascherato le leggi e i decreti che si opponevano alla Legge di Dio e/o alle Leggi della Natura; ha sollevato la cortina dietro la quale la Sinagoga di Satana dirigeva la cospirazione luciferiana e ha smascherato le menzogne e gli inganni di cui si servivano per indurre gli esseri umani a disertare da Dio. Ha "inchiodato la verità alla croce", perché tutti vedano. Il Rev. Bernard Flemming, nell'articolo "L'avversario", dà come traduzione di Colossesi 2-14: "Cristo... ha cancellato la scrittura che era contro di noi, con i suoi decreti; l'ha tolta di mezzo, inchiodandola alla croce, e ha spogliato i principati e le potenze, li ha messi in aperta vergogna e li ha condotti in trionfo attraverso la croce".

Il compito che stiamo cercando di svolgere è quello di convincere il pubblico in generale che il satanismo è una forza molto reale e attiva su questa terra, il cui scopo è quello di cercare di sconfiggere il piano di Dio per il governo della creazione che viene attuato su questa terra.

Stiamo cercando di dimostrare che Cristo ha sconfitto la cospirazione luciferiana qui come ha fatto in cielo. Stiamo offrendo prove che indicano che stiamo vivendo nel periodo della storia del mondo in cui Satana ha rotto o è stato liberato dai legami con cui Cristo lo aveva legato per "mille anni". Ora sta usando la Sinagoga di Satana per provocare guerre, rivoluzioni e altri abomini che, se non fossero fermati dall'intervento di Dio, in favore dei suoi eletti, distruggerebbero tutta la carne. Le bombe atomiche e H, il gas nervino e altre armi segrete sviluppate di recente da coloro che fanno ricerca sulla guerra chimica e batteriologica, hanno reso possibile a una mente diabolica e controllata da Satana di lanciarci nel cataclisma sociale finale, come pianificato da

Pike, semplicemente premendo un pulsante. Noi la chiamiamo "guerra dei pulsanti".

E per assicurare ai miei lettori che coloro che testimoniano la VERITÀ, così come Dio l'ha rivelata nelle Sacre Scritture e come Cristo ce l'ha spiegata, fanno parte degli eletti, citeremo Apoc. 12, 9-12: "Il grande drago, serpente dell'epoca primordiale, fu gettato sulla terra; colui che chiamiamo diavolo o Satana, il seduttore del mondo intero, fu gettato sulla terra, e i suoi angeli con lui. Poi abbiamo sentito una voce che gridava ad alta voce nel cielo: il tempo è giunto; ora siamo salvati e resi forti, Nostro Signore regna e il potere appartiene a Cristo, il Suo unto; l'accusatore dei nostri fratelli è stato abbattuto. Giorno e notte li accusava alla presenza di Dio, ma grazie al sangue dell'Agnello e alla verità di cui rendevano testimonianza, hanno trionfato su di lui, mantenendo le loro vite a buon mercato finché la morte non li ha presi. Rallegratevene, Cielo, e voi tutti che abitate in Cielo".

Il fatto che il Regno di Satana in questo mondo sia circondato dalle tenebre (segretezza) come il Regno Luciferiano nel mondo celeste; e il fatto che i Sommi Sacerdoti del Credo Luciferiano e i membri della Sinagoga di Satana nascondano la loro identità e il loro vero scopo alle masse; e il fatto che venerino Satana e conducano le loro cerimonie di ispirazione diabolica in stanze segrete nelle Logge del Grande Oriente e nei Consigli del Nuovo Rito Palladiano Riformato, non ne sminuisce minimamente il potere e l'influenza sugli affari di questo mondo e dei suoi abitanti. Al contrario, il fatto che coloro che dirigono al vertice la cospirazione luciferiana possano, e lo facciano, mantenere segreta la loro identità e la loro intenzione finale di schiavizzare ciò che resta della razza umana, corpo, mente e anima, contribuisce al successo dei loro piani malvagi.

Il fatto che Cristo abbia denunciato e condannato la Sinagoga di Satana, la sua esistenza, la sua influenza malvagia e il suo scopo in questo mondo non è mai stato negato dai teologi e dai leader delle religioni. Ma il potere di Satana è tale che ha impedito che si creasse un'impressione vera e realistica nella mente umana. Alla persona media è stato insegnato a pensare al Diavolo come alla creatura più orribile che si possa immaginare; le è stato insegnato a credere che l'Inferno sia un abisso o un pozzo pieno di fuoco e zolfo in cui Lucifero, i suoi angeli caduti e le anime umane perdute cuociono e sfrigolano per l'eternità senza mai essere consumate. Questo insegnamento fuorviante su ciò che costituisce l'Inferno, Lucifero e i suoi angeli caduti, ha fatto sì che moltissime persone si allontanassero da Dio e finissero proprio in quell'Inferno che sono state ingannate a credere un mito.

Nonostante i Padri della Chiesa cristiana primitiva si rendessero pienamente conto dell'inimicizia esistente tra Cristo e Satana e sapessero che il satanismo avrebbe continuato a lavorare nell'oscurità e a usare menzogne e inganni per allontanare gli esseri umani da Dio affinché le loro anime fossero dannate, non sembravano in grado di far arrivare alle masse del popolo la VERITÀ su questo tema così importante. Insegnavano la "grandezza e le perfezioni" di Dio e la "bontà e la mitezza" di Gesù Cristo. Hanno parlato della malvagità di Satana e del Diavolo, ma non si sono preoccupati di spiegare come le forze del male su questa terra abbiano operato fin dalla caduta dei nostri primi genitori. Così il satanismo, camuffato in mille modi e operante sotto cento nomi diversi, si è rafforzato sempre di più senza che il grande pubblico sapesse cosa c'era realmente dietro le quinte a causare tutte le cose malvagie che ha dovuto subire.

Anche se non vogliamo dilungarci su questo argomento, ci sono prove che indicano che con la morte e la risurrezione di Gesù Cristo, Satana è stato ricacciato all'inferno e lì legato, per quanto riguarda il suo essere principe di questo mondo, per mille anni. Secondo il Credo degli Apostoli, crediamo che Cristo sia sceso all'inferno subito dopo la morte del suo corpo mortale. Non potrebbe essere stato per vedere che Satana fosse messo al sicuro e per liberare le anime dei giusti che erano state trattenute in quella parte dell'Inferno chiamata limbo finché Cristo non le avesse redente?

D'altra parte, la cospirazione luciferiana sembra aver avuto una direzione molto scarsa su questa terra dal momento in cui Cristo ci ha lasciato fino a circa il 1.000 d.C.. Il cristianesimo era fiorito. Stava progredendo, la Chiesa e lo Stato cercavano di andare d'accordo. La Chiesa consigliava i governanti in merito al piano di Dio per il governo dell'universo e i governanti stavano apparentemente cercando di mettere in atto quel piano. Il paganesimo stava morendo di morte naturale sotto il bagliore della luce delle Sacre Scritture. Ma quando i mille anni finirono, il satanismo esplose di nuovo in tutta la sua forza e furia diabolica e Satana divenne di nuovo il principe di questo mondo. Lui e i suoi agenti fecero in modo che gli uomini "buoni" si aprissero la strada verso l'inferno con buone intenzioni mai messe in pratica. Hanno diviso la religione cristiana in mille frammenti. Hanno fatto sì che la Chiesa e lo Stato si combattessero a vicenda. Hanno fatto sì che la razza umana iniziasse a dividersi e a combattersi, finché i capi della Chiesa e dello Stato non sembravano d'accordo su un punto: Il satanismo era la radice di tutto il male che veniva inflitto al mondo e ai suoi abitanti.

Il satanismo era così apparentemente la causa di tutti i mali che nel XIII secolo il Papa introdusse l'Inquisizione nella speranza che gli inquisitori fossero in grado di estirpare il male. Come il Sommo Sacerdote del Credo Luciferiano deve aver raddoppiato le risate demoniache! Si sono seduti a guardare i principi della Chiesa cristiana e i re dei Paesi cristiani che tormentavano gli esseri umani con le stesse torture dei dannati, e svolgevano questo compito diabolico nel dolce e santo nome di Gesù Cristo. L'Inquisizione non fece altro che torturare e uccidere centinaia di esseri umani che, se non avessero disertato Dio prima di cadere nelle mani degli inquisitori, avrebbero quasi certamente perso la loro fede in Lui prima che la morte ponesse fine alle loro sofferenze, considerando che le loro torture erano inflitte in nome di Dio.

Può una persona sana di mente credere che Dio voglia che i suoi sacerdoti commettano atrocità come l'Inquisizione?

L'Inquisizione era di ispirazione demoniaca. Servì la causa luciferiana nella misura in cui permise ai satanisti di allontanare migliaia di persone dalla Chiesa di Cristo. L'Inquisizione permise ai nemici di Cristo di dividere la Chiesa di Cristo; permise al satanismo di dividere il potere unito della Chiesa e dello Stato. È stata l'origine di ciò che ha portato alla Riforma e dalla Riforma in poi ha permesso al satanismo di dividere la religione cristiana in più di 400 denominazioni diverse. L'Inquisizione permise a coloro che dirigevano il W.R.M. AL TOP di mettere in atto il loro principio di "prima dividere e poi conquistare".

Che differenza ci sarebbe stata se, invece di perseguitare qualche migliaio di persone accusate di eresia e/o stregoneria, i capi della Chiesa e dello Stato avessero unito le forze e insegnato alle masse la VERITÀ sul satanismo, la sua direzione diabolica e il suo scopo. Se i sacerdoti e i governanti avessero detto alle masse che lo scopo della cospirazione luciferiana era quello di schiavizzare l'intera razza umana, corpo e mente, per poterne rovinare le anime immortali, il satanismo sarebbe finito proprio in quel momento. Un pubblico pienamente informato non poteva essere condotto da un male all'altro. Un popolo pienamente informato non avrebbe potuto essere condotto a guerre e rivoluzioni.

Ma tale è il potere e l'astuzia del Diavolo che coloro che lo servivano fecero sì che i capi della Chiesa e dello Stato torturassero e uccidessero coloro che erano stati giudicati colpevoli di satanismo, invece di rendere pubblici i dettagli della cospirazione luciferiana, privando così gli agenti del diavolo della possibilità di ingannare un popolo credulone e ignorante.

Nel XVI secolo il satanismo aveva ottenuto un tale controllo sul pensiero e sulle azioni dei leader mondiali che tra il 1484 e il 1682 furono emanate trentadue misure ecclesiastiche e dodici civili contro il satanismo.

Il potere di coloro che dirigono la cospirazione luciferiana, AL TOP, può essere pienamente apprezzato quando si sottolinea che, nonostante la conoscenza e la consapevolezza di dei leader della cristianità, sia ecclesiastici che secolari, la Sinagoga di Satana è stata in grado di limitare l'inquisizione agli individui accusati di stregoneria o di stregoneria. Così, tra il 1532 e il 1682, 400 persone furono accusate di praticare il satanismo in tutto il mondo cristiano, compresa Nemesis, nella Carolina, negli Stati Uniti. Non sapevano nulla del satanismo, così come è praticato e diretto al vertice, più di quanto ne sapessero i loro giudici e carnefici.

Nel 1776 la Sinagoga di Satana era composta da uomini di grande intelletto - giganti mentali - che a causa dell'acquisizione di ricchezze o di successi nei campi della finanza, della scienza, della letteratura, delle arti e dell'industria divennero letteralmente "ORGOGLIOSI COME LUCIFERO", che veneravano segretamente come il loro Dio. Questi magnati del male controllavano il satanismo AL TOP Tramavano come usare al meglio le masse per mettere il dominio finale del mondo nelle loro mani o in quelle dei loro successori luciferiani. Mentre i singoli satanisti, tra cui streghe e stregoni, erano impegnati a trascinare all'inferno vittime deboli e senza spina dorsale, i veri leader del satanismo complottavano per ottenere il controllo di massa dei corpi e delle menti della razza umana, in modo da privarli del dono divino dell'intelletto e del libero arbitrio.

Coloro che dirigevano la cospirazione gettarono molte lepri ai segugi della giustizia, affinché inseguissero una sola lepre e trascurassero il vero nemico in massa. I cospiratori sacrificarono tanti ebrei e gentili quanti erano necessari per salvaguardare la propria identità e nascondere i propri scopi diabolici. Le Potenze del Male fecero persino sì che le autorità ecclesiastiche e civili venissero coinvolte nel perseguimento e nella persecuzione di bambini innocenti. Questi casi hanno gettato discredito sulle autorità ecclesiastiche e civili. Essi favorirono i piani segreti dei cospiratori per portare alla distruzione di tutte le forme di governo e di religione.

Il potere del satanismo è tale che si estende non solo ai governi civili ma, purtroppo, anche a quelli religiosi. Si estende alle società segrete, all'industria, alla finanza, alla scienza, alle professioni, ecc. Pur rimanendo invisibile, detiene un controllo che può essere a malapena percepito, ma è assolutamente dominante, come diceva Mazzini.

Il satanismo controlla anche tutto ciò che è malvagio in questo mondo: tutto ciò che serve agli scopi negativi del Diavolo. Prendete lo spaccio di droga! Solo i pusher, mai coloro che la controllano ai vertici, vengono perseguiti I satanisti non potrebbero controllare il traffico e il commercio illegale, e usare tale controllo per schiavizzare migliaia di vittime e ricattare altre migliaia di persone influenti, se il traffico e il commercio non fossero resi illegali in primo luogo.

Quello che stiamo cercando di dire è questo: se la legislazione, che si suppone sia stata approvata per proteggere l'umanità dalle potenze del male, non fosse mai stata approvata, alcuni individui, che non hanno l'autocontrollo, subirebbero il risultato della loro smodatezza.

Ma una volta che la legislazione rende la vendita o il possesso di una merce un crimine, la Sinagoga di Satana può formare sindacati che operano per sconfiggere i fini della giustizia, guadagnando milioni di dollari di profitto per se stessi. Così estendono i loro poteri dagli individui alle organizzazioni, alle società e ai governi. Mi rendo conto che alcuni lettori penseranno che sia una cosa terribile da dire, ma la legislazione proibizionista è contraria al piano di Dio.

Tutto ciò che ha creato può essere usato a nostro vantaggio. Se abusiamo di ciò che ci ha dato, ne paghiamo le conseguenze. È un dato di fatto che nessuno è mai stato, o sarà mai, costretto a entrare in paradiso per legge. La legislazione non ha mai tenuto un satanista fuori dall'inferno.

Il proibizionismo ha permesso alla Sinagoga di Satana di istituire un governo nel governo. La Sinagoga di Satana ha stabilito un regno nel mondo sotterraneo. Ha permesso a coloro che dirigono il W.R.M., al vertice, di guadagnare miliardi di dollari e di esercitare il loro controllo sulla società e sulla malavita di tutte le grandi città. Oggi, proprio come dicono i Protocolli, i principi della malavita sono i signori della società. Gli ex leader delle gang possiedono ora favolosi resort e palazzi del gioco d'azzardo legalizzato nei santuari in cui i S.O.S. intendono nascondersi in caso di guerra e/o rivoluzione. Sono loro a dettare il ritmo e le mode della cosiddetta società. La procedura corretta dovrebbe essere che l'autorità competente arresti e trattenga, e cerchi di curare, gli individui che peccano contro Dio nella misura in cui le loro azioni si rivelano pericolose o dannose per la società.

Se Dio non avesse proibito ad Adamo ed Eva di mangiare il frutto dell'Albero della Vita, non avrebbero potuto peccare. Ma Dio ha fatto in modo che Adamo ed Eva potessero peccare per dimostrare che desideravano sinceramente amarlo e servirlo volontariamente per l'eternità. La morte, come punizione, era adatta al loro crimine. Satana fece peccare Eva perché lei gli credette quando le promise di iniziarla al segreto della procreazione e di renderla uguale in potere al suo creatore e al suo. Eva imparò a procreare, ma Dio dimostrò che solo Lui poteva creare creature che vivessero per sempre. Ecco perché noi, figli di Adamo ed Eva, dobbiamo morire. Ecco perché dobbiamo rinascere dallo Spirito prima di poterci riunire a Dio.

Società segrete e movimenti sovversivi

Nesta Webster ha pubblicato un libro intitolato *Società segrete e movimenti sovversivi* per svelare come sono stati usati per favorire il W.R.M. Tuttavia, non ha detto apertamente che "il potere segreto" che controlla tutte le società segrete e i movimenti sovversivi, al vertice, è la Sinagoga di Satana. Non porta il suo argomento oltre le sue caratteristiche materialistiche e temporali.

Ha fatto molta luce sulla vita segreta di Adam Weishaupt. Gli attribuisce il merito di essere l'autore degli Scritti originali dell'Ordine e della Setta degli Illuminati e il fondatore degli Illuminati. Non posso concordare con queste affermazioni.

I miei studi e le mie ricerche mi hanno convinto che Weishaupt ha solo rivisto e modernizzato i Protocolli della Congiura Luciferiana per consentire alla Sinagoga di Satana di trarre pieno vantaggio dai progressi della scienza applicata e dal rapido cambiamento delle condizioni sociali, politiche, economiche e religiose. Non ha dato origine all'Illuminismo!

Illuminati significa semplicemente "Detentori della Luce", così come la parola "Protocolli" significa "Bozza originale scritta di un piano progettato per raggiungere un determinato scopo dichiarato". Gli Illuminati esistono da quando Caino ha disertato da Dio. I Protocolli sono stati scritti non appena l'uomo ha imparato l'arte di esprimere i propri pensieri e di registrare i propri piani futuri scrivendo su materiale che potesse essere conservato. I Protocolli sono stati scritti molto prima che si sentisse parlare di Sion.

Adam Weishaupt all'età di 28 anni era professore di diritto canonico all'Università di Ingolstadt. Era un gigante mentale, che godeva di grande rispetto nei circoli didattici. Poiché era stato formato dai gesuiti, molti non cattolici sostengono che i gesuiti sono "il potere segreto" che mette in atto il piano del Papa di Roma, per ottenere il dominio finale del mondo. Seguendo questa linea di ragionamento, i nemici della Chiesa cattolica romana sostengono che è questa istituzione religiosa ad essere "il mistero, Babilonia la grande, la madre delle malvagità e delle abominazioni della terra". (Ap. 17:5)

I miei studi mi hanno convinto che l'Illuminismo, sotto il nome di "Perfezionismo", era praticato all'interno dell'Ordine dei Gesuiti molto prima che Weishaupt disertasse da Dio e diventasse luciferiano. Entrambi i movimenti, Illuminismo e Perfezionismo, sono stati avviati per incoraggiare gli esseri umani a diventare il più possibile perfetti. Un vecchio detto dice: "La strada per l'inferno è lastricata delle buone intenzioni di coloro che non sono riusciti a metterle in pratica".

L'Ordine dei Gesuiti è stato il più grande ordine di insegnamento durante il XVII e il XVIII secolo. La Sinagoga di Satana, naturalmente, infiltrò i suoi agenti nell'ordine, così come si infiltra in ogni livello della società. I loro agenti nascondevano la loro vera identità. Erano abbastanza intelligenti da non criticare apertamente il curriculum dei gesuiti. Si limitarono a consigliare a coloro che avevano predisposto il programma di studi di non insegnare troppo sull'esistenza della cospirazione luciferiana o di dire agli studenti come e perché fosse diretta.

Affinché i cattolici non si inimichino a causa di ciò che rivelo riguardo a questo aspetto della cospirazione che chiamiamo "La cospirazione del silenzio", desidero ricordare loro che persino i Papi hanno imputato il rapido sviluppo del satanismo al modo in cui i sacerdoti hanno trascurato di informare i loro parrocchiani su questa importantissima questione.

La Bolla "Summis Desiderantes" di Papa Innocenzo VIII, emessa il 6 dicembre 1484, è stata a lungo considerata la dichiarazione di guerra papale contro la stregoneria, che è solo un altro termine per indicare il satanismo. È difficile capire perché i ministri ordinati delle religioni cristiane non vogliano chiamare le cose con il loro nome quando si tratta di satanismo e del suo scopo ultimo. È forse che anche loro sono controllati ai vertici dai satanisti che insistono affinché usino le parole "stregoneria" e "stregoni"? Ma se studiamo a fondo le parole di questo Papa, scopriamo che non ha aggiunto nulla di nuovo al tema del satanismo. Di certo non ha emesso alcuna sentenza dogmatica. Sono sostenuto in questa opinione da Emile Brouette nel suo "Il sedicesimo secolo e il satanismo", e da una dozzina di altri sacerdoti e autori cattolici. Questa bolla papale ricorda innanzitutto che la cura delle anime dovrebbe essere la preoccupazione costante dei pastori. Il Papa esprime il suo dispiacere per il fatto che la negligenza dei pastori abbia fatto sì che molti fedeli delle diocesi del Reno disertassero la loro religione e accettassero il satanismo, compresi i rapporti carnali con i diavoli. La seconda parte tratta in dettaglio la stregoneria; la terza autorizza gli inquisitori, Sprenger e Institoris, a perseguire i trasgressori con "il rigore della giustizia ecclesiastica". Questo documento è molto inferiore alle Decretali di Papa Giovanni XXII.

Poiché Weishaupt ha avuto un ruolo così importante nella modernizzazione della cospirazione luciferiana, è consigliabile fornire al lettore alcuni fatti che gli permettano di capire come e perché un giovane e brillante studioso possa essere indotto a disertare Dio e a vendere letteralmente l'anima al diavolo.

Nato nel 1748, Adam Weishaupt divenne professore di diritto all'Università di Ingolstadt, in Baviera, Germania, nel 1776. Si specializzò in diritto canonico, la legge che ha lo scopo di mantenere il cristianesimo sulla retta via della VERITÀ.

È stato idolatrato da falsi amici. È stato inculcato dai cosiddetti intellettuali e modernisti: gli è stato insegnato ad accettare "idee liberali realistiche". Poi Satana, sotto forma di cognata, gli ha dato una mano. O lui seduceva lei, o lei seduceva lui. Questa perversione sessuale si rivelò la sua rovina. Alcune lettere, tra la sua corrispondenza, dimostrano che, quando scoprì che la cognata era incinta, fu talmente sconvolto che si rivolse freneticamente ai suoi cosiddetti amici. Li implorava di aiutarlo a procurarsi un aborto prima che la nascita del bambino lo sommergesse di disonore.

Le lettere di Weishaupt dimostrano che era letteralmente orgoglioso come Lucifero. Non era penitente perché aveva peccato contro Dio, tradito suo fratello e infranto il suo voto di castità. Le sue lettere dimostrano che il suo panico era causato dalla paura che l'esposizione lo avrebbe fatto cadere dall'apice dell'apprendimento a cui era stato elevato in giovane età.

Weishaupt scoprì di avere molti "amici". Ma coloro che risposero al suo frenetico appello di aiuto gli fecero pagare il prezzo più alto. Con la scusa dell'amicizia gli presentarono un medico specialista e gli fornirono tutto il denaro necessario: Davvero le vie del diavolo... prima la depravazione sessuale e poi l'oro! Fu quindi portato sotto l'influenza della neonata Casa Rothschild. Fu incaricato di rivedere e modernizzare i vecchi "Protocolli" luciferiani. Il suo orgoglio fu ulteriormente gonfiato quando gli fu chiesto, o gli fu suggerito, di organizzare gli Illuminati per mettere in atto la versione rivista della continua cospirazione luciferiana.

Weishaupt scrisse molti libri e opuscoli che trattavano degli Illuminati e del "Nuovo Ordine", che era il nome ingannevole che i modernisti davano al "Totalitarismo", che è solo un altro nome per il Luciferianesimo. Nel suo "Codice dell'Illuminismo" fornisce istruzioni dettagliate che devono essere seguite dai reclutatori delegati a far entrare negli Illuminati uomini colti, ricchi e influenti. Spesso ci si chiede perché gli avvocati dominino nel campo della politica. Ve lo spieghiamo. Weishaupt disse ai suoi reclutatori che il successo del movimento (cospirazione) dipendeva dalla loro capacità di portare alla "conquista" di persone professionali, avvocati in particolare, che avessero la capacità di parlare e fossero astuti e attivi. Citando le sue stesse parole, Weishaupt disse a coloro che istruiva:

> "Queste persone (gli avvocati) sono veri demoni, difficilissimi da gestire; ma la loro conquista è sempre buona quando si può ottenere".

Ha raccomandato come prossimo punto di conquista "gli insegnanti, i professori universitari e i superiori dei seminari, quando possibile". Questo non spiega il controllo che le forze del male hanno ottenuto sulle nostre istituzioni educative, compresi i nostri seminari? Quando gli studenti che studiano per il ministero della religione cristiana possono vedersi nascondere la VERITÀ e i ministri ordinati, che apprendono la VERITÀ, possono essere costretti dai loro superiori a tacere, il Diavolo ha fatto passi da gigante nello sviluppo della cospirazione luciferiana verso il suo obiettivo finale.

A riprova del fatto che le bugie e gli inganni sono il cavallo di battaglia degli agenti degli Illuminati, Weishaupt disse ai suoi reclutatori: "Se c'è un uomo di grande reputazione, per merito suo, fate credere che è uno di noi".

Questo consiglio fu seguito nel caso del generale George Washington. Dopo l'introduzione dell'Illuminismo in America, gli Illuministi sostennero che egli fosse un massone di grado superiore. Questa affermazione si è rivelata una menzogna ingannevole. Gli Illuministi hanno affermato, senza mai dimostrarlo, che anche i Papi sono stati iniziati al loro Ordine.

È deplorevole, ma bisogna ammettere che ci sono molte prove che indicano che un certo numero di sacerdoti e ministri di confessioni cristiane sono stati iniziati agli Illuminati, alle Logge della Massoneria del Grande Oriente o al Rito Palladiano Nuovo e Riformato di Pike. Una lettera che ho ricevuto l'11 novembre 1958 da un membro della gerarchia cattolica romana ammette francamente di aver notato cose nei suoi associati che indicano che questa affermazione è un fatto.

Weishaupt scrisse anche "*La causa*". Sottolinea l'importanza di conquistare i funzionari pubblici per poterli usare per monopolizzare le cariche pubbliche e portare alla centralizzazione dei governi. Non è forse questo che sta accadendo oggi in ciò che resta delle cosiddette Nazioni libere?

Persino i re e i principi sono considerati da Weishaupt come obiettivi preferiti. Quando Mazzini assunse la direzione del programma di Weishaupt per le guerre e le rivoluzioni nel 1834, sotto la veste di "Direttore dell'azione politica", ribadì quanto Weishaupt aveva detto a questo proposito e citiamo: "L'assistenza degli influenti è una necessità indispensabile per realizzare la riforma in un paese feudale". Nel gergo dei leader del W.R.M. questa parola "riforma" significa "sottomissione". Oggi troviamo il principe Bernhard dei Paesi Bassi e il principe Filippo d'Inghilterra attivi nei Bilderberger e in altri gruppi internazionali.

Oggi, la versione riveduta e modernizzata della cospirazione luciferiana di Weishaupt viene portata avanti dagli intellettuali che esercitano l'influenza sul Gruppo Bilderberger, sul Movimento Federalista Mondiale e sul Consiglio delle Relazioni Estere, con sede nell'Henry Pratt Bldg, a New York. Questi gruppi di pressione costringono i restanti governi nazionali e i loro rappresentanti nell'Organizzazione delle Nazioni Unite a promuovere l'idea di "UN GOVERNO MONDIALE", i cui poteri i luciferiani, non i comunisti né i sionisti politici, intendono usurpare.

Affinché i buoni cristiani siano in grado di giudicare meglio quali dei loro consiglieri spirituali sono veri soldati di Gesù Cristo e quali sono lupi travestiti da pecore, dimostreremo che l'infiltrazione del satanismo nel clero di TUTTE le religioni e gli ordini religiosi non è nulla di insolito o moderno.

Nel 1500 papa Alessandro VI scrisse al priore di Klosterneuburg e a Institoris per avere informazioni sui progressi della stregoneria (satanismo) in Boemia e Moravia. Questa lettera è importante perché la Germania e la Boemia sono state a lungo sedi del satanismo e lo sono rimaste fino alla morte di Weishaupt nel 1830.

Il satanismo si è risvegliato sotto l'influenza degli insegnamenti di Nietzsche. I concili di Colonia del 1536 e del 1550 rivelano che i membri del clero avevano disertato la loro fede in Dio e insegnavano e praticavano il satanismo. I membri di questi concili ordinarono la scomunica di questi ecclesiastici.

Nel 1583 il Concilio di Reims scomunicò gli stregoni: "che fanno un patto con il diavolo; che pervertono le relazioni sessuali; che praticano le diavolerie e pretendono di guarire attraverso i poteri di Satana".

Dal 1580 al 1620 le assemblee disciplinari e dogmatiche della religione protestante discussero spesso la questione della stregoneria e del satanismo, sia per quanto riguardava la pratica individuale che quella generale.

Ma per tornare a Weishaupt e ai suoi scritti, e per dimostrare che aveva disertato dal cristianesimo e abbracciato il satanismo quando ha rivisto i "Protocolli". Terminò questo compito nel 1776. Lo annunciò agli Illuminati il 1° maggio. Questo è il vero motivo per cui il 1° maggio di ogni anno, da allora, è stato celebrato dalle organizzazioni rivoluzionarie e persino da quelle sindacali, senza che la stragrande maggioranza dei membri sospettasse la verità. Ecco perché il 1° maggio 1776 è stampato sulle banconote americane da un dollaro sotto la grande piramide. In cima alla piramide c'è l'occhio onniveggente degli Illuminati.

Weishaupt istituì le Logge del Grande Oriente, che si trovavano nelle principali città d'Europa e costituivano il quartier generale degli Illuminati, che egli riorganizzò per mettere in atto la versione riveduta e modernizzata della cospirazione luciferiana. All'inizio i membri degli Illuminati si limitarono a circa 2.000. Si trattava di uomini che, possedendo capacità mentali eccezionali, avevano raggiunto i vertici nei loro particolari campi di attività umana. Erano finanzieri, come i Rothschild e i finanzieri internazionali a loro affiliati; erano scienziati, come Scheel, e pedagoghi ed enciclopedisti come Voltaire. Tutti coloro che facevano parte della Sinagoga di Satana assumevano dei soprannomi per nascondere la loro identità. Il termine "nick name" è stato usato per la prima volta per indicare un uomo che aveva assunto o si era fatto assumere un altro nome per nascondere il fatto di essere diventato un adoratore del Diavolo, che viene spesso chiamato "Old Nick".

Non vogliamo dilungarci su questo punto. È sufficiente dire che gli uomini scelti per diventare adepti del satanismo erano membri degli Illuminati, che con la loro vita, le loro parole e le loro azioni dimostravano di aver disertato da Dio.

Alcuni erano atei dichiarati. Ma la maggioranza accettava di buon grado il "totalitarismo" (l'ideologia luciferiana) presentato loro da Weishaupt, come loro credo. Solo un pazzo può essere un ateo convinto. Solo un pazzo può credere che l'Universo, e tutto ciò che comprende, sia semplicemente accaduto. Anche gli evoluzionisti dotati di cervello ammettono che l'evoluzione potrebbe far parte del piano di creazione di Dio, in base al quale le creature possono svilupparsi in un piano superiore o deteriorarsi in un piano inferiore.

Gli Illuminati hanno una cosa in comune: sono d'accordo sul fatto che coloro che usano il loro cervello per ottenere il successo in questo mondo hanno il "DIRITTO" di governare gli altri con meno cervello, sulla base del fatto che i Goyim (le masse o la gente comune) semplicemente non sanno cosa è bene (meglio) per loro. Come Voltaire affermò chiaramente in una lettera scritta a un collega illuminista, per condurre la folla fuori dall'attuale oppressione verso una nuova sottomissione, coloro che dirigono la cospirazione devono ordinare a coloro che controllano di mentire,

> "non timidamente, o solo per un po', ma come il diavolo, con coraggio e sempre...". Voltaire è anche documentato come abbia consigliato agli Illuministi, a cui era associato, di usare frasi altisonanti quando si rivolgevano ai Goyim, e di fare loro promesse

altisonanti. Aggiunse: "Il contrario di ciò che viene detto e promesso può essere fatto in seguito... questo non ha alcuna importanza".

I Goyim furono incoraggiati a distruggere i governi e le religioni costituite per instaurare democrazie. Le democrazie furono definite (in modo ingannevole) come governo e religione del popolo, dal popolo, per il popolo.

Così la stragrande maggioranza intende la parola democrazia ancora oggi. In realtà la parola "democrazia" significa governo demoniaco o mafioso. Coloro che dirigono la cospirazione luciferiana, al vertice, usano la "folla" di per combattere e distruggere i loro governi e le loro religioni, poi soggiogano la folla.

Per i sommi sacerdoti del Credo Luciferiano, non importa se gli americani e gli inglesi distruggono i governi di altri Paesi, purché i cittadini di altri Paesi distruggano alla fine i governi di Gran Bretagna e Stati Uniti con guerre e rivoluzioni. Secondo il principio luciferiano, le guerre portano sempre alle rivoluzioni. Ecco perché i leader comunisti hanno adottato lo slogan luciferiano: "Rivoluzione per porre fine a tutte le guerre". La politica luciferiana è: Guerre per indebolire i governi; rivoluzioni per completare la loro distruzione.

Dopo ogni rivoluzione, i leader rivoluzionari dicono ai loro seguaci che è necessario stabilire una "dittatura proletaria" per ripristinare la legge e l'ordine. Poi, a tempo debito, arriverà la Repubblica socialista. Questa è un'altra menzogna. La cosiddetta dittatura proletaria si trasforma SEMPRE in una dittatura assoluta. Quando a Lenin fu chiesto: "Quanto tempo passerà prima che la vostra dittatura assoluta lasci il posto a un governo sovietico (dei lavoratori)?".

E lui rispose: "Questa è una domanda a cui non posso rispondere. Chi sa quanto tempo passerà prima che i lavoratori, i 'Goyim', imparino abbastanza da essere in grado di governare se stessi in modo efficiente? Purtroppo la 'mafia' non sa cosa sia meglio per se stessa". "Mob" è un gergo comunista; "Goyim" è luciferiano. Non c'è alcuna differenza. Tutti gli esseri inferiori sono considerati "bestiame umano".

Affinché gli Illuminati potessero ottenere il controllo dei Goyim e far loro combattere guerre e rivoluzioni per favorire i piani segreti di coloro che dirigono la cospirazione luciferiana, ALL'ALTO, Karl Marx fu incaricato di scrivere i libri *Das Capital* e il *Manifesto comunista*. Egli sosteneva l'ateismo. Weishaupt, Pike e altri luciferiani predicavano con la lingua nelle guance l'uguaglianza dell'uomo, la libertà, il fraternalismo, ecc. Pike dovette spiegare il suo sostegno ai comunisti atei ai suoi associati dicendo loro che il comunismo, come il nazismo, era solo una fase passeggera del movimento globale verso il potere mondiale.

Il satanismo era incoraggiato nei gradi inferiori delle Logge del Grande Oriente fondate da Weishaupt, così come lo era nei gradi inferiori del Rito Palladiano Nuovo e Riformato organizzato da Albert Pike quasi cento anni dopo, quando assunse la direzione della cospirazione luciferiana. Il satanismo era, ed è tuttora, celebrato nella Messa Nera. Questa è stata spesso definita "la domenica delle streghe". La Messa Nera perpetua l'iniziazione di Eva da parte di Satana ai piaceri del rapporto sessuale e al segreto della procreazione. Agli adepti viene ricordato che Satana ha così conferito il più grande beneficio possibile alla razza umana.

Nella Messa Nera il celebrante rappresenta Satana e una giovane sacerdotessa rappresenta Eva. La seduzione e la possessione di Eva avvengono sotto gli occhi dei fedeli. La seconda parte della Messa Nera perpetua la sconfitta di Cristo da parte di Satana. Agli adepti viene insegnato che Satana è il figlio maggiore di Dio (Adonay) e il fratello di San Michele. Il dogma luciferiano insegna che San Michele, l'arcangelo, è lo stesso essere celeste di Gesù Cristo e afferma che Dio (Adonay) ha inviato San Michele sulla terra sotto forma di Gesù Cristo affinché potesse fermare la cospirazione luciferiana su questa terra come aveva fatto in cielo. Nei capitoli precedenti abbiamo dimostrato quanto questi insegnamenti siano sbagliati e ingannevoli.

La dottrina luciferiana non ammette che San Michele abbia sconfitto Lucifero in cielo. Sostiene che Lucifero ha conquistato la sua indipendenza da Dio e ora governa la sua sezione dell'universo. Secondo Pike, "Lucifero" è uguale a Dio (Adonay). Ne parleremo più diffusamente altrove. La Messa Nera illustra come Satana abbia fatto delle avances a Cristo e abbia cercato di farselo amico, offrendogli persino il dominio di questo mondo se si fosse unito alla causa luciferiana. Il rifiuto di Cristo ha reso necessaria la sua distruzione. Durante ogni Messa Adonaica viene sacrificata una vittima, a simboleggiare l'immolazione di Cristo su istigazione della Sinagoga di Satana. La vittima può essere umana, animale o volatile, a seconda delle circostanze e del rischio che comporta. Le ricerche hanno portato alla luce prove documentali che indicano che nel Medioevo diverse centinaia di giovani scomparsi nell'Europa centrale venivano utilizzati come vittime sacrificali durante la celebrazione delle Messe Nere. Il rosacrocianesimo era strettamente associato a questi omicidi rituali di giovani uomini e donne. Ma il Rosacroce e l'Illuminismo vengono ora presentati al grande pubblico come movimenti basati sui più alti ideali.

Molto più recentemente, le autorità di polizia britanniche, francesi, tedesche e persino americane hanno indagato su crimini simili in cui i corpi sono stati sicuramente marchiati con figure simboliche utilizzate nei riti satanici.

La terza parte della Messa consiste nella profanazione di un'ostia consacrata da un sacerdote della Chiesa cattolica romana. Se un sacerdote ordinato può essere ingaggiato, o ricattato, per consacrare un'ostia, viene ben pagato per i suoi servizi. Nel 1513 papa Giulio ordinò all'inquisitore di Cremona di perseguire i sacerdoti che abusavano dell'Eucaristia con le pratiche di stregoneria (satanismo) e che adoravano il diavolo.[17]

In anni più recenti, le chiese cattoliche romane sono state violate per procurarsi le ostie consacrate per questo scopo diabolico. Un satanista in America costringeva la moglie a frequentare le chiese cattoliche e a conservare l'ostia che riceveva alla Comunione per usarla. Lo confessò a un mio amico prima di morire.

Dopo una Messa Nera, i fedeli, uomini e donne, si abbandonano a un'orgia. Le donne che partecipano a queste orge sono membri delle cosiddette "Logge di adozione". Vengono usate come proprietà comune dai membri dell'organizzazione maschile.

Esistono diversi tipi di Messe nere, così come esistono Messe alte e basse nei servizi cattolici e della Chiesa d'Inghilterra. Il satanismo comprende anche un'ampia varietà di orge sessuali organizzate allo

---

[17] Mag. Mun BULL. ROM. Vol. I, p. 617: Pratt op. cit.; Hansen op. cit.

scopo di mettere persone influenti, che si desidera controllare, in una situazione incriminante.

Un uomo mi ha detto che ciò che avveniva in queste orge lo faceva vomitare. Il satanismo viene introdotto negli addii al celibato sotto forma di quello che viene chiamato "circo". Questi circhi sono abbastanza comuni nella maggior parte delle grandi città.

Impiegano da un uomo e una donna fino a un massimo di venti uomini e donne che si dedicano a ogni forma di indulgenza e perversione sessuale. Il satanismo si diffonde in modo insidioso attraverso la distribuzione su di film che ritraggono ogni forma di abominio sessuale che i diavoli in forma umana hanno potuto compiere.

Il satanismo viene introdotto nelle nostre scuole, nei college e negli istituti di formazione da quei cosiddetti modernisti che, spacciandosi per specialisti in psichiatria, insegnano le teorie freudiane ai loro studenti con il pretesto del modernismo. Sotto questo titolo, agli studenti di medicina e alle ragazze che imparano l'arte dell'infermieristica viene fatto credere che la masturbazione e la pratica dell'omosessualismo sono pratiche perfettamente normali nello sviluppo del corpo umano e fanno bene all'individuo.[18]

Il satanismo oggi è promosso da una produzione multimilionaria di letteratura pornografica e immagini oscene ogni anno. Le vendite di queste porcherie che distruggono la mente aumentano costantemente di anno in anno.

Il satanismo viene promosso nelle feste organizzate per i delegati che partecipano alle convention nelle grandi città e in alcune case private, dove i baccanali vengono praticati oggi come ai tempi della Roma pagana.

Ma ai membri del pubblico indotti a frequentare le frange sessuali del satanismo non è dato sapere che, al vertice, a dirigere tutte le numerose

---

[18] Abbiamo le prove di studenti che hanno frequentato corsi in Canada per dimostrare questa affermazione.

fasi di questa abominevole sezione della cospirazione è la Sinagoga di Satana.

A loro non è permesso nemmeno sospettare che la Sinagoga di Satana è controllata al vertice dai Sommi Sacerdoti del Credo Luciferiano. All'inizio, coloro che fanno proselitismo per il satanismo spingono le loro vittime ad assistere a spettacoli sessuali per curiosità. Poi le convincono a praticare il satanismo convincendole che non c'è nulla di sbagliato nella natura. Così le loro vittime peccano perché a loro piace peccare. Il progresso in questo senso dapprima ammutolisce e poi uccide la coscienza delle vittime. Una volta legata correttamente, la vittima viene usata per servire gli scopi diabolici del satanismo.

L'effetto del satanismo si vede e si sente ovunque nelle cosiddette feste. Le storie sporche vengono raccontate a, e da, membri di entrambi i sessi in ogni occasione. Il linguaggio che collega il nome di Gesù Cristo a parole di quattro lettere impronunciabili è di uso comune. La delinquenza giovanile è incoraggiata dai satanisti e dal satanismo.

Satana non disturba gli uomini e le donne che lo servono bene. Di solito premia i totalitari dalla mentalità internazionale con ricchezza e potere sufficienti a soddisfare le loro egoistiche ambizioni materialistiche. Il punto da ricordare è questo. OGNI forma di internazionalismo, OGNI idea totalitaria, OGNI racket, OGNI organizzazione e movimento negativo, serve a favorire i piani segreti di coloro che dirigono la cospirazione luciferiana AL MASSIMO.

Molti grandi uomini, tra cui Sua Eminenza il Cardinale Caro Y Rodreguez del Cile, quando espongono il satanismo, come praticato nelle Logge del Grande Oriente e nei Consigli del Rito Palladiano Nuovo e Riformato, si riferiscono a queste due società segrete come "Massoneria" e persino "Massoneria". Questo fa sì che persone non informate credano che anche molti massoni di Rito Scozzese (conosciuti anche come "Blu" o "Massoneria Continentale") siano satanisti. *Questo è falso e molto fuorviante!*

Nemmeno i membri dei gradi inferiori del Grande Oriente e del Nuovo Rito Palladiano praticano il satanismo. Nemmeno ai membri che vengono selezionati per essere iniziati come adepti al Satanismo viene rivelato il PIENO segreto, cioè che il Satanismo è controllato AL TOP dai Sommi Sacerdoti del Credo Luciferiano. Solo a coloro che sono iniziati al grado più alto viene mostrata "LA VERA LUCE della PURA DOTTRINA di Lucifero" e viene richiesto di adorarlo come loro unico e solo Dio. Solo a pochissimi candidati, accuratamente selezionati, è permesso di sapere che si tratta dell'ideologia totalitaria luciferiana che verrà imposta a ciò che resta della razza umana dopo la fine del cataclisma sociale finale che coinvolgerà i popoli controllati dai comunisti con il resto del mondo.

Weishaupt e Pike erano entrambi massoni di alto grado, ma nessun massone su diecimila sospettava che fossero anche sommi sacerdoti del Credo Luciferiano. Mazzini diresse il W.R.M. dal 1834 al 1871 prima che Pike lo mettesse al corrente del Segreto Completo.

Nessun massone su mille sospetta che la Massoneria, insieme a TUTTE le altre società segrete, sarà distrutta nella fase finale della cospirazione, insieme a tutte le altre religioni, in modo che solo la vera luce della dottrina pura di Lucifero sarà usata per influenzare la mente umana.

Belen de Sarraga, che iniziò i membri del Grande Oriente al satanismo a Iquique, spiegò loro che Satana è il Dio "buono", l'Angelo della Luce che venne a insegnare a Eva il segreto di come rendere gli esseri umani uguali a Dio. Sarraga insegnava che Satana possedeva Eva carnalmente, una conoscenza che poi condivise con Adamo e trasmise alla razza umana.

Benoit ci dice che gli iniziati al 25° grado dei Cavalieri del Serpente Brazen sono tenuti ad adorare il serpente (simbolo di Satana) che è il nemico di Dio (Adonay) e l'amico dell'uomo, che con il suo trionfo farà tornare gli uomini nell'Eden.

Benoit dice anche che nel 20° grado dello stesso ordine all'iniziato viene richiesto di dire "Nel sacro nome di Lucifero scaccia l'oscurantismo". (Benoit cita un opuscolo, diffuso tra i massoni del Grande Oriente, in cui si legge che quando Giovanni Ziska e Giovanni Huss facevano proselitismo in Boemia, rappresentavano Satana come la vittima innocente di un potere dispotico (Dio Adonay) che faceva di lui (Satana) il compagno di catene di tutti gli oppressi. Questi due sostituirono l'antica espressione "Dio sia con te" con questa sostituzione: "Che colui al quale è stata fatta ingiustizia ti custodisca".

Proudhon, un altro satanista, è registrato mentre invoca Satana con le parole: "Vieni Satana, esiliato dai preti, ma benedetto sia (nel) mio cuore". (Benoit F.M.I. p. 460-62.)

Dom Benoit dice che il Rito Palladiano Nuovo e Riformato di Albert Pike ha, come pratica e scopo fondamentale, l'adorazione di Lucifero... è pieno di tutte le empietà e infamie della Magia Nera. Essendo stato stabilito negli Stati Uniti, ha invaso l'Europa e ogni anno fa progressi terrificanti. Tutti i suoi cerimoniali sono pieni di bestemmie contro Dio e Nostro Signore Gesù Cristo. (F.M.I. p. 449-454) Domenico Margiotta ha scritto la vita di Adriano Lemmi con il titolo "Adriano Lemmi Chef Supreme des Franc-Maçons". Lemmi fu anche capo dei massoni del Grande Oriente italiano. Solo pochissime persone sembrano sapere che era un satanista confermato e che fu scelto da Pike per diventare direttore supremo del W.R.M. dopo la morte di Mazzini. Lemmi viene presentato al pubblico, dalla stampa controllata, come un grande patriota italiano. Ma scavando nella sua vita privata e segreta lo troviamo un idolo con i piedi d'argilla come Pike e Mazzini, Lord Palmerston, Churchill, ED. Roosevelt e molti altri.

Margiotta dice: "Adriano Lemmi non nascondeva la sua adorazione di Satana. In Italia tutti sapevano che era un satanista. In nome di Satana inviava le sue circolari, pur adattandosi a volte all'opinione degli iniziati *imperfetti*, ma basta sfogliare la raccolta del suo diario (riservata ai massoni del Grande Oriente) per conoscere i suoi sentimenti riguardo all'occultismo e alla malvagità di chi si era consegnato al Diavolo. "Sì! Come satanista ha organizzato i movimenti anticlericali e se ne è vantato dal 1883 in poi!".

Nel suo organo ufficiale "La Rivista Della Massoneria Italiana" (vol. I dell'Annuario Massonico dal 1° marzo 1883 al 28 febbraio 1884, p. 306) fa questa cinica dichiarazione:

> "Il Papa ha detto: "Vecilla Regis Prodcunt Inferni". Sì, in effetti, gli standard del Re dell'Inferno avanzano, e non c'è un uomo cosciente che ami la libertà; non c'è nessuno che non si arruoli sotto questi standard".

Così egli, come tutti gli altri leader rivoluzionari, usava la parola libertà mentre per tutto il tempo lavorava per condurre le masse verso il "Nuovo Ordine", che è il nome gentile, ma ingannevole, che essi danno alla dittatura totalitaria luciferiana sotto la quale intendono asservire la razza umana, corpo, mente e anima.

Lemmi prosegue dicendo:

> "Sì! Sì! Gli stendardi del Re dell'Inferno stanno marciando in avanti perché la Massoneria che per principio, per istituzione, per istinto, ha sempre combattuto e sempre combatterà senza tregua o quartiere tutto ciò che può impedire lo sviluppo della libertà, della pace e della felicità dell'umanità, deve combattere oggi più energicamente e più apertamente che mai tutti gli artifizi della reazione clericale".

(Margiotta, Adriano Lemmi, p. 168-169).

Qui vediamo che Lemmi inserisce la parola "Massoneria" al posto di Luciferianesimo. Parla ancora di libertà quando lui e quelli come lui intendono usare il dispotismo assoluto per imporre la loro volontà sui "Goyim", come fece Lenin in Russia, nel 1917, durante il primo grande esperimento usato per testare le teorie luciferiane nella pratica reale.

Il Copin Albancelli, un'altra autorità in materia di satanismo praticato nei tempi moderni, dice di aver ottenuto una prova certa che certe società che si professano massoniche adorano Lucifero: "Adorano Lucifero come il vero Dio e sono così animati da un odio implacabile verso il Dio dei cristiani, che dichiarano essere un impostore, che hanno una formula che riassume il loro stato d'animo. Non dicono più: "Alla gloria del Grande Architetto dell'Universo", ma "Gloria e amore a Lucifero! Odio! Odio! Odio! A Dio sia la dannazione! Dannazione! Dannazione!". Copin-Albancelli continua dicendo: "Si confessa in queste società che tutto ciò che il Dio cristiano ordina è sgradito a Lucifero e che, al contrario, tutto ciò che egli proibisce è gradito a Lucifero e che, di conseguenza, è necessario fare tutto ciò che il Dio cristiano ha combattuto e guardarsi da tutto ciò che egli ordina come se fosse fuoco". Copin-Albancelli dice e cito: "Ripeto, ho avuto in mano la prova di tutto questo. Ho letto e studiato centinaia di documenti appartenenti a una di queste società, documenti che non mi è permesso pubblicare, e che provengono da membri, uomini e donne del gruppo in questione. Ho potuto provare che questo piace a Lucifero, e che *lì si pratica l'omicidio* (la Messa Nera o Adonaicidio) sempre perché dispiace al Dio cristiano e piace a Lucifero". (Margiotta racconta che Pike rimproverò Lemmi per il suo rabbioso satanismo e decretò che al

Dio della Massoneria (il Nuovo Rito Palladiano Riformato) si sarebbe dovuto dare solo l'ineffabile nome di Lucifero.

Al Congresso internazionale di Bruxelles del 1886, La Fargus esclamò: "Guerra a Dio! Odio a Dio! In questo sta il progresso. È necessario schiacciare il Cielo come se fosse un pezzo di carta". (Il Congresso mondiale di Bruxelles del 1958 fu una delle esposizioni più senza Dio mai realizzate. Si poteva trovare il satanismo ovunque). Un adepto luciferiano, il Fratello Lanesan (Festa Solstiziale della Loggia dell'Amicizia di Clemente del 13 marzo 1880), bestemmiava con queste parole: "Dobbiamo schiacciare l'infame. Ma quell'infame non è il clericalismo, quell'infame è Dio". (International Review of Secret Societies, #17,1924, pp. 309-310) Abbiamo citato solo alcuni autori non collegati che nella seconda metà del XIX secolo scoprirono verità che io ho confermato come risultato delle mie ricerche su nella prima metà del XX secolo. Coloro che dirigono la cospirazione luciferiana possono tenere nascoste queste informazioni perché controllano la stampa e tutte le vie di informazione pubblica. Ma non è strano che i ministri della religione cristiana non insistano nel far conoscere queste verità dai loro pulpiti, allestiti in quelle che loro sostengono essere chiese cristiane - le Case di Dio?

Per piantare gli ultimi chiodi nella bara di coloro che cercano di far credere al grande pubblico che TUTTI i massoni sono tarpati con lo stesso pennello "satanismo" e/o luciferiano, desidero sottolineare che sia Weishaupt che Pike si preoccuparono particolarmente di prevedere la distruzione totale della Massoneria, insieme a tutte le altre società segrete, nelle fasi finali della cospirazione.

Nelle lezioni tenute sui "Protocolli" della cospirazione luciferiana, così come sono stati suddivisi in capitoli e paragrafi da Marsden, il conferenziere ha detto che i massoni e la massoneria devono essere trattati come segue: (Cap. IV, par. 2) "Chi e cosa è in grado di rovesciare una forza invisibile? Ed è proprio questa la nostra forza.

La massoneria gentile funge ciecamente da schermo per noi e per i nostri obiettivi, ma il piano d'azione della nostra forza, persino il suo stesso luogo di residenza, rimane per tutto il popolo un mistero sconosciuto". Poiché questa copia delle conferenze doveva essere utilizzata per suscitare l'antisemitismo in Russia fino al punto di ebollizione, è stata introdotta la parola "Gentile".

Cap. IX:2

> "Le parole d'ordine massoniche, "Libertà, Uguaglianza e Fraternità", quando arriveremo nel nostro Regno saranno cambiate per significare il "diritto di libertà, il dovere di uguaglianza, l'ideale di fratellanza - ecco come lo metteremo".

Il conferenziere prosegue poi spiegando che: "Al giorno d'oggi, se qualche Stato solleva una protesta contro di noi, i satanisti e i luciferiani che dirigono il W.R.M. AL TOP) è solo proforma a nostra discrezione e per nostra direzione (perché controllano le politiche di TUTTI i governi da dietro le quinte)". C'è anche una dichiarazione che si riferisce alla "gestione dei nostri fratelli minori". Questa affermazione indica che i direttori della cospirazione luciferiana intendono usare i massoni di grado inferiore come usano i fratelli ebrei minori per servire i loro piani segreti e sacrificarne quanti sono necessari per servire i loro scopi diabolici.

Il cap. XI: 5-7, dice:

> "Continueremo a promettere di restituire (al popolo) tutte le libertà che abbiamo tolto non appena avremo sedato i nemici della pace e domato tutti i partiti. Non vale la pena di dire quanto a lungo si dovrà aspettare per la restituzione delle libertà.

> "Per quale motivo abbiamo inventato questa politica e l'abbiamo insinuata nelle menti dei "goys" senza dar loro la possibilità di esaminarne il significato? Per quale motivo, infatti, se non per ottenere in modo circolare ciò che per la nostra tribù dispersa è irraggiungibile per via diretta?".

> "È questo che è servito come base per la nostra organizzazione di MASONERIA SEGRETA, che non è conosciuta e i cui scopi non sono nemmeno sospettati da questi bovini GOY, attratti da noi nell'esercito delle Logge massoniche per gettare polvere negli occhi dei loro compagni".

Quanto detto sopra sembra che siano gli ebrei a dirigere la cospirazione, ma dobbiamo ricordare che abbiamo a che fare con i sommi sacerdoti della Sinagoga di Satana, i maestri dell'inganno, che Cristo ci ha detto essere coloro che si dicono ebrei ma non lo sono. Coloro che servono il satanismo in tutto il mondo, cercando la rovina delle anime, sono "la tribù dispersa" tanto quanto gli Ebrei.

Il capitolo XV racconta cosa accadrà a tutti gli Esseri Minori, massoni, ebrei, cristiani, ecc. ecc. "quando noi (i Sommi Sacerdoti del Credo Luciferiano) entreremo finalmente definitivamente nel nostro regno con l'aiuto di un "colpo di stato" preparato ovunque per lo stesso giorno, dopo che l'inutilità di tutte le forme di governo esistenti sarà stata definitivamente riconosciuta".

Questa conferenza fu tenuta tra il 1873 e il 1901. Il conferenziere disse ai suoi ascoltatori che poteva volerci un secolo per collocare coloro che dirigevano la cospirazione "dove NESSUNA potenza o astuzia può impedirci di conquistare il dominio incontrastato del mondo". "Dice al pubblico che, una volta al potere, essi adotteranno le seguenti misure per assicurarsi di rimanere al potere:

1. Uccideremo senza pietà TUTTI coloro che prenderanno le armi per opporsi alla nostra venuta nel nostro regno.

2. L'appartenenza a qualcosa di simile a una società segreta sarà punita con la morte.

3. Coloro che, appartenendo a società segrete, hanno servito il S.O.S., devono essere sciolti e mandati in esilio. (Esattamente come è stato fatto in Russia e come viene fatto ora in Cina). Il conferenziere aggiunge: "In questo modo procederemo con i massoni che sanno troppo".

4. La morte sarà la pena di tutti coloro che ostacoleranno i nostri affari. Eseguiremo i Massoni in modo tale che nessuno, tranne la Fratellanza, possa mai sospettarlo, nemmeno le stesse vittime della nostra condanna a morte. Moriranno tutti quando sarà necessario, come per una normale malattia.

I massoni di rito scozzese farebbero bene a indagare e a smascherare chi tra loro fa segretamente parte della "Sinagoga di Satana". Dai loro frutti li riconoscerete.

Poiché Cristo ci ha detto che Lucifero è il "Padre della menzogna" e il "Maestro dell'inganno", esamineremo il generale Albert Pike, presunto patriota e considerato uno dei più grandi dottori della scienza massonica, alla luce delle sue stesse parole, che non avrebbero mai dovuto vedere la luce del giorno. Egli disse:

"I gradi blu non sono altro che la porta esterna del portale del tempio. Una parte dei simboli viene spiegata qui all'iniziato, ma egli viene intenzionalmente ingannato con false interpretazioni! Non si vuole che li capisca, ma piuttosto che si immagini di capirli. La loro vera interpretazione è riservata agli Iniziati, i Principi della Massoneria".

"La Massoneria", continua Pike, "come tutte le religioni, tutti i misteri, l'ermetismo e le alchimie, nasconde i segreti a tutti tranne che ai Saggi Iniziati o agli Eletti, e impiega false spiegazioni e interpretazioni dei suoi simboli per ingannare coloro che meritano di essere ingannati, e per nascondere loro la verità, che si chiama LUCE, e separarli da essa".[19]

È solo quando confrontiamo l'affermazione di cui sopra con le informazioni contenute nelle lettere di Pike a Mazzini e ad altri che divennero "Saggi Iniziati" e "Eletti" del Credo Luciferiano che possiamo comprendere e apprezzare la terribile verità nascosta dietro le parole sopra citate. La parola LUCE da lui enfatizzata si rivela essere "la VERA LUCE della pura dottrina di Lucifero", come spiegò a Mazzini nella lettera che gli indirizzò il 15 agosto 1871.

Considero molti massoni tra i miei amici. Negli anni Trenta ho avuto l'onore e il privilegio di essere ospite di numerose Logge massoniche. Sono stato onorato dalla Loggia Ionica di Hamilton, Ontario (la più antica Loggia del Canada) in diverse occasioni. È con sentimenti di amore e carità che rivelo che sono stati mentiti e ingannati, e che la loro società è usata come mantello per coprire la vera identità e lo scopo dei membri della Sinagoga di Satana, che usano i loro templi come quartier generale segreto per poter lavorare segretamente e misteriosamente, nell'oscurità, promuovendo il satanismo e dirigendo la cospirazione luciferiana.

---

[19] A conferma della citazione sopra riportata si legga Preuse AF pp. 12-13.

So che i massoni, nella Massoneria Blu, giurano sulla Bibbia quando prestano il loro giuramento. Questo dimostra che la stragrande maggioranza crede in Dio (Adonay) come Creatore del Cielo e della Terra, che essi chiamano il Grande Architetto dell'Universo.

So che la stragrande maggioranza degli apprendisti intende ogni parola che dice quando giura su Dio che non rivelerà mai i segreti; e so che il Dio su cui giurano è il Dio a cui pensano come quell'Essere soprannaturale che ha cacciato Lucifero e i suoi compagni ribelli dal Paradiso e dall'Inferno. So che del vasto numero di massoni, sparsi in tutto il mondo, solo pochi, pochissimi, si deteriorano al punto da essere considerati "degni" di essere iniziati al satanismo; so che ancora meno sono quelli selezionati per diventare membri degli Eletti di Lucifero. Per quanto riguarda i miei studi, ritengo che lo scopo insidioso dietro l'infiltrazione luciferiana nella Massoneria e in tutte le altre religioni sia quello di ingannarle per promuovere direttamente e indirettamente l'"Idea" di un Governo e di una religione mondialista. Come ho detto prima, lo ripeto ancora una volta, "nessun massone su diecimila sospetta che coloro che dirigono tutti gli aspetti della cospirazione luciferiana intendano usurpare i poteri del primo governo mondiale che verrà istituito e imporre l'ideologia luciferiana a ciò che resta della razza umana".

So che alcuni degli ottimi massoni che sono orgoglioso di considerare miei amici si ammalerebbero violentemente se gli venisse chiesto di pronunciare le bestemmie contro il Dio che venerano e adorano, e di prendere parte agli abomini praticati in una delle Messe Nere modernizzate di Pike, a cui ha dato il nome di Messa Adonaicida.

Adam Weishaupt

Con l'inganno come arma principale, coloro che dirigono la cospirazione luciferiana hanno fatto sì che i cattolici credessero che la Massoneria fosse lo strumento principale di cui il Diavolo si serve per distruggere loro e il Cristianesimo. Con lo stesso inganno si insegna ai massoni a credere che il cattolicesimo romano sia luciferiano sotto mentite spoglie. Allo stesso modo, ai comunisti viene insegnato che sono i campioni della "democrazia", mentre i popoli delle cosiddette nazioni democratiche rimaste vengono convinti che il comunismo è la radice di tutti i mali e la principale minaccia per la distruzione dei loro governi e delle loro religioni. Così coloro che dirigono la cospirazione luciferiana tengono i Goyim divisi tra loro. Spostano la colpa dei loro peccati contro Dio e dei loro crimini contro l'umanità e la collocano dove trovano più conveniente. In un modo straordinario, che si può spiegare solo con il potere del Diavolo, riescono a deviare verso altri il dito del sospetto ogni volta che viene puntato contro di loro e, in generale, preservano la segretezza delle loro motivazioni e della loro identità.

La Sinagoga di Satana dirige la cospirazione luciferiana. La storia dimostra che il S.O.S. si è servito di TUTTI i movimenti internazionalisti organizzati fin dall'inizio dei tempi per portare avanti i propri piani segreti. La Bibbia ci dice che l'"idea" di un governo unico mondiale fu presentata a Salomone dieci secoli prima della nascita di Cristo.

Come è accaduto per il nazismo, tutti i movimenti internazionali vengono fatti distruggere non appena hanno servito la causa luciferiana. È così che i pochi che dirigono il Movimento rivoluzionario mondiale si avvicinano pacificamente all'instaurazione di uno Stato totalitario. Fanno in modo che coloro che complottano per soggiogare, combattano e distruggano gli uni gli altri, i loro governi e le loro religioni, perché rappresentano un ostacolo sul loro cammino.

I "Protocolli" sono la bozza originale del piano con cui la Sinagoga di Satana intende ottenere il dominio incontrastato del mondo. I Protocolli sono, come si suol dire, vecchi come la Sua. Weishaupt li ha semplicemente rivisti e modernizzati sul sito affinché coloro che compongono la Sinagoga di Satana possano trarre il massimo vantaggio dalla rapida evoluzione delle condizioni e dai progressi della scienza applicata. Il modo in cui la scoperta dell'energia atomica viene usata per spaventare le masse e indurle ad accettare l'"idea" che un Governo Unico Mondiale sia l'unica soluzione ai molti problemi del mondo è tipico di ciò che intendo. Coloro che dirigono la cospirazione nascondono accuratamente, a coloro che usano per servire il loro scopo diabolico, il fatto che nella fase finale della cospirazione intendono usurpare i poteri del primo governo mondiale che verrà istituito, per poi imporre l'ideologia luciferiana a ciò che resta della razza umana. Una volta che i mondialisti saranno illuminati a questo proposito, rifiuteranno l'internazionalismo in qualsiasi forma.

Weishaupt organizzò gli Illuminati per mettere in atto la sua versione rivista della cospirazione. Egli istituì anche le logge della Massoneria del Grande Oriente come sede segreta degli Illuminati. Quando i membri degli Illuminati si infiltrarono in altre organizzazioni segrete, tra cui la Massoneria Continentale o Azzurra, organizzarono la propria società segreta all'interno delle logge della società segreta in cui si erano infiltrati. I membri ordinari, "imperfetti", erano e sono tuttora tenuti all'oscuro di questo fatto.

I satanisti o luciferiani più importanti che lavorarono con Weishaupt furono il famoso scrittore tedesco Zwack, il barone Knigge, il barone Bassus-in-Sandersdorf, il marchese Costanza e Nicolai. Per nascondere la loro identità e il loro vero scopo, Weishaupt e i suoi luogotenenti usavano nomi in codice. [20] Weishaupt era "Spartaco"; Zwack era "Catone"; il barone Knigge era "Filone"; Bassus era "Annibale"; il marchese Costanza era "Diomede"; e Nicolai, il più grande schernitore

---

[20] Questa pratica continua fino ai giorni nostri, come dimostrato dalla storia delle riunioni segrete tenute sull'isola di Jekyl e sull'*isola di* St. *Simon, pubblicata in* Pawns in the Game *e* The Red Fog Over America.

di TUTTE le religioni che insegnano a credere in un Dio diverso da Lucifero, divenne "Luciano".

Anche le città in cui vennero fondate Logge del Grande Oriente per essere il quartier generale rivoluzionario segreto di coloro che dirigevano la cospirazione ricevettero nomi in codice. Così Monaco divenne "Atene"; Vienna divenne "Roma"; ecc. Fu un incidente, o un "atto di Dio", a svelare questi segreti. Zwack aveva messo gli appunti di Weishaupt in forma ordinata e manoscritta, pronti per essere pubblicati per informare i leader rivoluzionari di tutto il mondo. Copie di questa Bibbia luciferiana furono affidate a fiduciari accuratamente selezionati per garantire che alcune sarebbero sopravvissute se le autorità governative avessero sequestrato altre copie. Una copia fu affidata alle cure del Prof. John Robison dell'Università di Edimburgo.

Nel 1784, un'altra copia fu inviata da Frankfort-on-Main in Germania a Mirabeau a Parigi, in Francia. Egli era stato scelto da Weishaupt per fomentare la Rivoluzione francese che sarebbe scoppiata nel 1789.

Pochi storici sembrano essersi resi conto che all'inizio del 1700, molto prima che Weishaupt venisse assunto dalla neonata Casa Rothschild per rivedere e modernizzare l'antica cospirazione per la creazione di un GOVERNO MONDIALE, i cosiddetti "Internazionalisti" si erano infiltrati in America. Le opere di quegli storici che menzionano questo fatto sono state soppresse. Esistono prove documentali che dimostrano che questi sovversivi erano attivi già nel 1746. Hanno celebrato il 1° maggio 1776 come il giorno in cui Weishaupt terminò la revisione dell'antica cospirazione e diede il nome di "Illuminati" a coloro che furono scelti per dirigere la cospirazione e mettere in atto i suoi piani rivisti. Da allora milioni e milioni di persone celebrano il Primo Maggio, ritenendolo l'anniversario del giorno in cui l'America e il Lavoro ottennero l'indipendenza. Le masse (Goyim) non hanno mai sognato che il 1° maggio 1776 fosse un giorno epocale nella storia della cospirazione luciferiana a cui ci riferiamo come Movimento Rivoluzionario Mondiale. Fu il giorno in cui gli Illuminati pugnalarono la Gran Bretagna alle spalle come parte del loro programma di distruzione definitiva dell'Impero britannico insieme a tutti gli altri governi e religioni rimasti.

Il giorno di maggio è stato celebrato per secoli dalla Chiesa cattolica romana come festa della madre di Gesù Cristo. Fu per questo motivo che Weishaupt, un gesuita rinnegato, lo scelse per annunciare ai suoi compagni satanisti e luciferiani il suo piano rivisitato per distruggere il cristianesimo e realizzare quella che Nietzsche in seguito definì "la morte di Dio".

Ma torniamo alla nostra storia. Mentre il corriere degli Illuminati attraversava la città di Ratisbona, diretto a Parigi per consegnare a Mirabeau la copia dei piani rivisti di Weishaupt, il corriere fu ucciso da un fulmine.

Questo evento si verificò nel 1784. La polizia consegnò i documenti trovati sul corpo alle autorità governative bavaresi. L'esame rivelò che si trattava dei "Protocolli" dell'ordine e della setta degli Illuminati. La parola *"Protocollo" significa: "*Una copia della bozza originale di un piano per raggiungere uno scopo preciso e un obiettivo chiaramente definito*".

Il governo bavarese era entrato in possesso dei Protocolli della cospirazione luciferiana rivisti da Adam Weishaupt tra il 1770 e il 1776. Sapevano che Weishaupt intendeva utilizzare "L'Ordine e la Setta degli Illuminati" per mettere in atto i suoi piani modernizzati. I documenti rivelavano inoltre che le Logge del Grande Oriente dovevano essere utilizzate come quartier generale segreto di coloro che dirigevano la cospirazione, per distruggere tutti i governi e le religioni rimanenti, in tutto il mondo. Rivelarono anche che gli Illuminati intendevano infiltrarsi in tutte le altre società segrete, ma in particolare nella Massoneria Continentale (Blu), allo scopo di contattare persone ricche e influenti sulle quali desideravano ottenere il controllo, in modo da poterle utilizzare per portare avanti i piani segreti degli Illuminati per la creazione di un Governo Unico Mondiale.

L'"Elettore di Baviera" ordinò alla polizia di fare irruzione nelle case e nei luoghi di ritrovo di Weishaupt e dei suoi stretti collaboratori. Queste perquisizioni aggiunsero una grande quantità di prove a quelle già ottenute dai documenti trovati sul corpo del corriere.

Il governo bavarese fu molto scrupoloso. Nel 1786 aveva esaminato tutte le prove disponibili. Pubblicarono le informazioni in un libro intitolato (traduzione inglese) *Original Writings of the Order and Sect of the Illuminati*. Il manoscritto di Zwack contenente la versione rivista di Weishaupt dell'antica cospirazione luciferiana era intitolato *Einige Originalschriften*. Copie della cospirazione furono inviate dal governo bavarese a TUTTI i capi di Stato e di Chiesa in Europa. La storia dimostra che questi avvertimenti furono ignorati perché gli Illuminati di Weishaupt erano già stati collocati in posizioni chiave dietro le quinte del governo, sia laico che religioso, come "esperti" e "consiglieri". Denunciarono le prove come un "falso". Sostennero che faceva parte di un enorme scherzo perpetrato da coloro che volevano mettere in ridicolo i capi della Chiesa e dello Stato. Ma la rivoluzione francese scoppiò puntualmente e la storia dimostra che la cospirazione si è sviluppata dal 1776 ESATTAMENTE come intendeva Weishaupt. Oggi è nella sua fase semi-finale.

L'Elettore di Baviera bandisce Weishaupt. Perse la sua "cattedra" all'Università di Ingolstadt, dove insegnava "Diritto canonico". Si trasferì a Ratisbona, in Svizzera, dove riorganizzò i suoi Illuminati. La Svizzera fu trasformata in una nazione neutrale e rimase il quartier generale dei dirigenti del Movimento rivoluzionario mondiale fino alla creazione dell'Organizzazione delle Nazioni Unite da parte dei Rockefeller a New York. A quel punto i "cervelli", che elaborano il programma per portare la cospirazione al suo obiettivo finale, si trasferiscono nell'Harold Pratt Building di New York.

Due italiani, il marchese Costanza e il marchese Savioli, si unirono a Weishaupt in Svizzera. Questo spiega perché l'italiano Guiseppe Mazzini fu scelto per dirigere il programma rivoluzionario mondiale nel 1834; gli succedette un altro italiano, Adriano Lemmi, nel 1872, alla morte di Mazzini. Con astuzia diabolica Weishaupt e i suoi compagni di cospirazione fecero credere alle autorità che gli Illuminati erano morti di morte naturale nel 1786. La verità è che il complotto per portare ciò che resta della razza umana sotto una dittatura totalitaria non è mai finito. È sbocciato sotto nuovi nomi e travestimenti in tutte le parti del mondo. È il W.R.M. come lo conosciamo oggi.

Weishaupt stesso ci dice di aver pianificato con largo anticipo rispetto al 1786 il modo in cui affrontare il rischio di una possibile scoperta ed esposizione. Coloro che disertano da Dio (Adonay) diventano prima satanisti, poi, dopo lunghi anni di prove e test, vengono selezionati alcuni satanisti per l'iniziazione al Sacerdozio Luciferiano. Da questi vengono selezionati i Sommi Sacerdoti e il Sovrano Pontefice Universale del Credo Luciferiano. Weishaupt (Spartaco) aspirava a diventare Sovrano Pontefice. In una lettera scritta a "Catone" (Zwack) il 6 febbraio 1778, disse: "L'allegoria su cui devo fondare i Misteri degli Ordini Superiori è il 'Culto del Fuoco dei Magi' (culto di Lucifero).

Dobbiamo avere un qualche culto e nessuno è così appropriato: "Sia la luce". Questo è il mio motto, e questo è il mio principio fondamentale".

Nel marzo dello stesso anno, Weishaupt scrisse nuovamente all'amico "Cato" (Zwack). Diceva:

> "Ho attraversato l'intero cerchio dell'indagine umana. Ho esorcizzato spiriti. [21] Ho risuscitato fantasmi, scoperto tesori, interrogato la Cabala; [22] non ho mai trasmutato i metalli. Avrei eseguito cose molto più grandi se il governo (i suoi superiori nella cospirazione luciferiana di allora) non si fosse sempre opposto ai miei sforzi e non avesse collocato altri in situazioni adatte ai miei talenti".

Weishaupt era letteralmente orgoglioso come Lucifero. Era determinato a diventare il Sovrano Pontefice del Credo Luciferiano. Era determinato a collocarsi più in alto di qualsiasi altra persona in questo o nel mondo celeste, ad eccezione del suo amato Lucifero. Questa affermazione è provata da una lettera che scrisse a "Catone" (Zwack) nel 1778. Egli disse al suo amico: "Con questo piano dirigeremo tutta l'umanità. In questo modo, e con i mezzi più semplici, metteremo tutto in moto e in

---

[21] La parola "esorcizzare" significa espellere il diavolo o i diavoli da una persona che è stata posseduta. Le Scritture ci dicono come Cristo abbia scacciato i demoni. Ma i satanisti invitano i diavoli a entrare e a possedere i loro medium e, attraverso di loro, a parlare a coloro che cercano conoscenza o consigli da Satana e/o Lucifero. Dopo che il medium ha raggiunto il suo scopo, i sommi sacerdoti della Sinagoga di Satana "esorcizzano" i diavoli dal corpo di quella persona, che torna normale. È questa pratica che ha indotto la Sinagoga di Satana, che voleva screditare Cristo, ad accusarlo di scacciare i demoni in nome e per mezzo dei poteri di Belzebù, il principe dei diavoli, e non per la potenza di Dio. (Luca 11:14-15)

[22] La Cabala (spesso scritta in modo diverso) di cui parla Weishaupt significa "Le potenze spirituali guidate da Lucifero nel mondo celeste": le Sacre Scritture le definiscono "Potenze spirituali delle tenebre". Gli esseri umani che dirigono la causa luciferiana spesso consultano i loro direttori spirituali nel mondo celeste, esattamente come milioni di cristiani credono nella Comunione dei Santi e li pregano di intercedere presso Dio a loro favore per ottenere intuizioni e benedizioni spirituali. Mackenzie King, quando era Primo Ministro del Canada, cercò ripetutamente di ottenere consigli e indicazioni da persone che avevano già lasciato questa vita. Anche Pike è documentato per averlo fatto ripetutamente; il miglior esempio registrato è il suo stesso resoconto della seduta spiritica che condusse personalmente a St. Così vediamo che la "verità" è molto più strana di qualsiasi finzione mai scritta.

fiamme. Le occupazioni devono essere assegnate e organizzate in modo tale da poter influenzare, in segreto, tutte le "transazioni" politiche..... Ho considerato ogni cosa e l'ho preparata in modo tale che, se oggi l'Ordine dovesse andare in rovina, tra un anno lo ristabilirò più brillante che mai". Ecco la chiave del segreto. Il governo bavarese scoprì e rivelò l'esistenza di una cospirazione continua, ma Weishaupt la ricostruì e la rese più forte che mai. Il governo bavarese, in realtà, non fece altro che potare l'Albero del Male e farlo crescere più forte. Quello che avrebbero dovuto fare era dissotterrarlo dalle radici e bruciarlo, come le Sacre Scritture ci dicono che dobbiamo fare se vogliamo distruggere le forze spirituali delle tenebre che vagano per questo mondo cercando di distruggere le anime (Matteo 7, 15-24). Se nel 1786 i capi della Chiesa e dello Stato avessero seguito il consiglio delle Scritture e avessero tagliato e bruciato l'Albero del Male, di cui gli Illuminati sono solo uno dei tanti rami, "il grembo materno lo avrebbe dimenticato (Weishaupt); il verme si sarebbe nutrito dolcemente di lui; non sarebbe stato più ricordato; e la malvagità si sarebbe spezzata come un albero malvagio." (Giobbe 24:Prima che Weishaupt fosse bandito nel 1786, i suoi 2.000 Illuministi, ben istruiti, accuratamente selezionati, dalla mente brillante, ricchi e ben allevati, avevano fondato una o più Logge del Grande Oriente a Monaco, Ingolstadt, Frankfort, Echstadt, Hannover, Brunswick, Calbe, Magdeburgh, Cassel, Osnabruck, Wiemar, Sassonia, Heidelbergh, Mannheim, Strasburgo, Spire, Worms, DusseldorfF, Colonia, Bonn, Livonia, Courtland, Franendahl, Alsazia, Wienne, Deuxponts, Assia, Cousel, Buchenwerter, Treves, Montpelier, Aix-la-Chapelle, Stoccarda, Barschied, Carlsruhe, Hahrenberg, Anspach, Neuweid, Mentz, Roma, Napoli, Ancona, Torino, Firenze, Varsavia e Dresda. Esistevano logge in Alta Sassonia, in Vestfalia, in Svizzera, in Francia, in Scozia, in Olanda e, ultimo ma non meno importante, in America.

Dal 1786 molte cosiddette autorità hanno cercato di convincere i capi della Chiesa e dello Stato in America e altrove che l'Illuminismo è morto come il dodo. Questi luciferiani producono quelle che sostengono essere prove documentali per dimostrare ciò che dicono essere la VERITÀ, ma sono attenti a nascondere le prove che dimostrano che Albert Pike riorganizzò il Rito Palladiano tra il 1859 e il 1889 per assumere la direzione della cospirazione luciferiana dagli Illuminati. Nascondono accuratamente le prove che dimostrano che l'Illuminismo cominciò a puzzare nelle narici degli americani onesti. All'inizio del 1800 45.000 massoni di rito scozzese consegnarono le loro carte per protestare contro il modo in cui l'Illuminismo si era infiltrato nelle loro logge. Pochi americani sanno che Pike istituì ventisei consigli (triangoli) di questo Rito Palladiano Nuovo e Riformato in ogni grande città del mondo per dirigere la cospirazione luciferiana secondo le intenzioni di Weishaupt. Spiegheremo come funzionava questo complotto in un altro capitolo. Abbiamo detto che il professor John Robison dell'Università di Edimburgo è stato uno di quelli a cui è stata affidata una copia dei manoscritti originali di Zwack che trattano la versione rivista e modernizzata di Weishaupt dell'antica cospirazione luciferiana.

Robison era un membro di 33° grado del Rito Scozzese della Massoneria. Come tale visitò la maggior parte delle logge massoniche delle città europee, partecipando ai loro rituali e alle loro iniziazioni. Insegnò Filosofia naturale all'Università di Edimburgo. Fu segretario della Royal Society. Weishaupt era particolarmente ansioso di ottenere la collaborazione di Robison affinché l'"IDEA" di un Governo Unico Mondiale potesse essere introdotta in TUTTE le istituzioni educative. Questo obiettivo è stato raggiunto, come deve ammettere qualsiasi genitore di bambini in età scolare. Weishaupt ordinò ai suoi Illuministi di offrire a Robison vino e cena e di introdurlo nei migliori circoli educativi europei. Fu lusingato e acclamato come uno dei più grandi educatori del suo tempo. Ma tutte le astuzie e le malizie dei servi del diavolo non ingannarono John Robison. Egli riconobbe che dietro l'abile presentazione degli Illuminati, secondo cui un Governo Unico Mondiale avrebbe potuto risolvere tutti i nostri problemi politici, sociali, economici e religiosi, la vera intenzione di coloro che controllavano gli Illuminati AI MASSIMI vertici era quella di usurpare il potere del primo governo mondiale che sarebbe stato istituito, per poi imporre una dittatura luciferiana totalitaria su ciò che restava della razza umana.

Dopo che i capi della Chiesa e dello Stato si rifiutarono di ascoltare gli avvertimenti lanciati dal governo bavarese nel 1786 e la Rivoluzione francese scoppiò come previsto nel 1789, John Robison pubblicò tutte le conoscenze ottenute sugli Illuminati e su coloro che li controllavano al vertice in un libro di 548 pagine. Si intitola *Proofs of a Conspiracy Against all Religions and Governments of Europe*. Sulla prima di copertina è riportata l'informazione aggiuntiva "Svolti nelle riunioni segrete di Massoni, Illuminati e Società di lettura". Copie di questo libro esistono ancora nonostante gli sforzi frenetici di coloro che dirigono la cospirazione per cercare di distruggere tutto ciò che è stato pubblicato. Ho la dichiarazione scritta di un amico che ne possiede una copia, secondo cui gli agenti della Fondazione Rockefeller gli dissero che poteva decidere il prezzo della sua copia. Egli rifiutò l'offerta.

Un'altra fonte autentica di informazioni è M. Barruel che ha scritto *Memorie del giacobinismo*. Si tratta di un'opera complementare a *Proofs of a Conspiracy*. Come ho detto in *Pawns in the Game*, Sir Walter Scott pubblicò anche due volumi sull'argomento con il titolo *Life of Napoleon*, entrambi soppressi. La maggior parte delle biblioteche non riporta questa grande opera tra i suoi lavori.

Ma ancora una volta un incidente, "un atto di Dio", permise a un mio amico di ottenere copie originali di entrambi i volumi da un rivenditore di libri usati negli Stati Uniti per il prezzo ridicolo di 17,50 dollari. Pensando che avessi questi libri rari in mio possesso e che intendessi usarli come riferimento durante la stesura di questo libro, i ladri mi derubarono di tutti i libri e i documenti che avevo con me la prima notte in cui arrivai a Clearwater, in Florida, nel novembre 1957, per iniziare a scrivere questo libro. Fu un grave contrattempo. Ha ritardato il mio lavoro di un anno, ma non mi ha fermato.

Affinché i buoni cristiani siano avvertiti della profondità dell'inganno usato dagli agenti del S.O.S., citeremo la dichiarazione contenuta in una lettera che Weishaupt scrisse a Philo (Knigge): "Dobbiamo conquistare (controllare) la gente comune in ogni angolo. Questo si otterrà soprattutto per mezzo delle scuole. Allo stesso modo, dobbiamo cercare di ottenere e influenzare le accademie militari, le tipografie, i librai, i negozi, i capitoli, e in breve, in tutti gli uffici o anche nel dirigere la mente dell'uomo; la pittura e l'incisione sono altamente degne delle nostre cure.

"Il loro primo compito e obiettivo immediato è quello di impossessarsi di ricchezze, potere e influenza senza l'ausilio dell'industria; per raggiungere questo obiettivo, vogliono abolire il cristianesimo; poi i modi dissoluti e la dissolutezza universale procureranno loro l'adesione di tutti i malvagi e consentiranno loro di rovesciare tutti i governi civili d'Europa; dopo di che penseranno ad altre conquiste ed estenderanno le loro operazioni agli altri angoli del globo, fino a ridurre l'umanità ad una massa caotica indistinguibile".

Per raggiungere il tipo di persone di cui gli Illuminati avevano bisogno per portare avanti i loro piani segreti, Weishaupt organizzò una classe di apprendisti per i reclutatori degli Illuminati interessati all'internazionalismo. Questo stato di apprendisti era chiamato "I Minervali". Questi furono introdotti e portati sotto l'influenza dei "Ventidue Fratelli Uniti". In apparenza si trattava di una sorta di club di scrittori esattamente come quelli che si trovano oggi in tutte le grandi città e le comunità organizzate. Da esse nacquero le "Società di lettura". Queste hanno condotto le menti dei membri in canali di pensiero che li hanno convinti che l'"idea" di un governo unico mondiale sia davvero valida. La stessa cosa viene fatta oggi per confermare la convinzione del pubblico sul valore di un Governo Unico Mondiale e della Fratellanza Universale dell'Uomo. L'Organizzazione delle Nazioni Unite non è altro che una facciata ingannevole, vestita con un'aria di rispettabilità, per coprire le attività di coloro che intendono usurpare i poteri del primo governo mondiale che verrà istituito.

I "Ventidue Fratelli Uniti" dissero ai Minervali: "ci siamo uniti per realizzare lo scopo dell'eccelso Fondatore del Cristianesimo, cioè l'illuminazione dell'umanità e la detronizzazione della superstizione e del fanatismo, per mezzo di una fraternizzazione segreta di tutti coloro che amano l'opera di Dio".

L'affermazione di questo scopo apparentemente idealistico si è rivelata un inganno deliberato quando una parte della corrispondenza segreta di Weishaupt e di Pike è caduta in mani diverse da quelle previste. Questa corrispondenza dimostra che quando i Luciferiani dicono di voler servire "l'eccelso Fondatore del Cristianesimo" hanno la lingua nella guancia. Quello che intendono veramente è che servono Lucifero. Pike disse ai capi dei Consigli del Rito Palladiano che dovevano usare le parole "adoriamo Dio" quando si rivolgevano alle masse, nonostante il fatto che "adoriamo Lucifero". Questo aspetto della cospirazione è trattato altrove.

Molti studenti eccellenti, professionisti (in particolare avvocati) e funzionari pubblici ai livelli più alti del governo, sono stati ingannati e si sono lasciati iniziare come Minervali. In questo modo, come iniziati, furono messi in una posizione che richiedeva di prestare giuramento e di giurare che, pena la morte, non avrebbero mai rivelato nulla di ciò di cui erano venuti a conoscenza in seguito alla loro introduzione nella società segreta.

Il motivo per cui una persona che intende amare e servire Dio faccia un giuramento solenne di non divulgare informazioni su questioni di cui non ha una conoscenza personale è al di là della comprensione. Anche il motivo per cui un cristiano sincero voglia unirsi a una società segreta e lavorare nell'oscurità, dietro le quinte, invece che alla luce del sole, diffondendo la LUCE DELLA VERITÀ rivelata da Gesù Cristo, è difficile da capire, ma circa un maschio adulto su una dozzina appartiene alla Massoneria e quasi altrettanti appartengono ad altre società segrete. Le Scritture ci avvertono che non dobbiamo nascondere la nostra luce sotto il moggio. Le persone oneste e sincere, che non hanno secondi fini, non si nascondono, si fanno valere e si assumono le conseguenze, sapendo che il peggio che gli agenti di Lucifero possono fare è uccidere i loro corpi. (Matteo 10:28; Luca 12:4) La verità, come rivelano i documenti segreti, è che i Minervali di che dimostravano di avere alti principi morali e di essere incorruttibili, venivano accettati nella Società Segreta e lodati per i loro ottimi ideali; ma solo coloro che si dimostravano immorali e aperti alla corruzione e/o alla concussione venivano fatti avanzare ai gradi superiori. I buoni venivano usati come "benefattori", "riformatori" e altri tipi di strumenti; coloro che avevano venduto l'anima al diavolo venivano usati come strumenti di distruzione. Questo spiega perché molti ecclesiastici vengono ingannati e diventano "strumenti del Diavolo" senza rendersi conto di servire la causa luciferiana.

Se coloro che dirigono la cospirazione luciferiana AL TOP riescono a far sì che la maggior parte di coloro che convincono a unirsi alle società segrete, ai club sociali e di servizio, accettino l'IDEA che il nazionalismo sia superato e che il cristianesimo sia debole e mal guidato, hanno raggiunto il loro scopo. I loro agenti all'interno delle società e dei club suggeriscono poi che il nazionalismo ci porta a guerre e provoca rivoluzioni; suggeriscono che il cristianesimo si è dimostrato inefficace e incapace di prevenire queste guerre e rivoluzioni. Gli agenti segreti promuovono poi l'IDEA che un unico governo mondiale, attraverso l'Organizzazione delle Nazioni Unite, e un'unica religione mondiale possano risolvere i numerosi e vari problemi che affliggono la razza umana oggi. Ciò che gli agenti della Sinagoga di Satana tengono accuratamente nascosto è il fatto che i loro padroni sono pronti, e del tutto preparati, a usurpare i poteri del primo governo mondiale da istituire esattamente come hanno usurpato il potere in Russia nell'ottobre 1917. Dopo aver usurpato il potere, imporranno l'ideologia luciferiana all'umanità utilizzando il dispotismo satanico per imporre la loro volontà e distruggere TUTTE le società segrete, TUTTE le religioni e TUTTI coloro che si oppongono alla loro volontà, come è chiaramente indicato nei Protocolli.

Come la sinagoga di Satana opera nelle alte sfere

L'"idea" di un Governo Unico Mondiale. Un solo mondo può essere presentata in modo da farla sembrare ragionevole, pratica e persino desiderabile. Abili agenti degli Illuminati, appartenenti a club e società, servono lo scopo della Sinagoga di Satana presentando quelli che sembrano solidi argomenti a favore di un Governo Unico Mondiale a coloro che possono convincere ad ascoltare. Pochissimi tra i membri dei club e delle società sospettano che al di là della fine del sentiero di liberismo e sicurezza sociale che conduce a un Governo Unico Mondiale c'è un precipizio sul quale saremo precipitati, nell'abisso della schiavitù assoluta del corpo, della mente e dell'anima.

Sono franco nell'ammettere che già nel 1945 ero convinto che un Governo Unico Mondiale fosse l'UNICA soluzione ai numerosi problemi del mondo, in particolare politici, economici, sociali e religiosi. Solo quando entrai personalmente in contatto con uomini che sostenevano e aiutavano a organizzare l'Organizzazione delle Nazioni Unite, cominciai a sospettare che ci fosse qualcosa di sbagliato da qualche parte. Quando nel 1944 fui nominato nello staff del quartier generale del Servizio Navale, come autore di sette libri già pubblicati, fui accolto tra gli internazionalisti. Entrai così in contatto personale con uomini ai vertici del governo canadese, protetti da William Lyon Mackenzie King, allora primo ministro. La sua casa era "realmente" vicina all'ambasciata sovietica. I suoi scagnozzi (il termine più adatto sarebbe "scagnozzi") erano spietati e senza scrupoli. Lo stesso Mackenzie King era imperscrutabile come la proverbiale sfinge.

Il Primo Ministro era un uomo straordinario. Era instancabile. Esigeva un'obbedienza e un servizio illimitati da coloro che aveva scelto per il suo gabinetto. Per quanto riguarda la sua personalità, era molto più freddo del ghiaccio. Se aveva emozioni umane, le teneva in un magazzino sottozero. Sorrideva raramente. Aveva la tipica faccia da "poker"; i suoi occhi erano profondi e penetranti, ma se gli occhi sono le "finestre dell'anima", allora Mackenzie King aveva perso la sua anima molto prima di diventare Primo Ministro. Nel corso dei suoi incarichi pubblici doveva incontrare persone e stringere mani. Coloro che hanno stretto la mano al Primo Ministro raccontano che l'esperienza ricordava loro di raccogliere un pesce morto. A Parliament Hill si diceva che non avesse un amico intimo in tutto il mondo.

Se c'era un'eccezione era il suo barbiere. Eppure aveva un potere segreto che gli permise di ipnotizzare gli elettori e di farli votare lui e il suo partito liberale per quasi un quarto di secolo. Riusciva a ottenere la fedeltà dei suoi subordinati senza dare amicizia in cambio. Si è dimostrato un radicale durante i suoi giorni all'Università di Toronto. Metteva l'accendino, forniva la scintilla, provocava disordini e poi lasciava che altri si prendessero la colpa. Durante l'università era senza amici, come lo fu in seguito nella vita. Un uomo che lo conosceva all'università e che lo ha servito fino alla morte, ha detto con un tono di voce perplesso: "Se Mackenzie King aveva un amico abbastanza intimo con cui confidarsi, doveva essere il diavolo". Un altro disse:

> "Era così immerso negli intrighi internazionali che non osava sposarsi per paura di parlare nel sonno".

Mentre facevo parte dello staff di Ottawa, fui attentamente sondato per determinare se la mia lealtà alla Corona britannica fosse così pronunciata da non farmi accettare l'"idea" di un Governo Unico Mondiale, anche se coloro che presentavano l'"idea" enfatizzavano il fatto che ai governi nazionali sarebbe stato permesso di governare i propri affari. Questa presentazione è così palesemente una menzogna che da quel momento in poi sono stato estremamente cauto.

Sapendo che esisteva un "Potere segreto" che aveva usato il nazismo e intendeva usare il comunismo per servire i propri piani segreti e promuovere le proprie ambizioni di usurpare il dominio incontrastato del mondo, ero determinato a scoprire, se possibile, chi o cosa fosse questo potere segreto. Feci quindi finta di diventare un internazionalista. Venni quindi messo in contatto personale con uomini a livello di viceministri del governo e anche con alcuni "specialisti", "esperti" e "consiglieri" che servivano il governo dietro le quinte.

Poi ho cominciato a sospettare la verità.

In generale, la maggior parte di questi mondialisti era satanista. Si sottraevano alla partecipazione alle funzioni religiose. Ridicolizzavano la religione. Accettavano il codice morale freudiano, il che significa che non importava cosa facessero o con chi lo facessero, purché soddisfacessero i loro piaceri e desideri carnali. Se usavano il nome di Dio, lo nominavano sempre invano. Se usavano le parole "Gesù Cristo" era un'iniezione nelle conversazioni ordinarie o abbinate a parole sconce di quattro lettere. Senza professarlo apertamente, erano ovviamente adepti del Rito Palladiano di Pike o della Massoneria del Grande Oriente. L'osservazione ravvicinata mentre bevevano nelle mense degli ufficiali, e altrove, mostrava che usavano segni che i massoni e i Cavalieri di Colombo non capivano.

Forse mi sbaglio, ma l'osservazione di uomini che avevano palesemente disertato da Dio ed erano diventati satanisti, mi ha convinto che potevano riconoscersi e identificarsi dalla piega del fazzoletto che portavano nella tasca superiore del cappotto.

Ovviamente accettarono il dogma di Pike per quanto riguarda le donne: Pike richiedeva che i membri di tutti i Consigli del suo Rito Palladiano Nuovo e Riformato organizzassero donne selezionate in "Consigli di Adozione".

Queste donne dovevano essere usate come proprietà comune dei membri maschi perché, secondo il dogma di Pike, prima che un membro diventasse "Perfetto", doveva ottenere il controllo assoluto sui sentimenti del cuore e sui desideri della carne. Sosteneva che molti uomini erano stati sviati dal sentiero del dovere perché erano abbastanza deboli da provare amore e affetto per le donne. Sosteneva che per diventare "perfetto" un membro doveva ottenere il controllo assoluto sui sensi e sui sentimenti, e suggeriva che il modo migliore per ottenere il controllo sugli impulsi sessuali fosse quello di usare le donne "spesso e senza passione, incatenando così le donne alla propria volontà".

Ho scoperto che alcuni degli internazionalisti di alto livello si "scambiavano" le mogli durante le feste. Il professor Raymond Boyer, scienziato di alto livello e milionario canadese, e E. V. Field, milionario americano, coinvolti in intrighi e sovversioni internazionali, come dimostrato dalle commissioni d'inchiesta governative canadesi e americane, hanno portato questa pratica fino al punto di scambiarsi definitivamente le mogli, rendendo lo scambio legale agli occhi dei laici civili con una cerimonia che i nuovi documenti chiamano "matrimonio". Cosa pensa Dio di queste pratiche? Queste persone erano fin troppo intelligenti per essere atee. Sanno che esiste il soprannaturale oltre al naturale, quindi, se disertano da Dio, diventano automaticamente satanisti per quanto riguarda questo mondo e luciferiani per quanto riguarda il mondo successivo. (Per ulteriori dettagli si vedano le pagine 212 e 213 di Nebbia rossa sull'America).

Se questi intellettuali di alto livello che sostengono l'istituzione di un Governo Unico Mondiale intendono mettere in atto il piano di Dio per il governo dell'intero universo su questa terra, non sembra probabile che riempiano di omosessuali i servizi civili di TUTTI i governi rimanenti. Chiunque abbia dovuto vivere a Londra, Ottawa e/o Washington sa che per quanto riguarda l'omosessualismo tutte e tre sono città moderne come Sodoma e Gomorra. Il "caso Burgess e McLean" è tipico di ciò che intendo. Il professor Pitrim Sorokin dell'Università di Harvard ha pubblicato un'esposizione di questo aspetto della cospirazione luciferiana in un libro intitolato *La rivoluzione sessuale americana*. L'autore afferma che il comportamento sessuale perverso gioca un ruolo importante nella moderna vita politica degli Stati Uniti e che la corruzione e il ricatto sessuale sono ormai prevalenti quanto la corruzione monetaria. Afferma che "persone sessualmente infami, o i loro prot6g6, vengono nominati ambasciatori e altri alti uffici; i dissoluti diventano talvolta sindaci popolari di metropoli, membri di gabinetti o leader di partiti politici. Tra i nostri funzionari politici c'è una vasta legione di dissoluti sia eterosessuali che omosessuali. La nostra morale è cambiata a tal punto che la continenza, la castità e la fedeltà sono sempre più viste come stranezze".

Il libro del professor Sorokin non ha avuto lo stesso tipo o volume di pubblicità dei libri del dottor Kinsey sulle presunte pratiche morali di maschi e femmine. Secondo il satanismo, è perfettamente giusto e corretto incoraggiare la turpitudine morale in tutte le classi della società e a tutti i livelli di governo, convincendo il pubblico che un comportamento sessuale anormale è normale; e che il codice morale accettato dalle nazioni civilizzate, basato sui Comandamenti di Dio e sugli insegnamenti delle Sacre Scritture, è antiquato e introdotto dalla Chiesa e dallo Stato per scopi egoistici. Ma dietro la costruzione di una concezione sbagliata del sesso e dei suoi scopi come intesi da Dio, nostro Creatore, c'è il principio satanico secondo cui "Il miglior rivoluzionario è un giovane assolutamente privo di morale". Quando

Lenin lo affermò, come riportato in Pedine nel gioco, non fece altro che confermare ciò che altri satanisti avevano affermato centinaia di volte in precedenza. È il satanismo, come viene direttamente dall'ALTO, che è responsabile dell'aumento della delinquenza giovanile, ma coloro che sono stati selezionati dai governi del mondo per indagare su questo problema danno invariabilmente ogni CAUSA diversa da quella giusta. Ho discusso le cause della delinquenza giovanile con i capi della Chiesa e dello Stato in Canada fin dal 1923, ma la Sinagoga di Satana si è sempre dimostrata abbastanza forte da impedire qualsiasi spiegazione pubblica VERITIERA della causa e dello scopo di coloro che dirigono la cospirazione luciferiana AL TOP D'altra parte, migliaia di lettere sono state ricevute da genitori che hanno letto La nebbia rossa sull'America, ringraziandoci per aver spiegato le cause che producono l'effetto che chiamiamo delinquenza giovanile. Ci dicono che trovano molto più facile contrastare le influenze del male quando possono spiegare in modo chiaro e veritiero ai loro figli il motivo per cui i satanisti lavorano così duramente per allontanare i giovani da Dio insegnando loro bugie sul sesso. Ripeto ancora una volta che non c'è nulla di sbagliato, nulla di degradante, nulla di cui vergognarsi nei rapporti sessuali così come sono stati concepiti da Dio, ma c'è molto di sbagliato quando le moltitudini divinizzano il sesso, l'adorazione promiscua del corpo umano, e con astuzia e furbizia fanno credere a ogni generazione successiva di esseri umani che l'esperienza prematrimoniale, ogni forma di depravazione e di vizio sessuale, sia assolutamente normale, a condizione che si tragga piacere da tali indulgenze; e che la continenza, la castità e la fedeltà siano fuori moda.

Il punto che desidero sottolineare è questo: la stragrande maggioranza degli uomini e delle donne che sponsorizzano e dirigono la campagna per un Governo Unico Mondiale, diverso dal comunismo, si oppongono a Dio tanto quanto i comunisti. La stragrande maggioranza di coloro che promuovono l'"idea" che un governo unico mondiale gestito da intellettuali luciferiani, piuttosto che da comunisti atei, sia l'unica soluzione ai nostri problemi sono privi di morale come il proverbiale visone. Se sono contro Dio e contro il comunismo ateo, devono essere luciferiani.

La conferma di questa opinione l'ho avuta quando ho discusso con un funzionario di alto livello del Dipartimento della Salute e del Benessere del Canada la relazione tra il cambiamento dell'opinione pubblica riguardo alla morale e ai valori spirituali e l'aumento della delinquenza giovanile. Dopo una lunga discussione, durante la quale il suo atteggiamento e la sua espressione facciale dimostrarono che trovava difficile credere che un uomo della mia esperienza potesse ancora porre i valori spirituali al di sopra delle considerazioni materiali, il mio interlocutore sbuffò letteralmente: "Bene! Cosa suggerisci di fare... di eliminare tutti gli omosessuali dal servizio civile e di sbatterli in prigione, dove possano assecondare le loro idee di piacere a piacimento? Molti di loro sono uomini dalla mente brillante. Quando sono al lavoro sono efficienti e lavorano per molte ore. Sembrate dimenticare che Oscar Wilde era omosessuale. Smettetela di cercare di salvare la razza umana. La stragrande maggioranza non vale il tempo o il disturbo. La maggior parte di loro starà meglio se sarà costretta a vivere sotto una dittatura totalitaria; in questo modo otterrà ciò che il governo decide sia bene per loro".

Poiché esprimevo "idee antiquate" riguardo al "peccato", alla "morale" e alle "promesse matrimoniali", alcuni intellettuali che incontrai decisero che avevo bisogno di ripulire la mia mente. (Esattamente quello che Weishaupt aveva detto di fare nel 1776). Fui messo in contatto con uno specialista della salute mentale di fama internazionale. Quest'uomo si era laureato alla scuola di psichiatria freudiana. Aveva studiato a Vienna. Faceva parte dello staff del dottor Broch Chisholm, che all'epoca era ministro canadese della Sanità e del Welfare. In seguito Chisholm divenne il primo presidente dell'Organizzazione delle Nazioni Unite per la Salute e la Salute Mentale. Quest'uomo cercò in modo molto amichevole di cambiare le mie idee. Ho ascoltato, ho fatto finta di essere interessato, ma resto ancora convinto che Dio, che ci ha dato i Comandamenti, sia "sbagliato" e il Luciferianesimo, che insegna l'inversione di quei comandamenti, sia "giusto".

Ho letto la storia, che registra soprattutto guerre e rivoluzioni e quindi il progresso del Movimento rivoluzionario mondiale, per cercare di scoprire la "causa" che ha prodotto queste forze distruttive che hanno portato a sofferenze così terribili. All'epoca pensavo che le lezioni della storia, se applicate agli errori del passato, potessero fornire la soluzione alla maggior parte dei nostri problemi. Già allora mi ero illuso che il governo fosse del popolo, dal popolo, per il popolo. Ma uno studio della storia moderna ha dimostrato che *alle giovani generazioni viene insegnato a credere a un mucchio di bugie e inganni*. L'esperienza personale ha messo in luce questo fatto.

Quando ero in ospedale, nel 1945, mi sono sdraiato sulla schiena e ho riflettuto su questa strana verità. Le persone che scrivono la storia non sono ignoranti o sciocchi. Se hanno deliberatamente pubblicato bugie e inganni con la conoscenza e il consenso dei nostri governi, allora devono avere uno scopo preciso. Cominciai allora a procurarmi libri che riportavano la storia nascosta e, con la collaborazione di uno dei più importanti bibliotecari canadesi, scavai sempre più a fondo, finché non fui in grado di conoscere la doppia vita di uomini come Weishaupt e Pike. Ma nonostante continuassi a studiare e a leggere, fu solo nel 1956, DOPO la pubblicazione di *Pawns* e *The Red Fog*, che mi resi finalmente conto che gli Illuminati, di cui avevo svelato le trame e le intenzioni segrete, erano controllati AL MASSIMO dalla Sinagoga di Satana. Solo quando mi furono fornite informazioni sulla doppia personalità di Pike, fui in grado di trovare le prove che la Sinagoga di Satana è controllata dai Sommi Sacerdoti del Credo Luciferiano.

Una volta penetrato questo segreto, è diventato ovvio che le guerre e le rivoluzioni che affliggono il mondo oggi sono parte integrante della cospirazione luciferiana e che TUTTI gli aspetti del Movimento Rivoluzionario Mondiale fanno parte di questa cospirazione.

Gli storici si limitano a registrare gli eventi così come si verificano. Non è permesso loro di indulgere in deduzioni o supposizioni. Il mio problema era quello di trovare un modo in cui potessi abbandonare la registrazione della storia e ottenere prove che mi permettessero di proiettare la linea di condotta (linea di partito nel doppio linguaggio comunista e illuminista) nel futuro e fino alla sua logica conclusione: la formazione di una dittatura totalitaria mondiale e l'imposizione dell'ideologia luciferiana su ciò che resta della razza umana. Potrei smascherare la cospirazione, il suo scopo finale e i suoi obiettivi citando gli scritti di Weishaupt, Mazzini, Pike, Lemmi Lenin, Churchill, Roosevelt e altri, ma sapevo che sarei stato accusato di falsificazione e follia. Dovevo trovare prove documentali. Dovevo trovare la conferma della VERITÀ, così come mi era stata rivelata, in un libro o tra i documenti, che i più grandi enciclopedisti non avrebbero osato mettere in discussione.

Poi è successa una cosa strana. Ero sdraiato supino su una tavola di frattura. Avevo letto tutto ciò che era a portata di mano; ero stanco di pensare; mi annoiavo. Poi mi venne in mente un pensiero. Avevo letto tutta la storia su cui potevo mettere le mani, tranne la STORIA BIBLICA Chiesi una Bibbia e mi fu portata una versione di Re Giacomo. Ho sfogliato le pagine chiedendomi se avessi la forza di volontà e la forza d'animo per sfogliare un volume così imponente. Poi, dopo aver letto un versetto che illuminava le condizioni attuali, mi venne in mente un altro pensiero: "Perché non usate la Bibbia come metro per misurare la correttezza della VERITÀ o dell'ERRORE nelle prove che avete raccolto e in particolare per quanto riguarda le proiezioni che farete e le conclusioni che trarrete?".

Mi è sembrata un'ottima idea. Mi avrebbe fatto risparmiare il tempo che sarebbe stato necessario per leggere sia l'Antico che il Nuovo Testamento. Da quel momento in poi usai la Bibbia, la parola ispirata di Dio, per aiutarmi a separare il grano dalla pula mentre sfogliavo le prove che riempivano diversi bauli e schedari.

Come la sinagoga di Satana controlla i canali di informazione pubblica

All'inizio non riuscivo a capire come la Sinagoga di Satana (S.O.S.) potesse controllare la pubblicazione e la vendita di giornali, periodici e libri in tutto il mondo per evitare che le "masse" sospettassero che i direttori della cospirazione avevano in mente di schiavizzarle corpo, mente e anima. Lo studio dell'esposizione di Robison dei "Ventidue Fratelli Uniti" di Weishaupt ha risolto il problema. Weishaupt richiedeva che in ogni società di lettura e nelle biblioteche pubbliche i libri da leggere fossero selezionati dai "Dirigenti" che servivano gli Illuminati. Dopo aver plasmato l'opinione pubblica, fanno credere al "comune" che stia esprimendo i propri sentimenti, mentre in realtà sta solo facendo eco ai pensieri che gli vengono trasmessi dai libri e dagli articoli a cui ha accesso.

Ai tempi di Weishaupt i librai erano anche gli editori. Quando Weishaupt, attraverso gli Illuminati e le loro "Società di lettura", controllava la lettura del pubblico, gli editori e i librai dovevano stampare ciò che volevano. Weishaupt usava persino il suo piano per OBBLIGARE gli autori a scrivere materiale che, direttamente o indirettamente, favorisse i piani della S.O.S.

Oggi gli autori si conformano a questo requisito o si trovano nell'impossibilità di pubblicare le loro opere. Per citare le sue stesse parole, Weishaupt scrisse: "quando a poco a poco porteremo nelle nostre mani l'intero commercio dei libri, faremo in modo che almeno gli scrittori che lavorano per la causa della superstizione e della restrizione non abbiano né un editore né dei lettori". Quanto si sono rivelate vere queste parole!

Poi ha detto ancora: "quando, infine, con la diffusione (dell'influenza) della nostra fraternità, tutti i cuori "buoni" e gli uomini "sensibili", aderiranno a noi e con i nostri mezzi saranno messi in condizione di lavorare in silenzio su tutti i tribunali, le famiglie, i segretari, i parroci, gli insegnanti pubblici e i precettori privati".

Fu così che Weishaupt mise a punto il piano per controllare TUTTI i canali di informazione pubblica. Può una persona imparziale affermare che le condizioni odierne non dimostrano che i giornali, i periodici, i libri, il teatro, la TV e la radio dicono al pubblico solo ciò che coloro che dirigono la Sinagoga di Satana vogliono che il pubblico sappia? C'è mai stato un tempo in cui uomini e donne davanti a birre, liquori e cocktail pensavano di esprimere le proprie opinioni, mentre stavano semplicemente facendo eco a ciò che sono stati costretti a leggere o a sentire? C'è mai stato un giorno, dai tempi di Weishaupt, in cui gli agenti dei Mondialisti controllavano le politiche editoriali di tutti i tipi di pubblicazioni, come controllano le politiche editoriali oggi?

Mentre gli Illuministi dalla doppia lingua si vantano della LIBERTÀ di PENSIERO, della libertà di religione, della libertà di stampa, della libertà di parola e della libertà dalla paura, quanta libertà esiste? Se un qualsiasi individuo prova ad argomentare contro la propaganda diffusa dagli agenti del S.O.S., viene immediatamente abbattuto, infangato, boicottato, ridicolizzato e rappresentato come se avesse un matto libero al piano superiore, oppure viene accusato di essere completamente pazzo.

Weishaupt adottò la stella a sei punte come uno degli emblemi dei suoi Illuminati, non perché sia la Stella di Davide, ma perché il suo programma consiste in sei punti principali. Essi sono i seguenti:

1. Abolizione di tutti i governi esistenti.

2. Abolizione di tutte le religioni esistenti.

3. Abolizione di ogni proprietà privata.

4. Abolizione di tutte le eredità.

5. Abolizione della famiglia, come "cellula" da cui si sviluppa la società civile.

6. Abolizione del patriottismo, per quanto riguarda il governo nazionale.

Come possono i suddetti obiettivi far parte di un complotto cattolico, ebraico o massonico per ottenere il dominio del mondo? Pike, il successore di Weishaupt, nelle sue opere scritte un secolo dopo, ha stabilito chiaramente che:

1. Il primo governo mondiale sarà trasformato in "una dittatura totalitaria luciferiana".

2. La religione universale imposta ai Goyim (bestiame umano) che sopravviveranno al cataclisma sociale finale sarà "La Vera Luce della pura dottrina di Lucifero".

3. Che tutti i Goyim saranno ridotti in schiavitù e trasformati in "un'unica vasta congerie di umanità mongrelizzata".

4. Che l'allevamento sarà strettamente limitato ai tipi e ai numeri "necessari per soddisfare le esigenze dello Stato (Dio)".

5. Che tutta la riproduzione, per quanto riguarda i Goyim, avverrà tramite inseminazione artificiale praticata su scala internazionale e limitata al 5% dei maschi e al 30% delle femmine appositamente selezionati.

6. Che il rigido controllo delle menti dei Goyim "cancellerà ogni conoscenza del passato, comprese le religioni, diverse dall'ideologia luciferiana, e di tutte le altre forme di governo diverse dalla dittatura luciferiana".

Poiché il bigottismo è usato da coloro che servono il S.O.S. per mantenere coloro che intendono sottomettere divisi tra loro su questioni religiose e razziali, desidero sfatare coloro che affermano che il Movimento Rivoluzionario Mondiale è progettato per dare ai cattolici romani, ai comunisti, agli ebrei, ai massoni, ai nazisti o a qualsiasi altro gruppo politico o religioso il dominio incontrastato del mondo. Non pensate nemmeno per un momento che io non sia pienamente consapevole del fatto che ci sono cattolici romani, comunisti, ebrei, massoni, fascisti e altri che credono fermamente che i problemi del mondo non saranno risolti in modo definitivo finché l'organizzazione a cui appartengono, sia essa religiosa e/o politica, non governerà il mondo.

La maggior parte di coloro che credono in questo modo si sono convinti, in quanto cattolici romani, ebrei, massoni, comunisti o federalisti mondiali, che se sperano, pregano e lavorano abbastanza duramente arriverà il giorno in cui la loro organizzazione sarà in grado di stabilire una dittatura benevola e di imporre il governo in conformità con i loro principi religiosi e cosiddetti democratici. Queste persone ingannate hanno davvero bisogno di essere illuminate. La Terza Guerra Mondiale è stata pianificata da Pike quasi un secolo fa. Ora è in fase di realizzazione. Il cataclisma sociale finale, come egli lo spiegò a Mazzini il 15 agosto 1871 e come è stato spiegato ai membri delle Logge del Rito Palladiano e del Grande Oriente dai conferenzieri fin dal 1885, coinvolgerà non solo il cattolicesimo romano, ma l'intero mondo cosiddetto cristiano e le masse che ora sono controllate dal comunismo in Russia e in Cina. Anche la Massoneria e l'Ebraismo devono essere distrutti, affinché l'ideologia luciferiana... "Il Nuovo Ordine"... possa essere stabilito sulle rovine di TUTTI i vecchi ordini. Gentili ed ebrei, comunisti e massoni non devono illudersi. Loro e le loro credenze sono tutti destinati alla liquidazione completa, così come tutte le altre organizzazioni politiche, religiose, di servizio sociale e simili. È previsto un colpo di spugna, una purificazione tramite il "Fuoco dei Magi".

Per dimostrare quanto siano ridicole le accuse contro il cattolicesimo, la storia dimostra che il Vaticano sospese i gesuiti come ordine di insegnamento dopo che fu resa nota la perfidia di Weishaupt. Questa sospensione non fu revocata per molti anni (credo 30 anni). Mentre Weishaupt rimaneva insospettabile, era "felice" come gesuita.

Indossava un "mantello" che nascondeva perfettamente le sue attività diaboliche. Ma quando i gesuiti furono sciolti con bolla papale, mostrò il suo vero volto e indirizzò l'odio degli Illuminati contro tutti i membri dell'Ordine dei gesuiti. Da allora, l'odio degli Illuministi contro i gesuiti è continuato. Le scuole e i collegi dei gesuiti sono stati chiusi e i membri dell'Ordine sono stati perseguitati in ogni rivoluzione da allora.

Per dimostrare quanto sia ridicolo accusare i massoni di dirigere il W.R.M., basta studiare gli sforzi del professor Robison in Scozia, del Duca di Brunswich in Germania, dei Gran Maestri delle Logge britanniche e del Capitano Henry Morgan del New England, negli Stati Uniti, per cercare di impedire l'infiltrazione degli Illuministi nelle Logge della Massoneria e per impedire che i massoni fraternizzino con i massoni del Grande Oriente e con quelli del Nuovo Rito Palladiano e Riformato di Pike. Dobbiamo anche ricordare che Copin-Albancelli era un massone di 33° grado.

Fu scelto per andare oltre il 33° grado nei misteri della Massoneria del Grande Oriente e in quelli del Rito Palladiano. Rifiutò all'ultimo momento, poco prima dell'iniziazione, perché si era convinto che dall'altra parte della cortina oscura c'era il satanismo che governava con assoluto dispotismo. La versione rivista dei Protocolli di Weishaupt dice esattamente come i massoni, sospettati di sapere troppo, debbano essere eliminati. Egli stabilisce chiaramente come TUTTE le forme di massoneria, e le altre società segrete, debbano essere abolite una volta che il leader del luciferianesimo sarà incoronato Re-Despota di questo mondo.

È altrettanto assurdo sostenere che l'ebraismo sia la radice di tutti i mali, così come è assurdo sostenere che i "Protocolli", come esposti da Sergy Nilus (1905) e Victor Marsden (1921), siano quelli dei "dotti anziani di Sion". È vero che molti, troppi ebrei sono stati ingannati e hanno aderito a organizzazioni rivoluzionarie. Ma è altrettanto vero che sette anni dopo che Lenin usurpò il potere assoluto in Russia, per conto della Sinagoga di Satana, non c'era un solo membro ebreo della Prima Internazionale che non fosse stato liquidato o imprigionato. Vorremmo anche sottolineare che un gran numero di veri ebrei oggi non sono sionisti. Odiano il sionismo politico perché vedono chiaramente che è progettato per condurli alla loro definitiva sottomissione e distruzione come razza. Lucifero non si preoccupa se le anime che allontana da Dio sono bianche o nere, gentili o ebree. Tutti sono pesci nella sua rete. Nella Sinagoga di Satana ci sono pochi veri ebrei oggi come ai tempi di Gesù Cristo.

Il Duca di Brunswick era stato un membro degli Illuminati di Weishaupt. Il suo "soprannome" era "Aaron". Ma quando scoprì di essere stato ingannato sulle reali intenzioni di Weishaupt, fece di tutto per eliminare la Massoneria del Grande Oriente in Germania. Nel 1794 pubblicò un manifesto che scioglieva la Massoneria in Germania con la motivazione che gli agenti segreti degli Illuminati ne avevano ottenuto un tale controllo che lo scioglimento era l'unico rimedio rimasto.

Nel 1878 il capo della Massoneria britannica ordinò ai massoni di "ritirarsi completamente da ogni legame con la Massoneria del Grande

Oriente". Ancora nel 1923 i capi della Massoneria britannica emisero il seguente manifesto riguardo alla Massoneria del Grande Oriente:

> "Poiché il riconoscimento è stato ritirato a tale organismo dalla Gran Loggia Unita d'Inghilterra nel 1878... si ritiene necessario avvertire tutti i membri delle nostre logge che non possono visitare alcuna loggia sotto l'obbedienza di una giurisdizione non riconosciuta dalla Gran Loggia Unita d'Inghilterra; e inoltre, che in base alla regola 150 del Libro delle Costituzioni, non possono ammettere visitatori da lì".

Sia Weishaupt che Pike hanno dichiarato che gli ebrei, e anche l'antisemitismo, dovevano essere usati per servire i loro piani segreti e le loro ambizioni diaboliche. Questa fase della cospirazione sarà trattata in modo più approfondito in seguito.

Diamo queste informazioni affinché le persone sincere nella ricerca della VERITÀ stiano in guardia dai bigotti e da coloro che fomentano le lotte basate sulle differenze di colore, razza e/o credo.

Di volta in volta ci viene ripetuto all'orecchio, dalla stampa, dalla TV, dagli oratori pubblici, dai parlamentari, dai pulpiti ovunque e in ogni momento, che il comunismo è in realtà una lotta per il possesso delle menti degli uomini, e quindi la radice di tutti i mali, e responsabile del disordine in cui si trova il mondo oggi. Questa è la più grande bugia che il S.O.S. abbia mai concepito e propagato. Ma questa menzogna non differisce di una virgola da quella fatta circolare per permettere alle S.O.S. di fomentare la Prima e la Seconda Guerra Mondiale. In America e in Gran Bretagna ci è stato detto che il nazismo era la radice di tutti i mali e che era responsabile delle condizioni caotiche del mondo. Alle masse tedesche e ai Paesi che dovevano essere suoi alleati furono fatte credere le stesse falsità riguardo agli inglesi e agli americani. Hitler non era ateo. Non era certamente un cristiano; quindi doveva essere un membro della Sinagoga di Satana.

Questa affermazione è supportata dal fatto che è stato Hitler a dire: "Dite una bugia abbastanza grande abbastanza spesso e sarà accettata come la VERITÀ". Winston Churchill non è un comunista o un nazista, ma non può nemmeno essere un cristiano perché ha detto,

> "Mi unirò al diavolo se così facendo mi aiuterà a sconfiggere quel ----- Hitler".

Prima di tracciare la perfetta continuità della cospirazione luciferiana, come diretta e controllata dagli esseri umani che hanno costituito la Sinagoga di Satana dal 1776, dimostreremo innanzitutto che la cospirazione, così come rivista e modernizzata da Weishaupt, non è mai morta di morte naturale come coloro che l'hanno diretta da allora vorrebbero far credere al pubblico e ai loro rappresentanti eletti.

La VERITÀ è che sia il comunismo che il nazismo considerano solo i concetti materialistici di dominio del mondo. Cercano di controllare i nostri corpi in modo che il controllo fisico permetta loro di controllare le nostre menti e di farci accettare le loro ideologie materialiste. La Sinagoga di Satana, invece, crede nel soprannaturale e usa il comunismo e il nazismo per portare avanti i propri piani segreti. Il S.O.S. è determinato a ottenere il controllo delle nostre menti per poter determinare il destino delle nostre anime immortali. Il satanismo ha consegnato a Lucifero milioni di anime umane ogni poche settimane. Durante una guerra o una rivoluzione totale, la raccolta satanica di anime raggiunge il suo apice. Non lasciatevi ingannare. Non lasciate che coloro che servono la causa del diavolo, indipendentemente dal modo in cui sono mascherati, vi facciano perdere la testa. Gli occhi sono le finestre dell'anima. Allora non lasciate che i cosiddetti Illuministi abbassino le tende sui vostri occhi. Insistete nel guardare attraverso la finestra, in modo da poter vedere non solo gli orizzonti di questo mondo, ma anche apprezzare che la lotta in corso in questo mondo è per aumentare le dimensioni dei domini del diavolo nel mondo celeste dopo che Dio avrà emesso il giudizio finale.

(Nesta Webster e altri storici confermano ciò che ho appreso come risultato delle mie indagini. I direttori dei servizi segreti della Marina e il defunto ispettore John Leopold, che era a capo del ramo antisovvenzioni del R.C.M.P. dal 1943 al 1945, mentre io ero a Ottawa, e altri studenti del Movimento rivoluzionario mondiale, sia clericali che laici, concordano sul fatto che stiamo combattendo contro le forze spirituali delle tenebre). Weishaupt, dopo essere stato bandito, rimase l'agente del diavolo in forma umana. Diresse la cospirazione luciferiana in modo che si sviluppasse nella Grande Rivoluzione Francese e in altre, compresa la Rivoluzione Americana. Tratteremo più avanti il motivo per cui il piano di Weishaupt prevedeva che gli Stati Uniti d'America diventassero l'ultima grande potenza mondiale nazionalista.

Gli Illuminati di Weishaupt e le sue Logge del Grande Oriente si sono nascosti. Ad essi subentrarono i Club e i conventi giacobini, come è stato spiegato in *Pedine nel gioco*. Mirabeau diresse la Rivoluzione francese. Fu abilmente assistito da Adrien Duport, anch'egli iniziato ai gradi superiori degli Illuminati. Fu Duport a presentare al Comitato di Propaganda la politica di distruzione che avrebbe dovuto attuare il 21 maggio 1790.

Quando Weishaupt ebbe distrutto la Francia come monarchia e come potenza mondiale, e fece sì che gli americani si sgozzassero l'un l'altro per presunte rimostranze che la propaganda faceva apparire molto reali, si trasferì in Italia.

L'Illuminismo si stava diffondendo in Italia. Sotto vari nomi e travestimenti, mirava alla distruzione del Vaticano, perché era un potere sia spirituale che temporale. Gli Illuministi italiani ragionavano: "Come possiamo distruggere tutti i governi e tutte le religioni se prima non distruggiamo il Vaticano?". Ma questo ragionamento non era in linea con i piani di Weishaupt, come dimostreremo.

I massoni e gli illuministi del Grande Oriente italiano e i membri dell'Alta Vendita non erano stati iniziati al segreto integrale. Secondo il piano di Weishaupt, come è stato confermato da Mazzini, Pike, Lemmi e Lenin, il Vaticano deve essere lasciato sopravvivere e controllare quasi 500.000.000 di anime, fino a quando coloro che dirigono la Sinagoga di Satana non decideranno che è giunto il momento di coinvolgere TUTTO il popolo cristiano nel cataclisma sociale finale, con tutti i popoli controllati da atei-comunisti. Per questo motivo Weishaupt si precipitò in Italia per evitare una distruzione prematura del Vaticano. Quasi cento anni dopo, Pike dovette intraprendere un'azione simile per evitare che Mazzini prima e Lemmi poi sconvolgessero i piani della Sinagoga di Satana facendo esattamente la stessa cosa. Tutto ciò dimostra che solo pochissimi uomini che compongono l'Alto Sacerdozio del Credo Luciferiano conoscono il segreto completo e il modo in cui la loro cospirazione intende raggiungere il suo obiettivo finale.

La prova della cospirazione

La sua introduzione in America

Coloro che diressero la "Grande" Rivoluzione francese utilizzarono un preconcetto "Regno del Terrore" per mettere in atto il principio luciferiano secondo cui tutti i Goyim devono essere ridotti a un livello comune di sottomissione. È questo principio che le "Teste Rotonde" di Cromwell dimostrarono in modo così efficace quando misero in azione i "Livellatori" dopo che la Sinagoga di Satana aveva contribuito a rimuovere il Capo Incoronato d'Inghilterra e a usurpare il potere dittatoriale.

Coloro che servono la Sinagoga di Satana sono ancora impegnati a livellare i Goyim. Invece di elevare le donne agli alti livelli di moralità e virtù un tempo praticati dalle donne che modellavano il loro comportamento su quello della Madre di Gesù Cristo, i satanisti hanno introdotto il "modernismo" che ha trascinato le donne al livello dei maschi. Lo chiamano "suffragio femminile". Lo scopo è stato dichiarato essere quello di "liberare le donne dalla schiavitù del corpo, della mente e dell'anima", se diamo retta a ciò che la signora Pankhurst e altre avevano da dire. Ma dietro a questa "facciata" c'è l'intenzione di fare il lavaggio del cervello alle donne per indurle ad adottare un modello di comportamento che porti gli uomini a ritirare il loro rispetto e ad uccidere la cavalleria. Tutto questo fa parte della cospirazione per ridurre le donne a essere o il trastullo delle classi dominanti o incubatrici umane per fornire il numero e il tipo di individui che il dittatore deciderà essere necessari per soddisfare le esigenze dello Stato.

Secondo il piano di Dio per il governo dell'universo, tutte le sue creature sono nate disuguali. È una fallacia comune credere che tutti gli uomini siano nati uguali. È una mezza verità, peggiore di una vera e propria falsità. L'UNICO modo in cui tutti gli uomini sono uguali è nella misura in cui tutti hanno un corpo e un'anima. Per quanto riguarda le capacità mentali, la resistenza corporea, la bellezza fisica e le caratteristiche spirituali, non esistono due persone uguali in tutto il mondo.

Dio intendeva che ogni sua creatura umana potesse, se lo desiderava, svilupparsi spiritualmente fino a qualificarsi per occupare i posti più alti del Paradiso. Poiché gli esseri umani, così come gli angeli, hanno un intelletto e l'uso del libero arbitrio, possono deteriorarsi fino a qualificarsi per i livelli più bassi dell'Inferno. Parlare di un mondo senza classi è pura dottrina luciferiana. La capacità di amore di Lucifero si è trasformata in capacità di odio. Sa di aver sbagliato e di sbagliare, ma è determinato a trascinare il maggior numero possibile di anime umane al suo livello; ci sta riuscendo in modo terribilmente efficiente. Le parole di Nostro Signore "Molti sono i chiamati, ma pochi gli eletti" sono così vere che pensare a ciò che sta accadendo oggi nel mondo, sotto l'influenza del satanismo, è davvero terrificante. Ma questo non ci solleva dalla responsabilità di porre fine alla cospirazione di ispirazione diabolica. Troppe persone non vogliono sentire nulla di spiacevole. Non vogliono immischiarsi in affari sporchi. Come le ostriche, vogliono confinarsi in una conchiglia. Sono loro i veri intoccabili. Il loro motto è: "Mi faccio gli affari miei. Lascio che gli altri si occupino dei loro, e che il diavolo si prenda la parte posteriore". Non riesco a immaginare che il Paradiso sia pieno di queste creature, ma sicuramente si troveranno bene all'Inferno.

Abbiamo affrontato il tema del livellamento durante la Rivoluzione Francese in Pedine nel Gioco, quindi ora andremo con Weishaupt in Italia per mostrare come la Sinagoga di Satana controllasse TUTTI gli aspetti del W.R.M., allora come oggi.

In linea con la sua intenzione di far credere alle autorità, nella Chiesa e nello Stato, che gli Illuminati fossero morti, Weishaupt fece in modo che la società segreta rivoluzionaria italiana, nota come "I Carbonari", venisse rianimata e riorganizzata per mettere in atto i piani del S.O.S.. Aveva bisogno di una banda di assassini per liquidare individui e movimenti che si opponevano all'internazionalismo. Il carbonarismo fu rianimato nel 1815. Il Gran Concistoro Segreto si riunì il 13 ottobre 1820. Di conseguenza, i Carbonari divennero parte integrante della Massoneria del Grande Oriente. Da allora i suoi membri hanno commesso quasi tutti gli omicidi politici. Come tutti i gruppi malvagi, controllati dal S.O.S., i Carbonari operarono sotto molti nomi. Un ramo era la Mafia, che operava in particolare negli Stati Uniti d'America. Essi dirigono guerre tra bande che mettono uomini selezionati dal S.O.S. a capo del lavoro organizzato, del gioco d'azzardo, dello spaccio di droga, della schiavitù bianca e di tutte le altre forme di vizio. Oggi la mafia è più potente e attiva che mai negli Stati Uniti.

Giuseppe Mazzini fu iniziato alla Massoneria dei Carbonari e del Grande Oriente, nel 1827. Weishaupt gli ordinò di andare in America e di sviluppare segretamente il ruolo che l'America avrebbe avuto nelle fasi finali della cospirazione luciferiana. Molti studenti della W.R.M. esprimono l'opinione che fu Mazzini a diventare il mentore che controllava Pike fino al 1872, anno della sua morte. Con questa opinione devo dissentire.

So che farà male a molti bravi americani sapere che l'undicenne Jefferson era solo un altro idolo, fatto di pubblicità, con i piedi d'argilla. La Sinagoga di Satana aveva bisogno di ottenere il controllo dell'America per poter usare questo nuovo gigante per portare a compimento le fasi semi-finali e finali del suo piano rivoluzionario. Per farlo, l'America doveva essere separata dalla Gran Bretagna. Nonostante tutto ciò che gli agenti del S.O.S. avevano fatto, la Gran Bretagna, in qualche strano modo o per grazia di Dio, aveva rifiutato l'azione rivoluzionaria per ottenere un cambio di governo. L'illuminista Manuilsky disse, parlando della Gran Bretagna in un discorso tenuto ai delegati presenti al 18° Congresso del Partito Comunista (internazionale) a Mosca nel 1938: "La Gran Bretagna è la roccia su cui le onde della rivoluzione si sono finora infrante invano. *La Gran Bretagna e il suo popolo devono essere distrutti prima di poter raggiungere i nostri obiettivi finali*".

Manuilsky non è un comunista ateo più di quanto lo sia io. È un membro di alto livello del S.O.S. che è succeduto a Lenin come direttore dell'azione politica degli Illuminati che, come abbiamo già detto, nel gergo dell'Illuminismo significa direttore del W.R.M.. Come ho spiegato in Red Fog Over America, la seconda guerra mondiale era stata progettata per ridurre la Gran Bretagna a una potenza mondiale di terza classe. Iniziò l'anno successivo. Manuilsky, pur avendo dimostrato di essere un direttore del W.R.M., fu nominato presidente del Consiglio di Sicurezza delle Nazioni Unite non appena nacque l'ONU.[23]

Gli agenti della Sinagoga di Satana furono impegnati in America subito dopo che Colombo scoprì le parti basse di quelli che oggi sono gli Stati Uniti. Contrariamente a quanto si crede, la parte settentrionale dell'America, dal Labrador alla Virginia, era stata scoperta ed esplorata dai Vichinghi centinaia di anni prima della nascita di Colombo.[24]

Molte persone che hanno letto *Pedine* e *La nebbia rossa sull'America* mi hanno chiesto: "Perché gli uomini vendono la loro anima immortale al diavolo quando sanno di non poter portare con sé la ricchezza materiale e il potere temporale?".

La risposta è questa: Credono che Lucifero darà loro la loro ricompensa eterna, proprio come quelli di noi che credono in Dio credono che Egli ci darà la nostra ricompensa in Paradiso.

È la fede nel soprannaturale che segna la differenza tra coloro che servono il S.O.S. e gli atei.

Weishaupt disse ai suoi stretti collaboratori, quando si parlava di atei e nichilisti, che organizzarli nel comunismo internazionale e usare la loro forza distruttiva per promuovere i propri piani e le proprie ambizioni segrete, era giustificato perché il comunismo e l'ateismo sono solo fasi passeggere del W.R.M.. Sia lui che Pike prevedevano che il comunismo sarebbe stato completamente cancellato nelle fasi finali della

---

[23] Quando ho prestato servizio nella Marina canadese durante la Seconda Guerra Mondiale, per la maggior parte del tempo come Ufficiale di Stato Maggiore delle Operazioni con quartier generale a Shelbourne, N.S., e successivamente come Ufficiale Superiore della Marina a Goose Bay, Labrador, ho avuto l'opportunità di vedere i messaggi runici che i Vichinghi avevano inciso nelle rocce piatte lungo la costa mentre si dirigevano verso sud dopo essere sbarcati in Nord America dalla Groenlandia. La lingua e i caratteri runici erano caduti in disuso molto prima della nascita di Colombo. Cito questo fatto solo perché contribuisce a dimostrare che coloro che servono il Diavolo controllano i nostri sistemi educativi, cosicché i bambini vengono indottrinati e non istruiti.

[24] Per ulteriori dettagli si legga *Pedine nel gioco*.

cospirazione. Pike lo confermò nella sua lettera a Mazzini del 15 agosto 1871.

Nessuno meglio di Voltaire ha spiegato perché i S.O.S. garantiscono la perfetta continuità della direzione della cospirazione luciferiana. "Può durare per anni, forse per secoli. Nelle nostre file un soldato muore ma la guerra (contro Dio) continua".

Lenin fece un ulteriore passo avanti. Disse che ci sarebbero potuti volere tremila anni prima che il Movimento rivoluzionario mondiale raggiungesse la sua fase finale e il proletariato prendesse il sopravvento e stabilisse un mondo senza classi e un governo socialista.

Lenin era un adepto dei più alti gradi della Massoneria del Grande Oriente. Conosceva il segreto finale come Mazzini e Lemmi prima di lui. Stava usando un doppio linguaggio per rispondere alla domanda: "Per quanto tempo manterrete una dittatura assoluta?".

Poiché i maestri satanisti servono il Padre della Menzogna, invariabilmente fanno credere al pubblico che ciò che fanno è per l'onore e la gloria di Dio e nell'interesse pubblico. Questa è stata la loro scusa per fomentare ogni guerra e rivoluzione combattuta fino ad oggi. Come dimostra la storia, le più orribili e terribili atrocità sono state perpetrate su individui e su masse di umanità, nel Santo Nome di Dio. Il nostro Signore ci ha avvertito che questo sarebbe accaduto quando ha detto: "Sì, viene il momento in cui chiunque vi ucciderà penserà di rendere un servizio a Dio". Giovanni 16:2) Noi cristiani ci siamo uccisi a decine di milioni nella Prima e nella Seconda Guerra Mondiale... uomini... donne... e bambini piccoli ed entrambe le parti hanno fatto ciò che hanno fatto perché la Sinagoga di Satana ci ha ingannato facendoci credere che stavamo servendo Dio e i nostri Paesi.

Poiché Lucifero è "Maestro dell'inganno", coloro che compongono il S.O.S. usano i loro agenti, lavorando dietro le quinte del governo, per far sì che i nostri governanti, siano essi re o presidenti, adottino politiche che scatenano guerre e/o rivoluzioni. A volte coloro che hanno fomentato guerre e/o rivoluzioni hanno usato le scuse più inconsistenti. Alla luce della storia recente, sicuramente poche persone rimangono così credulone da non vedere che le guerre e le rivoluzioni sono pianificate con molto, molto tempo di anticipo. Tutte le guerre e le rivoluzioni combattute dal 1776 in poi sono state progettate per portare a termine la cospirazione di Weishaupt che mira a distruggere TUTTI i governi e le religioni per imporre l'ideologia luciferiana alla razza umana. Il fatto stesso che nazioni nemiche in una guerra si alleino nella successiva dimostra la verità di questa affermazione. Il S.O.S. schiera le nazioni in modo da mantenere un "equilibrio di potere". Questo assicura loro che la massima distruzione possa essere compiuta in un determinato periodo di tempo. Poi il peso viene gettato dalla parte del desiderio dei S.O.S. di vincere. Ma il vincitore ottiene solo una vittoria vuota. Quando le guerre si sono trasformate in guerre globali, il potere e la forza degli Stati Uniti sono stati trattenuti due volte per due anni, prima di essere liberati per portare alla sconfitta della Germania e dei suoi alleati. Il nazismo, solo un altro nome per il nietzscheismo, era stato organizzato e utilizzato proprio come intendevano Weishaupt e Pike. Avendo raggiunto il suo scopo di permettere al S.O.S. di fomentare la Prima e la Seconda Guerra Mondiale, doveva essere distrutto. I leader nazisti che sapevano troppo furono liquidati con un "giusto processo legale", esattamente come Weishaupt aveva detto che doveva essere fatto nel 1770.

Ma per tornare a Pike e Mazzini, vorrei sottolineare il fatto che i Sommi Sacerdoti del Credo Luciferiano controllano la Sinagoga di Satana. Questo era vero per quanto riguarda il complotto per crocifiggere Cristo. È vero per Mazzini, Lemmi, Lenin e Manuilsky che, a loro volta, hanno diretto i piani rivoluzionari dei cospiratori dal 1834. Le prove già presentate dovrebbero dimostrare che né Mazzini né Lemmi furono messi a conoscenza del Pieno Segreto fino a molto tempo dopo essere stati scelti come "Direttori dell'Azione Politica". Pike riorganizzò il Rito Palladiano per fornire una sede segreta a coloro che dirigono la W.R.M. perché le Logge del Grande Oriente stavano diventando sempre più sospette a causa delle attività di Mazzini e Lemmi. Pike, lavorando dal suo quartier generale di Charleston, S.C., istituì due consigli di supervisione per governare le attività politiche e dogmatiche degli altri ventitré consigli che lui e Mazzini avevano dislocato in tutto il mondo. A Roma, sotto Mazzini, il consiglio supervisionava l'"Azione politica" contro i governi. A Berlino il consiglio di supervisione supervisionava le politiche e le attività dogmatiche e finanziarie della S.O.S. Il modo in cui il direttore delle attività dogmatiche sviluppò il Nietzcheismo nel Nazismo e poi lo fece distruggere è tipico di ciò che intendo. Ma molto prima che Pike diventasse Sommo Sacerdote del Credo Luciferiano, la direzione della cospirazione, AL TOP, proveniva da Charleston, S.C. Pike è succeduto a Moses Holbrook e da allora la direzione della cospirazione, AL TOP, è rimasta negli Stati Uniti.

Il libro *Irish and English Freemasons and their Foreign Brothers*, pubblicato nel 1878, getta una luce considerevole su questa fase della cospirazione. Come tutti gli altri libri che contengono informazioni che gettano anche solo un po' di luce sulla direzione diabolica del W.R.M., questo libro è praticamente sconosciuto. Tuttavia, ne esistono ancora delle copie in alcuni degli archivi nazionali rimasti. Sono stato informato che una copia si trovava nella Biblioteca Vaticana nel 1946. A partire da pagina 62 del libro sopra citato apprendiamo che la massima autorità del Grande Oriente d'Italia, cioè Mazzini o Lemmi, emanò una "Istruzione permanente (o Codice pratico di regole) Guida per i capi dei più alti gradi della Massoneria".

Una sezione di questo documento dice: "Il nostro obiettivo finale è quello di Voltaire e della Rivoluzione francese: l'annientamento completo del cattolicesimo, di e infine del cristianesimo. Se il cristianesimo sopravvivesse, anche sulle rovine di Roma, un po' più tardi si rianimerebbe e vivrebbe. Dobbiamo ora pensare a come raggiungere il nostro fine con certezza, non ingannandoci con illusioni che si prolungherebbero all'infinito e probabilmente comprometterebbero il successo finale della nostra causa..... Il Papa, chiunque egli sia, non entrerà mai in una società segreta. Diventa quindi dovere della società segreta fare il primo passo verso la Chiesa e il Papa con l'obiettivo di conquistare entrambi. L'opera per la quale ci cingiamo non è l'opera di un giorno, né di un mese, né di un anno... quello che dobbiamo cercare, quello che dobbiamo aspettare, come gli ebrei aspettano un Messia, è un Papa secondo i nostri desideri.... Ma quando, e come" L'ignoto non può ancora essere visto. Le Scritture indicano e i più grandi teologi confermano che, nonostante i doni soprannaturali sia degli angeli caduti che di quelli rimasti fedeli a Dio, Egli (Dio) ha negato agli angeli il potere di prevedere il futuro. In altre parole, possono pianificare con migliaia di anni di anticipo la cospirazione luciferiana, ma non possono essere sicuri che i loro piani maturino come si aspettano. È per questo che i loro agenti sulla terra cercano sempre di sapere cosa riserva il futuro. Così il vecchio detto: "L'uomo propone, ma Dio dispone". Tuttavia, poiché nulla ci deve allontanare dal nostro piano, dobbiamo lavorare al nostro lavoro appena iniziato come se il domani ci portasse al successo".

L'esecutivo supremo delle Logge del Grande Oriente ha poi emanato istruzioni secondo cui il documento è stato emesso per l'informazione dei governanti della Suprema Vendita. Si dice che "l'informazione deve essere tenuta nascosta ai semplici iniziati". I fratelli dovevano essere inculcati per mezzo di "insegnamenti" che significavano "memorandum segreti".

Il complotto architettato da Weishaupt e Mazzini prevedeva che italiani e altre persone che si spacciavano per cattolici romani si infiltrassero in Vaticano e, come Weishaupt aveva precedentemente dichiarato, "lo facessero a pezzi dall'interno finché non rimanga altro che un guscio vuoto". Ciò che Mazzini fu istruito a fare in Vaticano da Weishaupt stesso, in seguito istruì il generale Albert Pike a farlo ai vertici della Massoneria; e ciò che Adolphe Isaac Cremieux fu scelto per fare ai vertici dell'ebraismo ortodosso.

Le istruzioni impartite erano le stesse. I prescelti per mettere in atto questa fase del complotto dovevano collocare agenti degli Illuminati in posizioni dirigenziali in tutte e tre le organizzazioni e farsi riconoscere come "specialisti", "esperti" e "consiglieri". Non dovevano cercare di interferire in alcun modo con gli insegnamenti consolidati e le politiche di delle tre religioni, ma dovevano evitare che i direttori delle tre potenze mondiali ottenessero informazioni che potessero far loro sospettare che la Sinagoga di Satana controllasse TUTTI i movimenti sovversivi AL TOP Dovevano, con un mezzo o con l'altro, imporre il silenzio a chiunque nutrisse dei sospetti.

Il defunto Papa Pio XII doveva sospettare che qualcosa fosse radicalmente sbagliato all'interno del Vaticano, perché non poteva ignorare di essere continuamente sorvegliato. È molto significativo che quando questa sorveglianza si allentò, quando si pensò che fosse in punto di morte, nel 1958, mandò a chiamare un segretario di fiducia e gli ordinò di chiedere ai 500.000.000 di membri della Chiesa cattolica romana di pregare per la "Chiesa silenziosa". Il significato delle sue parole fu interpretato in modo errato. La stampa cattolica ha pubblicato che Sua Santità intendeva la Chiesa dietro le cortine di ferro e di bambù. Non è così. Egli ha sempre detto esattamente ciò che intendeva. Se avesse voluto che i fedeli pregassero per la "Chiesa perseguitata" lo avrebbe detto. Ha chiesto loro di pregare per la Chiesa silenziosa ma libera.

Poi ancora il Papa disse, e in seguito ribadì, di aver visto e parlato con Cristo. Ma anche questo fu messo a tacere. PERCHÉ?

Adolphe Isaac Cremieux (1796-1880) proveniva da una famiglia cosiddetta ebraica del sud della Francia. Fu ammesso all'albo degli avvocati a Nimes nel 1817. Era il tipico avvocato che, secondo Weishaupt, sarebbe stato reclutato negli Illuminati. Esattamente come Pike, Cremieux fu infiltrato nella Massoneria. Fu membro della Loggia di Mizraim, del Rito Scozzese, e successivamente fu iniziato alle Logge del Grande Oriente. Cremieux lavorò per unire le suddette società segrete e divenne Gran Maestro in Francia, come Pike in America e Mazzini in Italia.

Le attività di Cremieux erano finanziate dai Rothschild e dai Montifiore. Egli si impegnò nelle forme più spietate di intrighi politici e di raggiri. Tutte le risorse del S.O.S. furono utilizzate per cercare di farlo diventare capo dell'esecutivo di Luigi Napoleone, in modo che potesse promuovere politiche che avrebbero favorito la cospirazione luciferiana da dietro le quinte del governo britannico. Ma i suoi metodi doppiogiochisti furono scoperti e quando Luigi Napoleone fece il suo colpo di Stato il 2 dicembre 1851, facendosi imperatore Napoleone III, nominò il generale Cavaignac suo primo ministro e gettò Cremieux in prigione. Fu rinchiuso nelle prigioni di Vincennes e Mazas. Una volta rilasciato, Cremieux fu scelto per aiutare a dirigere le attività di Karl Marx e di altri rivoluzionari, tra cui Louis Blanc, Ledrun, Rollin, Pierre e molti altri.

Cremieux mise in atto i piani del S.O.S. per guerre e rivoluzioni in Francia, come fecero gli altri direttori nazionali di Mazzini in Germania e in altri Paesi. In questo modo si realizzò il rovesciamento di Napoleone e la sconfitta della Francia da parte della Germania nel 1871. A questo punto Cremieux si impegnò di nuovo apertamente in politica e fu nominato presidente dell'"Alliance Israelite Universelle" (A.LU.). Già il 31 maggio 1864, Cremieux disse all'Assemblea generale dell'A.LU.: "L'Alleanza non si limita al nostro culto, ma rivolge i suoi appelli a tutti i culti e vuole penetrare in tutte le religioni come è penetrata in tutti i Paesi. Sforziamoci con coraggio di realizzare l'unione di tutti i culti sotto un'unica bandiera di Unione e Progresso. Questo è lo slogan dell'Umanità". (Internazionalismo).

Oggi sentiamo lo stesso vecchio doppio discorso a favore di un Governo Unico Mondiale. John Leopold, quando era a capo della sezione anti-sovversiva della Royal Canadian Mounted Police, mi confessò nel 1944 che l'American Jewish Committee è il risultato dell'Alliance Israelite Universelle. Leopold era un vero ebreo (ebraico). Mi disse che i

Comitati Ebraici Americani e Canadesi controllavano i comunisti ebrei AL MASSIMO. Era d'accordo che l'Alliance Israelite Universelle fosse organizzata e diretta AL TOP dalla Sinagoga di Satana. Disse che l'A.I.U. e l'A.J.C. non erano associazioni ebraiche autentiche più di quanto non lo siano le Logge Illuminate della Massoneria del Grande Oriente o i Consigli del Rito Palladiano, autentica Massoneria come praticata nelle Logge di Rito Scozzese in Gran Bretagna e in America.

Il generale Albert Pike e la cospirazione

Consapevoli del fatto che dire la verità ferirà molte persone e farà arrabbiare coloro che sono al servizio del Diavolo, riteniamo comunque necessario fornire al pubblico la prova che il generale Albert Pike ha vissuto una doppia vita.

Il fatto che si sappia così poco della sua vita privata e segreta non deve stupire. La Sinagoga di Satana è figlia del Padre della menzogna (Lucifero); coloro che controllano e dirigono la cospirazione luciferiana su questa terra sono "Maestri dell'inganno".

Per questo motivo, coloro che hanno costituito il S.O.S. nel corso dei secoli sono stati rappresentati alle masse come grandi patrioti, grandi filantropi, grandi gentili, grandi ebrei. Quando la storia o la ricerca dimostrano che avevano personalità alla Jekyll e Hyde, li chiamiamo "Idoli dai piedi d'argilla". Le persone che i S.O.S. usano per portare avanti i loro piani segreti vengono costruite come personaggi pubblici in modo da poter influenzare meglio le menti del "loro pubblico". L'attuale pratica di divinizzazione di tutti coloro che sono collegati a Hollywood illustra perfettamente ciò che intendo.

Alle attrici vengono assegnate parti che le ritraggono promiscue come il proverbiale visone. Questo è satanismo in azione. Lo scopo è quello di distruggere la morale delle giovani generazioni. Se per i loro idoli è "giusto" vivere in modo "moderno" e avere rapporti sessuali con ogni uomo che li attira, gli adolescenti sono portati a credere che anche vivere in modo "moderno" non comporti alcun peccato. I genitori e i ministri che dicono il contrario vengono bollati come sciocchi e antiquati. Coloro che dirigono il W.R.M. AT THE TOP dicono: "Il miglior rivoluzionario è un giovane assolutamente privo di morale".

La storia nascosta dimostra che il generale Albert Pike è uno di quegli uomini per i quali le Sacre Scritture ci dicono di stare attenti. In Matteo 24:24, Marco 13:22, 14:56, ecc. ci viene detto che sorgeranno falsi profeti e falsi Cristi e mostreranno segni e prodigi, per sedurre (ingannare), se fosse possibile, anche gli "eletti". Le prove documentali dimostrano che Pike non era solo un falso Cristo, ma era, prima di morire, il Sommo Sacerdote dell'ideologia luciferiana su questa terra e, come tale, controllava la Sinagoga di Satana.

Il suo piano militare prevedeva tre guerre mondiali e tre grandi rivoluzioni per portare la versione riveduta di Weishaupt dell'antica cospirazione luciferiana alla sua fase finale. Negli anni Sessanta del XIX secolo, Weishaupt afferma che il suo programma militare potrebbe richiedere cento anni o poco più per arrivare al giorno in cui coloro che dirigono la cospirazione al vertice incoroneranno il loro leader Re-Despota del mondo intero e imporranno una dittatura totalitaria luciferiana su ciò che resta della razza umana.

Quando Weishaupt organizzò gli Illuminati tra il 1776 e il 1784, per mettere in atto la sua versione riveduta e modernizzata dei Protocolli Luciferiani, lui e i suoi associati sono registrati mentre discutono se usare il cristianesimo, l'ebraismo, la massoneria o l'ateismo come mantello sotto cui nascondere i loro piani e le loro attività segrete.

Si tratta della stessa decisione che dovettero prendere i capi khazari quando partirono alla conquista dell'Europa nel 300 d.C..

Coloro che diressero l'invasione khazar nell'Europa sud-orientale decisero di imporre il talmudismo a coloro che guidavano e conquistavano, preferendolo al maomettanesimo o al cristianesimo. Perciò usarono l'antimaomettanismo e l'anticristianesimo come emozioni per servire il loro scopo malvagio.

Weishaupt e i suoi Illuminati decisero di trarre vantaggio dalle lezioni che la storia aveva impartito a questo proposito. Decisero di utilizzare tutte e quattro queste religioni per mascherare i loro scopi malvagi e promuovere i loro piani segreti e le loro ambizioni diaboliche".

Weishaupt decise che gli Illuminati si sarebbero infiltrati nella Massoneria perché si trattava di una società segreta in cui i membri potevano essere vincolati da un giuramento di non divulgare nulla di ciò che avrebbero potuto sentire o apprendere. Persino gli apprendisti, i principianti, sono tenuti a giurare: "Nel Nome del Supremo Architetto di tutto il Mondo, io... nome... non rivelerò mai i segreti, i segni, i tocchi, le parole, le dottrine o le usanze dei Liberi Muratori, e manterrò soprattutto un eterno silenzio su di essi. Prometto, e giuro su Dio, di non rivelare nulla con la penna, i segni, le parole o i gesti, e di non aver mai scritto, litografato, stampato o pubblicato nulla di ciò che mi è stato confidato finora e che potrebbe essere confidato in futuro. Mi impegno e mi sottopongo alle conseguenti punizioni se non manterrò la parola data: che mi brucino le labbra con un ferro rovente, che mi taglino la mano, il collo e mi strappino la lingua, che il mio cadavere venga impiccato in Loggia durante l'ammissione di un nuovo fratello, affinché serva da stigma della mia infedeltà e da oggetto di orrore per gli altri. Che poi venga bruciato e le ceneri gettate al vento, in modo che non rimanga traccia del ricordo del mio tradimento. Così mi aiuterà Dio e il suo Santo Vangelo. Così sia". (Pubblichiamo il giuramento solo per dimostrare che i massoni di grado inferiore credono onestamente e sinceramente di entrare nella società segreta per promuovere la causa di Dio e aiutare i loro simili, come Dio ha ordinato. Quando vengono iniziati, intendono adempiere a questo dovere in modo disinteressato e al limite delle loro capacità e risorse. La stragrande maggioranza dei massoni di 32° e 33° grado non sa, e nemmeno sospetta, che AL MOLTO IN ALTO, al di là della portata di tutti tranne che di coloro che sono stati appositamente selezionati, si trova la Sinagoga di Satana, controllata dai Sommi Sacerdoti del Credo Luciferiano.

Weishaupt era abbastanza implicito nelle sue istruzioni che le logge massoniche dovevano essere usate solo come luoghi in cui gli Illuminati potevano organizzare una società segreta all'interno di una società segreta. Egli chiarì perfettamente che lo scopo dell'infiltrazione era quello di collocare gli Illuministi in posizione tale da poter contattare uomini di alto livello sociale e di provata abilità negli affari, nelle arti, nelle professioni, nella politica, ecc. Gli Illuminati usavano poi il loro potere e la loro influenza per collocare i loro agenti in posizioni chiave a tutti i livelli della società e in tutti i campi dell'attività umana. I membri ordinari dovevano essere utilizzati solo per promuovere l'idea di un Governo Unico Mondiale e di una Religione Unica Mondiale.

I maestri dell'inganno volevano usare la filantropia massonica semplicemente per coprire il loro scopo diabolico e per dare ai loro agenti un'aria di rispettabilità. La lezione da imparare è questa: Nessun cristiano dovrebbe giurare di mantenere la segretezza se non ha piena conoscenza di ciò che il giuramento di segretezza comporta. Per promuovere le intenzioni di Dio, dobbiamo renderle note. Coloro che promuovono il luciferianesimo mantengono segreti i loro piani e il loro obiettivo.

Il seguente è il frontespizio di un libro scritto da Albert Pike.

MORALE E DOGMA DEL
RITO SCOZZESE ANTICO E ACCETTATO
della FEDERALITÀ

**Preparato per il Consiglio Supremo del
Terzo Grado per la Giurisdizione del Sud
degli Stati Uniti
E pubblicato con la sua autorità**

Sul retro del frontespizio si legge: "Registrato secondo l'Atto del Congresso, nell'anno 1871, da Albert Pike, nell'Ufficio del Bibliotecario del Congresso, a Washington, D.C. Registrato secondo l'Atto del Congresso nell'anno 1905, dal Consiglio Supremo della Giurisdizione Meridionale. A.A.S.R., U.S.A., presso l'Ufficio del Bibliotecario del Congresso, a Washington, D.C.".

Citiamo dal Capitolo XXX, Cavaliere di Kadosh; pagina 819: "I Gradi Blu non sono altro che la corte esterna o il portico del Tempio. Parte dei simboli sono mostrati all'iniziato, ma egli è intenzionalmente fuorviato da false interpretazioni. Non si vuole che egli comprenda il tempo; ma si vuole che egli immagini di comprenderli. La loro vera spiegazione è riservata agli ADEPTI, i PRINCIPI DELLA MASONERIA L'intero corpo dell'Arte Reale e Sacerdotale è stato nascosto così accuratamente, secoli fa, negli Alti Gradi, che è ancora impossibile risolvere molti degli enigmi che contengono. È sufficiente che la massa di coloro che sono chiamati Massoni imaginino che tutto sia contenuto nei GRADI AZZURRI, e i cui tentativi di disingannarli si riveleranno vani, e senza alcuna vera ricompensa violeranno i loro obblighi di Adepti. La Massoneria è una vera e propria Sfinge, sepolta fino alla testa nella sabbia accumulata dai secoli".

Il libro da cui è stato ricavato porta il nome di questo editore: LH. Jenkis, Inc., Richmond, Virginia, maggio 1920.

Il modo in cui gli Illuministi si sono infiltrati nelle Logge del Rito Scozzese sparse in tutto il mondo è illustrato al meglio raccontando la storia della vita del generale Albert Pike. Questa storia rivela come i professori che fanno parte degli Illuminati selezionino studenti eccezionalmente brillanti e li indottrinino in una forma o nell'altra di internazionalismo. Poi li usano per servire coloro che dirigono la cospirazione luciferiana. La vita di Pike illustra inoltre come coloro che dirigono il Movimento Rivoluzionario Mondiale AL TOP ottengano il controllo di ufficiali di alto rango nelle forze armate dei rispettivi Paesi. Dichiaro solennemente che fino al 1957 conoscevo solo il lato della storia della vita di Pike che lo mostrava come un grande studioso, un abile avvocato, un coraggioso soldato, un fervente cristiano e, tutto sommato, un grande patriota americano. Non ho nemmeno menzionato il suo nome in relazione al Movimento Rivoluzionario Mondiale nelle prime edizioni di *Pawns in the Game* o di *The Red Fog Over America*. La mia convinzione sul generale Albert Pike, prima del 1957, era quella di letteralmente milioni di altre persone, in particolare massoni, in ogni paese del mondo. Ma per puro caso, mentre studiavo cosa c'era dietro l'"incidente di Little Rock", ho raccolto un indizio che indicava che Albert Pike aveva vissuto una doppia vita. Le indagini hanno dimostrato che era il più grande dottor Jekyl e mister Hyde del XIX secolo. Per prima cosa fornirò al mio lettore l'immagine che avevo di Albert Pike prima del 1957.

Albert Pike, patriota americano e gentiluomo cristiano

Il generale Albert Pike nacque a Boston, nel Massachusetts, il 29 dicembre 1809. I suoi genitori si trasferirono a Newbury Mass. quando Albert aveva quattro anni. Qui crebbe. Frequentò le scuole "comuni", ma, poiché dimostrò eccezionali capacità mentali, gli furono assegnati alcuni periodi in una scuola privata e poi all'Accademia di Framingham. La sua capacità di studiare e di assorbire le conoscenze era così grande che a quindici anni iniziò a insegnare agli altri. A sedici anni superò un esame che gli permise di entrare all'Università di Harvard come matricola.

Poiché i suoi genitori non potevano permettersi di pagare le tasse universitarie, Pike insegnò a Gloucester durante le stagioni autunnali e invernali e si pagò da solo. Si qualificò per la classe junior di Harvard, ma a causa di problemi con la facoltà, lasciò l'università e tornò a casa per istruirsi. Ai genitori e agli amici disse di aver lasciato Harvard a causa di un malinteso sulle tasse scolastiche.

Al suo ritorno in patria insegnò a Fairhaven e a Newburyport. Divenne assistente del direttore.

In seguito, per un breve periodo, divenne preside della Newburyport Grammar School. Era ancora poco più che ventenne. Divenne poi preside di una scuola privata, dove rimase fino alla fine del trimestre primaverile del 1831.

All'inizio dell'estate del 1831 si staccò completamente dalla sua carriera di insegnante di successo e partì per l'ovest a piedi. Viaggiò, esplorò, commerciò e visse con gli indiani. Imparò la loro lingua e i loro costumi. La sua onestà nel trattare con loro, il suo approccio diretto nel discutere un problema o nel chiarire un malinteso, gli valsero la fiducia degli indiani. Si stabilì a Little Rock, in Arkansas, nel 1833.

Divenne redattore dell'Arkansas Gazette. Scrisse anche articoli per altre pubblicazioni, tra cui una serie di poesie per il Blackwoods Magazine di Edimburgo, in Scozia. Queste furono pubblicate da John Wilson, l'editore, nel 1838. Wilson elogiò Pike come "il poeta emergente in America, i cui inni raffinati lo autorizzano a prendere posto nel più alto ordine dei poeti del suo Paese. Il suo genio massiccio lo rende il poeta dei Titani". Pike utilizzò il denaro guadagnato grazie ai suoi sforzi di alfabetizzazione per istruirsi in legge.

Pike si arruolò volontario e servì gli Stati Uniti nella guerra con il Messico. Divenne capitano di cavalleria e prestò servizio con distinzione partecipando alla battaglia di Buena Vista. In seguito prese quarantuno uomini e cavalcò da Saltillo a Chihuahua, una distanza di cinquecento miglia, attraverso un territorio infestato da banditi e soldati fuggitivi degli eserciti sconfitti di Santa Anna. La città di Mapini gli si arrese durante il viaggio di andata.

Nel 1840, Pike costruì a Little Rock un'imponente villa di tredici stanze. Nel 1851 trasferì la sua attività di avvocato a New Orleans, dove esercitò davanti alla Corte Suprema degli Stati Uniti. Tornò a Little Rock nel 1857 e vi visse fino allo scoppio della Guerra Civile. Fu nominato generale di brigata nell'esercito confederato e commissario per la negoziazione dei trattati con gli indiani, di cui in seguito portò avanti le rivendicazioni contro il governo degli Stati Uniti.

Dopo la guerra risiedette per diversi anni a Memphis, nel Tennessee, per poi trasferirsi a Washington intorno al 1869, dove risiedette per il resto della sua vita. Morì il 2 aprile 1891.

L'avanzamento di Pike nella Massoneria fu davvero straordinario. Secondo la figlia, signora Liliana Pike Broom, suo padre fu iniziato nella Loggia Western Star di Little Rock, Arkansas, nel 1850, all'età di 41 anni. Divenne Maestro Venerabile nel luglio dello stesso anno.

È stato membro fondatore della Loggia Magnolia n. 60, Little Rock, di cui è stato Maestro Venerabile ad vitam nel 1853. In precedenza era stato "Esaltato nel Capitolo Union No.2 RZ.M., Little Rock, e aveva creato la Loggia Knight Templar No. 1 a Washington, 17.C. Fu anche eletto Gran Sommo Sacerdote del Gran Capitolo dell'Arkansas nel 1853.

Nel 1858 ha ricevuto dal fratello Theodore Satan. Parvin, del Connecticut, il grado dal 4° al 32° incluso del Rito Scozzese Antico e Accettato, il 20 marzo 1853. Il 25 aprile 1857 fu incoronato Ispettore Generale Onorario e incoronato Membro Attivo del Consiglio Supremo, Giurisdizione Sud, il 20 marzo 1858 a Charleston, Carolina del Sud. Quando il fratello John Honour si dimise da Gran Comandante, Albert Pike fu eletto M.P. Sovrano Gran Comandante del Supremo Consiglio per la Giurisdizione del Sud degli Stati Uniti, il 2 gennaio 1859. In seguito divenne Sovrano Pontefice della Massoneria Universale. Questo è il curriculum pubblico di Pike, che giustifica il fatto che gli americani guardino a lui come a un esempio di vero americanismo.

Ma che dire del suo curriculum segreto?

È stato mentre indagavo sull'incidente dell'integrazione di Little Rock, nel 1957, che ho appreso per la prima volta della rapida avanzata di Pike nella Massoneria e, sapendo che Weishaupt, utilizzando Thomas Jefferson e Moses Holbrook, aveva infiltrato degli Illuministi nelle Logge massoniche d'America, ho deciso di scoprire se il fatto che la villa di Pike a Little Rock avesse tredici stanze avesse un qualche significato. Il "tredici" occupa un posto di rilievo nei rituali, nei codici e negli scritti satanici, luciferiani e cabalistici, ecc.

Le mie indagini hanno prodotto prove documentali che dimostrano come, a causa delle eccezionali capacità mentali di Pike, egli sia stato notato da professori di Harvard che erano membri degli Illuminati, i quali svilupparono nella sua mente l'"idea che un Governo Unico Mondiale, una Religione Unica Mondiale e un sistema finanziario ed economico Unico Mondiale fossero l'UNICA soluzione ai numerosi e variegati problemi del mondo".

Ho poi scoperto che la sua partenza da Harvard non fu dovuta alla mancanza di fondi o a un'incomprensione con la facoltà per le tasse universitarie, ma alle sue idee e ai suoi insegnamenti "radicali".

Quando tornò a casa deciso a "lottare" per raggiungere la vetta nonostante tutte le opposizioni, era in uno stato d'animo adatto per essere reclutato come "Minerval" o "apprendista" nei gradi inferiori degli Illuminati.

Scoprii che coloro che dirigevano segretamente la cospirazione luciferiana in America decisero di utilizzare le capacità mentali di Pike, le sue qualità di insegnante e la sua abilità nel padroneggiare le lingue, per portare avanti i loro piani segreti. Misero alla prova il suo coraggio fisico e la sua intraprendenza mandandolo tra gli indiani a guadagnarsi da vivere usando il cervello e imparando la loro lingua e i loro costumi. Come coloro che stavano fomentando la guerra civile americana, potevano usare Pike e i suoi legami con gli indiani quando ritenevano che i tempi fossero maturi per lo scoppio delle ostilità.

Pike uscì da questa prova a pieni voti e a pieni voti. Gli fu poi richiesto di acquisire esperienza militare attraverso un periodo di servizio attivo. Questo è un principio inalterato, che deve essere rispettato da ogni uomo che desideri avanzare in una posizione di leadership nel Movimento rivoluzionario mondiale. Migliaia di cittadini americani, migliaia di cittadini britannici e oltre duemila canadesi si unirono alla Brigata Internazionale del Maggiore Attlee e combatterono nella guerra civile spagnola del 1926-1929, al fine di ottenere l'esperienza militare necessaria a un comunista per qualificarsi come leader del Movimento rivoluzionario mondiale. La guerra messicana fornì a Pike proprio l'opportunità di cui aveva bisogno.

Avendo dimostrato di essere un uomo di eccezionale capacità, coraggio personale e leadership, nel 1850 Pike fu infiltrato nei Riti scozzesi della

Massoneria. Si distinse nuovamente e conquistò la fiducia e il rispetto dei membri.

Gli archivi di Washington gettano una luce inaspettata sui legami di Pike con gli indiani durante la Guerra Civile. Indiani durante la Guerra Civile. Questi documenti dimostrano che egli comandò dapprima un reggimento e poi una brigata di truppe indiane, C.S.A. Si scopre anche che le truppe indiane di Pike erano state sciolte per ordine del presidente Jefferson Davis a causa delle atrocità che avevano commesso con la scusa di condurre una guerra legittima.

Le indagini sulle frequentazioni di Pike mentre era ad Harvard e insegnava in una scuola privata, hanno dimostrato che aveva fatto conoscenza con uomini che erano membri degli Illuminati, uomini che erano collegati a Moses Holbrook, Clinton Roosevelt, Danna, Greeley, ecc. Ci sono prove che indicano che dopo il 1840 il palazzo di tredici stanze di Pike fu usato come sede segreta di coloro che costituivano la Sinagoga di Satana, e che tra quelle mura praticavano l'occultismo ed eseguivano rituali satanici, basati sul cabalismo, come usato da Moses Mendelssohn quando condusse le iniziazioni ai gradi superiori degli Illuminati di Weishaupt a Frankfort, in Germania, prima del 1784.

Un'ulteriore luce su questa fase della vita segreta di Pike è stata gettata quando le ricerche hanno rivelato che, dopo che Pike rinunciò a vivere nella sua villa di Little Rock, questa fu occupata da John Gould Fletcher, che praticava anch'egli lo spiritismo e l'occultismo. Egli vinse il Premio Pulitzer per il suo poema scritto sulla villa di Pike intitolato "I fantasmi di una vecchia casa". Si può supporre che in questi versi ci sia molto più di verità che di poesia, perché in seguito sono state trovate prove che dimostrano che Pike conduceva sedute spiritiche a St. Louis e in altri luoghi del mondo.

Si scoprì poi che Pike era stato intimamente legato a Guiseppe Mazzini a partire dal 1834 e lo rimase fino alla sua morte nel 1872. Mazzini era stato inviato in America per assistere Thomas Jefferson nel gettare le basi del ruolo che Weishaupt intendeva far svolgere all'America nelle fasi semi-finali della cospirazione.

La ricerca sugli scritti dei soci di Mazzini in Francia e in Italia ha dimostrato che Pike ha scalato i gradini della scala dell'Illuminismo con la stessa rapidità con cui era avanzato nella Massoneria.

Moses Holbrook era il capo segreto della Sinagoga di Satana in America nella prima metà del XIX secolo. Utilizzava i Riti Cabalistici insegnati da Moses Mendelssohn per l'iniziazione di candidati appositamente selezionati al Satanismo, come praticato nei gradi superiori della Massoneria del Grande Oriente in Francia e in Italia rispettivamente da Cremieux e Mazzini. Gli insegnamenti talmudici cabalistici, cioè il satanismo, furono sostituiti ai "Libri di Mosè" durante il periodo in cui gli "Ebrei" (cosiddetti) erano prigionieri a Babilonia.

Poiché alcuni dei Padri fondatori dell'America erano apertamente antisemiti, e poiché il modo in cui l'Illuminismo era stato smascherato si era infiltrato nella Massoneria americana, e poiché coloro che dirigevano le attività degli Illuminati erano per lo più uomini che si definivano ebrei, anche se non lo erano, e mentivano sulla questione, Pike decise che avrebbe "fatto finta" di ripulire l'Ebraismo dal controllo in America per quanto riguardava la Massoneria. Dimostreremo più avanti che l'uso della parola "far finta" è giustificato. Decise anche che, poiché gli Illuminati stavano diventando sospetti nel dirigere il W.R.M., avrebbe riorganizzato il Palladismo e istituito consigli in tutto il mondo, per prendere il posto delle Logge del Grande Oriente e degli Illuminati. In altre parole, Pike decise di creare un altro "fronte" per dare un nuovo volto alla Sinagoga di Satana, che dirige al vertice il W.R.M.. Era determinato a depistare gli storici e i ricercatori dall'odore che puzzava di bruciato dopo l'assassinio del Capitano Morgan.

Il RITUALE DI MOSES MENDELSSOHN PER I GRADI SUPERIORI DEI GRANDI MASONI ORIENTALI era noto come "La Messa Nera". Le sue parole e le sue cerimonie esprimevano un odio acerrimo nei confronti di Cristo e del cristianesimo.

Pike suggerì a Moses Holbrook che sarebbe stata una buona idea rivedere e modernizzare la cerimonia della "Messa Nera" in modo che non apparisse così talmudica. Holbrook accettò e lavorò con Pike a un nuovo rituale.

Holbrook morì prima di completare l'opera e Pike la portò a termine da solo. Chiamò il nuovo cerimoniale "La Messa Adonaicida", che significa "La Morte di Dio". È sulla dottrina di Pike che Nietzsche, in Germania, basò le sue idee e le sue teorie per ottenere la "Morte di Dio", in modo che Lucifero potesse regnare in pace e sicurezza. Queste teorie sono note come Nietzscheismo.

Abbiamo fatto riferimento agli scritti di Domenico Margiotta in molte occasioni quando abbiamo trattato del modo in cui gli Illuminati si sono infiltrati nella Massoneria, perché Margiotta era un massone di 33° grado prima di secedere. Ha abbandonato la Massoneria solo dopo essere stato selezionato da per l'iniziazione ai gradi superiori della Massoneria del Grande Oriente e/o del Rito Palladiano Nuovo e Riformato. Come motivo per rifiutare l'iniziazione, egli afferma che lo studio della vita di coloro che volevano iniziarlo lo convinse che erano satanisti. Abbiamo la parola di Margiottas che il Gran Maestro Pike ristabilì la supremazia del suo consiglio supremo e riuscì gradualmente a diventare un importante personaggio massonico e il vero capo del Rito Scozzese.

Come massone di 33° grado e Sovrano Pontefice della Massoneria Universale, Pike viaggiò per il mondo. Le biblioteche massoniche rivelano che fu Gran Commendatore Onorario dei Supremi Consigli di Brasile (Unito), Egitto, Tunisi, Francia, Belgio, Italia, Spagna, Inghilterra, Galles, Irlanda, Scozia, Grecia, Ungheria, Neuva Grande, Canada, Colon, Perù, Messico, Uruguay e Oceania. Ma ciò che le biblioteche massoniche non rivelano è il fatto che, mentre fingeva di essere in viaggio per affari riguardanti il Rito Scozzese, Pike stava in realtà istituendo ventisei consigli del Rito Palladiano Nuovo e Riformato, che sovrappose alla Massoneria del Grande Oriente. I massoni del Grande Oriente adorano Satana come principe di questo mondo. Satana è il loro Dio.

Il Palladismo riconosceva Satana come "Principe di questo mondo". Ma, secondo la dottrina luciferiana esposta da Pike, Lucifero è Dio, l'uguale di Adonay, e governa su tutta quella parte dell'Universo non inclusa nella parte di Adonay che noi chiamiamo Paradiso. Pike affermava che il satanismo deve essere tollerato tra i "membri imperfetti". I membri imperfetti sono tutti i membri delle Logge e dei Consigli del Grande Oriente del Rito Palladiano Nuovo e Riformato che non sono stati iniziati all'ultimo grado e messi a conoscenza del PIENO SEGRETO.

I membri perfetti sono in numero estremamente ridotto. Ma Pike insisteva sul fatto che coloro che venivano selezionati per l'iniziazione al SEGRETO COMPLETO accettassero Lucifero come loro Dio e lo adorassero come Dio della Bontà e Dio della Luce, da cui hanno origine tutta la conoscenza e l'intelligenza. Pike stesso e il rituale della Messa

Adonaicida condannano specificamente l'avversario di Lucifero come Adonay, il Dio di tutto il male e il Dio delle tenebre.

Dom Paul Benoit ha fatto uno studio speciale del Rito Palladiano Nuovo e Riformato di Pike e a pagina 456 del Vol. I del suo libro, La France Maçonnerie, dice: "Nel ricevimento degli Eletti del Rito Palladiano Riformato, a coloro che devono essere iniziati viene insegnato a punire il traditore Gesù Cristo e a uccidere Adonay (Adonai), il Dio della Bibbia, (e Padre di Gesù Cristo), attraverso il potere del proprio male, fatto prima dal Maestro e poi dall'iniziato, trafiggendo l'Ostia con un pugnale, in mezzo a orribili bestemmie, dopo essersi assicurati che essa (l'Ostia) è un'Ostia consacrata." Dom Benoit dice anche che nel 1894, 800 ostie consacrate furono rubate da una chiesa di Parigi per essere utilizzate dai 'settari' per i loro abominevoli misteri, e che la verità di questa affermazione è stata verificata.

Mi rendo conto di quanto sia difficile per la persona mediamente rispettabile, indipendentemente dalla razza, dal colore o dal credo, rendersi conto che il satanismo è effettivamente praticato e che la Sinagoga di Satana è controllata AL MASSIMO da esseri umani che sono i Sommi Sacerdoti del Credo Luciferiano e che tramano per schiavizzare ciò che resta della razza umana, dopo la fine del cataclisma sociale finale. Pertanto, citerò le parole dello stesso Pike come registrate da Arthur Preuss alle pagine 157-8 del Vol. I "A Study in American Freemasonry". "Mentre Pike stava spiegando PERCHÉ coloro che dirigono il W.R.M. AL TOP intendevano usare il comunismo internazionale come LORO manuale di azione distruttiva, Preuss lo cita dicendo:

> "Esiste un ateismo puramente informale, che è la negazione di Dio in termini, ma non in realtà. Un uomo dice: 'Non c'è Dio', cioè non c'è un Dio che ha origine in se stesso, che è mai stato originato, ma un Dio che è sempre stato ed è stato, che è la causa dell'esistenza, che è la MENTE e la PROVVIDENZA dell'Universo, e quindi l'ORDINE, la BELLEZZA e l'ARMONIA del mondo della materia e della mente non indicano alcun piano o intenzione della Divinità. Ma la Natura che è potente, saggia, attiva e buona; la Natura ha avuto origine in se stessa, o forse è sempre stata la causa della sua stessa esistenza, la mente dell'Universo e la sua stessa Provvidenza. È chiaro che c'è un piano e uno scopo da cui procedono l'ordine, la bellezza e l'armonia. Ma questo è il piano e lo scopo della Natura. In queste cose la negazione assoluta di Dio è solo formale e non

reale. Le qualità di Dio sono riconosciute e affermano la SUA esistenza; è un semplice cambiamento di nome chiamare il possessore di queste qualità Natura e non Dio".

La parola Natura, usata da Pike, significa "La somma totale dell'esistenza", esattamente come la parola "Universo" indica la totalità di tutto ciò che si trova all'interno e all'esterno dello spazio, compreso tutto ciò che si trova su questa terra.

Pike ha anche affermato che il comunismo ateo sarà solo "*una fase passeggera nella rivoluzione generale*" e, come si legge su, Pike disse a Mazzini esattamente come il comunismo e il cristianesimo avrebbero dovuto distruggersi a vicenda in una guerra totale, per portare la cospirazione luciferiana alla sua fase finale.

È solo quando si scava in profondità e si guarda dietro il sipario della vita di Pike che ci si rende conto che quando parlava di Dio e/o della Natura in realtà intendeva Lucifero.

Abbiamo detto che Thomas Jefferson divenne un membro degli Illuminati di Weishaupt. A prescindere da ciò che gli americani sono stati educati a credere su Thomas Jefferson come cristiano e patriota, resta il fatto che egli ebbe un ruolo di primo piano nella realizzazione del piano di Weishaupt che prevedeva la separazione dell'America dall'Impero britannico. Perciò fu un traditore della sua Madrepatria. Divenne un traditore perché l'Illuminismo lo aveva convinto che SOLO un Governo Unico Mondiale, gestito da uomini di cervello, avrebbe potuto risolvere i problemi del mondo e porre fine a guerre e rivoluzioni. Si sentiva giustificato a contribuire alla distruzione della Gran Bretagna e del suo Impero nell'interesse della pace mondiale.

Esattamente gli stessi principi e sentimenti spinsero il Presidente ED. Roosevelt disse a Winston Churchill, primo ministro britannico, quando si incontrarono su una nave da guerra americana ad Agentia Bay, Terranova, nell'estate del 1942, per discutere dell'Organizzazione del Trattato dell'Atlantico del Nord (NATO): "È tempo che l'Impero britannico venga sciolto nell'interesse della pace mondiale". Pochi sembrano rendersi conto che la NATO è stata organizzata in modo che coloro che dirigono il W.R.M. al vertice potessero "contenere" la terribile forza distruttiva del comunismo, che avevano creato secondo il piano di Pike, fino a quando avrebbero voluto usarla per inaugurare la fase finale della cospirazione luciferiana.

Un lapsus può passare inosservato a milioni di persone, ma per uno storico può rivelare molto. All'inizio della Seconda Guerra Mondiale Winston Churchill fece uno dei suoi discorsi più famosi dopo aver cenato bene, se non troppo saggiamente. Un vecchio detto dice: "Quando il liquore è dentro la verità viene fuori". In questa particolare occasione Churchill disse: "Stringerò la mano al Diavolo in persona se così facendo mi aiuterà a sconfiggere quel... Hitler". Se Churchill fosse stato una persona amante e timorata di Dio, sarebbe stato naturale che avesse pronunciato il nome di Dio e non quello di Lucifero.

Esattamente la stessa linea di ragionamento spiega molte delle azioni politiche di Mackenzie King durante il quarto di secolo in cui fu Primo Ministro del Canada: Fu indottrinato all'internazionalismo mentre frequentava l'università. Il suo curriculum da giovane è molto simile a quello di Pike. Era apertamente un radicale e un vero discendente del nonno ribelle. Quando era all'Università di Toronto era talmente spietato e senza scrupoli che la stragrande maggioranza dei suoi compagni di corso lo detestava. Ma una volta venduta l'anima ai Rockefeller, diresse le politiche del governo canadese in modo che si adattassero al piano luciferiano di creare un Governo Unico Mondiale. E le masse... i Goyim... hanno subito un lavaggio del cervello così completo da parte della macchina della propaganda luciferiana che il popolo canadese ha continuato a rieleggerlo Primo Ministro, nonostante il suo tradimento nei confronti della Gran Bretagna e del resto del suo Commonwealth (Impero) fosse stato provato fino in fondo nelle lettere che scrisse all'inizio della prima guerra mondiale a importanti americani amici dei Rockefeller, o obbligati a loro per favori finanziari, e chiedeva loro di usare la loro influenza sul governo americano in modo da negare aiuti finanziari e di altro tipo alla Gran Bretagna e alla Francia, "prolungando così la guerra e indebolendo seriamente l'Impero britannico"." Il controllo che il S.O.S. ha sulla cosiddetta STAMPA LIBERA E INDIPENDENTE è tale che, anche come giornalista professionista e autore di molti libri, non sono riuscito a far conoscere al pubblico la verità su Mackenzie King, il suo tradimento e il suo occultismo fino a quando, nel 1955, non ho pubblicato privatamente *Red Fog Over America*.

Fu Thomas Jefferson a far incidere segretamente il simbolo degli Illuminati sul retro del Grande Sigillo d'America. Era sua intenzione che la sua presenza rimanesse segreta fino a quando l'America non si sarebbe disintegrata a causa di problemi e lotte interne, cadendo nelle mani di coloro che dirigono il W.R.M. AL TOP, come un frutto troppo maturo, e introducendo il "Nuovo Ordine". Abbiamo spiegato che le parole "Nuovo Ordine" sono un doppio senso per "dittatura luciferiana" e vengono usate per ingannare il pubblico in generale e fargli accettare l'"IDEA" di un Governo Unico Mondiale. ED. Roosevelt era così sicuro di introdurre il "Nuovo Ordine" che iniziò il suo regno presidenziale introducendo il suo "New Deal", che era una versione di dittatura destinata a svilupparsi in totalitarismo non appena i tempi fossero stati maturi. Egli (Roosevelt) era così sicuro che sarebbe stato il primo Re-Despota del mondo intero che tirò fuori dalla naftalina il simbolo degli Illuminati, lo stemma satanico, e lo utilizzò sul retro delle banconote del dollaro americano. In questo modo assicurò a tutti gli "addetti ai lavori" che la cospirazione luciferiana stava per entrare nella fase finale. Il fatto che Stalin abbia fatto il doppio gioco dopo Yalta è l'unica cosa che ha impedito ai suoi sogni di realizzarsi. Invece di diventare il primo Re-Despota, divenne pazzo. Il motivo per cui al pubblico non fu permesso di vedere il suo volto prima che il suo corpo fosse sepolto fu, mi dicono le autorità, perché non c'era alcun volto da vedere. Si dice che abbia posto fine al suo odio contro Stalin, alle sue delusioni e alla sua infelicità mentale e spirituale, con un colpo di pistola.

Quando abbiamo rivelato la verità che il simbolo degli Illuminati si trovava sul retro delle banconote da un dollaro degli Stati Uniti, ciò ha causato costernazione tra coloro che dirigono il W.R.M. AL TOP Hanno immediatamente incaricato alcuni dei migliori scrittori di Hollywood di interpretare i simboli come se avessero un grande significato patriottico. Se questo tentativo di "uccidere" la verità fosse corretto, allora perché il fatto che il simbolo si trovasse sul retro del Grande Sigillo è stato tenuto così segreto dai tempi di Jefferson a quelli di Roosevelt?

Il potere, l'astuzia e l'inganno di coloro che servono la S.O.S. possono essere meglio compresi se si spiega che, secondo l'interpretazione che Weishaupt diede del simbolo, la piramide rappresenta il complotto per la distruzione della cristianità. Per ingannare i nemici della Chiesa cattolica romana e far loro credere che non fossero anch'essi destinati alla distruzione, gli agenti dell'organizzazione di Weishaupt fecero credere che il loro odio fosse solo contro il cattolicesimo e non contro Cristo e il cristianesimo in generale. Tale è il potere e l'influenza del S.O.S. che ha fatto sì che i sacerdoti che dirigono i dipartimenti giovanili dell'Azione Cattolica pubblicassero la versione degli scrittori hollywoodiani del significato del simbolo, pubblicandola in lungo e in largo ed esortando i cattolici ad accettare la versione di "Satana" come versione, nonostante i fatti e i documenti storici che smascherano la versione hollywoodiana come una deliberata menzogna. Quando la verità fu spiegata ai sacerdoti responsabili, essi non poterono fare nulla per correggere il loro errore perché avevano agito per ordine di un'autorità superiore.

Ciò indica che i S.O.S. hanno il loro agente all'interno della gerarchia del cattolicesimo romano, proprio come hanno avuto Giuda tra gli stessi apostoli di Cristo.

Per molti anni ho saputo che gli uomini che hanno diretto il W.R.M. AI MASSIMI LIVELLI, hanno usato il gioco degli scacchi per simboleggiare la loro marcia di "progresso pacifico" verso il dominio finale del mondo. Nel loro gioco degli scacchi un giocatore rappresenta Dio, l'altro il Diavolo, Lucifero. Le pedine rappresentano le masse o Goyim. Gli Dei sacrificano il numero di pedoni necessario per poter uccidere i cavalieri, gli alfieri, i castelli e le regine e dare scacco matto all'uno o all'altro Re. Poiché sapevo che gli scacchi simboleggiavano la lotta per la creazione di un governo unico mondiale sotto un dittatore totalitario, intitolai uno dei miei libri *Pedine in gioco* e un altro, che trattava del nazismo, *Scacco al Nord* (pubblicato da Macmillan nel 1944). Ma solo nel novembre 1958, mentre scrivevo questo capitolo di questo libro, ho appreso per caso, o per "un atto di Dio", che Albert Pike possedeva un rarissimo set di scacchi copiati dagli originali.

Parte degli scacchi appartenenti al suo set furono portati via da casa sua quando un distaccamento del Secondo Cavalleggeri del Kansas fece irruzione a Little Rock nell'estate del 1863. Quando i razziatori distribuirono il loro bottino, gli scacchi di Pike finirono nelle mani del Capitano E.S. Stover, della Compagnia "B". Dopo la guerra, si trasferì nel Nuovo Messico e divenne Gran Maestro della Gran Loggia dei Massoni di Rito Scozzese. Nel 1915, quando Stover aveva più di 80 anni, fece collocare gli scacchi di Pike, insieme ad altre reliquie di Pike, nella Biblioteca del Consiglio Supremo Poi, da una fonte completamente diversa, ho ricevuto una copia di Authentic History of the Ku Klux Klan (1865-1877) di Susan Lawrence Davis, pubblicata dall'American Library Service, New York, 1924. L'autrice fornisce un resoconto dettagliato del generale Albert Pike e di tutte le sue attività che il grande pubblico è destinato a conoscere.

Ma il vecchio detto: "L'omicidio si farà" si applica alla cospirazione luciferiana (omicidio di massa), così come all'omicidio individuale. Susan Davis ha menzionato per caso che gli scacchi appartenuti a Pike erano identici a quelli con cui aveva giocato con il generale Forrest quando era bambina. Susan Davis racconta che lei e il generale Forrest giocavano a un gioco che lui chiamava "Make Believe". Queste sono le stesse parole che Weishaupt usava quando diceva agli Illuministi come dovevano agire.

Questa informazione non avrebbe alcun significato per il Movimento Rivoluzionario Mondiale, se non fosse che il Generale Forrest ha dato origine e organizzato il Klu Klux Klan e che, in occasione di una convention del KKK tenutasi a Nashville, Tennessee, U.S.A., Forrest ha nominato Pike, che aveva organizzato il KKK in Arkansas, "Gran Drago" del "Regno". Pike fu anche nominato "Ufficiale giudiziario capo dell'Impero invisibile". Fu Pike a consigliare ai leader del KKK di memorizzare il loro rituale segreto e di tramandarlo di leader in leader, in modo che una copia non cadesse mai in mani ostili. Il generale Pike nominò Henry Fielding ed Eppie Fielding di Fayetteville, Arkansas, per assisterlo nell'organizzazione dei "Dens" in Arkansas. I Fielding erano stati membri originari del Klan di Athens, in Alabama, fino al loro trasferimento in Arkansas nel 1867.

La storia, così come viene generalmente insegnata nelle scuole e nei college americani, non dà molta importanza al fatto che le lotte politiche, religiose e razziali che oggi dilagano in Arkansas e in altri Stati del Sud, non sono altro che una ripetizione di ciò che accadde in Arkansas durante i giorni bui della ricostruzione dopo la Guerra Civile. Il generale Albert Pike era "il potere segreto" che dirigeva ciò che accadeva da dietro le quinte in Arkansas, come dimostra quanto pubblicato a pagina 277 *della Storia autentica del Klu Klux Klan*.

Poche persone con cui ho discusso di questo argomento sembrano essere a conoscenza del fatto che l'Arkansas aveva DUE governi nel 1872 e che prevaleva una grande agitazione. L'opinione pubblica era talmente contraria a ciò che Washington stava facendo da minacciare la guerra civile; finché Albert Pike convocò una riunione di massa. Con effetto drammatico, Pike srotolò le Stelle e le Strisce e, con grande eloquenza, si appellò alla gente riunita nell'edificio del Campidoglio affinché fosse paziente: "E segua questa bandiera finché il Klu Klux Klan non riuscirà a riscattare lo Stato". Promise che si sarebbe recato personalmente a Washington per intercedere in loro favore. Promessa che mantenne.

Alla luce degli eventi storici successivi al 1872, Pike fece ciò che fece perché sapeva che i tempi per il cataclisma sociale finale non sarebbero stati maturi prima di quasi cento anni. Questa dichiarazione e questo avvertimento furono scritti nelle conferenze tenute ai membri dei consigli del suo Rito Palladiano tra il 1885 e il 1901. Ho avuto il "piacere" di incontrare gli attuali leader del KKK. Ho anche avuto il "privilegio" di rivolgermi ad alcuni di loro, che mi hanno ascoltato con attenzione mentre spiegavo come coloro che dirigevano il Movimento Rivoluzionario Mondiale progettavano di far disintegrare gli Stati Uniti nelle fasi finali della cospirazione come risultato di una guerra civile, combinata con una rivoluzione comunista. Dissi loro come era stato pianificato di schierare gli ebrei contro i gentili, la gente di colore contro i bianchi, gli atei contro i cristiani, ecc., citando la lettera che Pike indirizzò a Mazzini il 15 agosto 1871, per dimostrare che ciò che avevo detto era la verità, spiegando che le leggi sull'integrazione erano state approvate per contribuire a questa divisione. Sottolineai come, in ogni stato a sud della linea Mason-Dixon, uomini e donne fossero apparsi dal nulla e si fossero fatti immediatamente strada in posizioni da cui potevano esercitare una grande influenza sui gruppi contrapposti. Feci notare che questi parvenu sembravano sempre avere a disposizione somme di denaro illimitate e che potevano sempre trovare un accordo per procurarsi armi e munizioni. Dissi loro senza mezzi termini che questi agenti erano agenti degli Illuminati e che il loro scopo era quello di far sì che le tensioni si sviluppassero in lotte e spargimenti di sangue.

La sera in cui mi sono rivolto a un gruppo di leader, la tensione era alta come il filo di un pianoforte, a causa del fatto che i funzionari del governo federale avevano annunciato che un nuovo progetto edilizio in una zona bianca della comunità sarebbe stato integrato. Il mio pubblico aveva annunciato che avrebbe impedito l'integrazione con la forza armata, se necessario. Mi chiesero a bruciapelo: "Cosa ti aspetti che facciamo, che accettiamo l'integrazione senza lottare?".

Ho risposto con un'altra domanda. Ho chiesto: "Quante persone bianche e di colore ci sono in questa comunità che vogliono davvero sgozzarsi a vicenda e commettere atrocità?". C'è stato silenzio. Feci notare che chi controllava le forze armate degli Stati Uniti aveva paracadutisti in posizioni strategiche in tutto il Paese e aerei pronti a portarli ovunque fosse necessario. Era notte fonda e potevo sentire il ticchettio di un orologio vecchio stile. Nel modo più gentile possibile, dissi: "Dubito che ci siano cinque uomini bianchi o di colore che vogliano davvero coinvolgere l'intera comunità negli orrori della guerra civile. L'ora è tarda, letteralmente, in più di un senso.

Perché voi leader della parte bianca della popolazione non andate subito a trovare i leader della gente di colore?

Dite loro che non volete la guerra e lo spargimento di sangue più di quanto lo vogliano loro. Chiedete loro, per il bene di tutti, di dire alle poche persone di colore che i cospiratori intendono usare come pedine in questo esperimento, che se si lasciano usare in questo modo, i negri che non vogliono problemi con i bianchi faranno fuori quelli che li vogliono. Dite loro di non permettere ai negri di trasferirsi nelle aree segregate".

All'alba i leader bianchi si incontrarono con i leader negri. Hanno accettato di fare ciò che avevo richiesto. Nessuna persona di colore entrò nella sezione segregata. Non scoppiarono problemi. Due sere dopo, incontrai alcuni dei leader di e dissi loro di fare attenzione a coloro che non erano d'accordo con l'azione che avevano intrapreso, perché quelli sarebbero stati i provocatori degli Illuminati.

Gli agenti degli Illuminati non mentono timidamente o solo per un po'. Mentono sfacciatamente e continuamente, come il diavolo. Sanno che se riescono a ingannare le masse per farli entrare in carica, dopo possono fare l'esatto contrario di tutte le promesse. Come disse Voltaire: "Non ha importanza".

Così abbiamo Jefferson che porta la palla agli Illuminati dal punto di vista politico nel 1786, mentre Moses Holbrook si occupa della fine dogmatica della cospirazione luciferiana nelle Americhe verso la fine del XVIII e l'inizio del XIX secolo.

Da allora i candidati presidenziali sono stati selezionati ed eletti da coloro che dirigono la cospirazione AL TOP Le masse sono state indotte a pensare di eleggere gli uomini di loro scelta, ma in realtà, come intendeva Weishaupt, viene data loro la "scelta di Hobson". Qualcosa potrebbe illustrare questa verità più chiaramente delle ultime elezioni presidenziali e dell'ultima lotta elettorale tra Harriman e Rockefeller per il governatorato di New York? Se un presidente o un altro politico di alto livello entra in carica inaspettatamente, viene messo a tacere in un modo o nell'altro. I presidenti che non si prestano al controllo degli agenti degli Illuminati vengono assassinati. I senatori che non collaborano vengono ricattati, infangati o liquidati. Ci sono centinaia di casi che illustrano esattamente ciò che intendo. Lincoln, Kennedy, Forrestal e McCarthy sono solo esempi tipici in America. Lord Kitchener, Chamberlain e l'ammiraglio Sir Barry Domvile erano esempi tipici in Inghilterra. I recenti omicidi in Iraq fanno tutti parte della stessa spietata e diabolica cospirazione per distruggere TUTTI i governi e le religioni e per realizzare un Governo Unico Mondiale, i cui poteri i Sommi Sacerdoti dell'ideologia luciferiana intendono usurpare.

I protocolli della sinagoga di Satana

Per molti anni ho sostenuto che, sebbene le informazioni contenute nei cosiddetti *Protocolli dei dotti anziani di Sion* contengano la verifica dell'esistenza di una cospirazione per distruggere TUTTI i governi e le religioni rimanenti (come esposto dal professor John Robison nel 1797), forniscano un resoconto di come il piano sia progredito da allora e raccontino ciò che resta da fare per consentire a coloro che dirigono la cospirazione AL TOP di raggiungere il loro obiettivo finale, che è il dominio assoluto del mondo, continuo a sostenere che i Protocolli (i piani originali) siano. non sono quelli dei dotti anziani di Sion. So che "rimanere fedele alle mie idee" su questo argomento sarà una spada a doppio taglio che i nemici di Dio useranno per screditare ciò che ho scritto. Una lama di questa spada sarà usata dagli antisemiti, che mi accuseranno di avere simpatie comuniste, l'altra lama sarà usata dai satanisti per cercare di convincere coloro che vorrebbero leggere le mie opere che sono semita. E così sia. Dirò la verità come la vedo io.

A voi, miei lettori, spiegherò come ho raggiunto l'opinione che i Protocolli non sono, ripeto, non sono, quelli degli Anziani di Sion, ma quelli della Sinagoga di Satana, che è una questione molto diversa. Uno o più Anziani di Sion possono essere satanisti - probabilmente lo sono - ma questo non prova che i Protocolli siano un complotto ebraico volto a ottenere il dominio del mondo. Il fatto che Giuda fosse un traditore non prova che tutti gli ebrei siano traditori. Il fatto che alcuni ebrei abbiano fatto e facciano parte della Sinagoga di Satana e di movimenti rivoluzionari e sovversivi non li rende una razza a parte. La Sinagoga di Satana ha sempre contenuto, fin dall'inizio dell'ebraismo, i cosiddetti ebrei (khazari), così come i gentili.

Dal settembre 1914, ho goduto dell'amicizia di un uomo che è uno dei più grandi studiosi e ufficiali di intelligence della Gran Bretagna. È uno dei migliori linguisti del mondo. Ha svolto lavori post-laurea e di ricerca in scienze geopolitiche, economia, religioni comparate, ecc. nella maggior parte delle vecchie università del mondo. è stato decorato dal governo britannico e dalla maggior parte dei suoi alleati, compresi gli Stati Uniti in entrambe le guerre mondiali, per i servizi speciali resi in modo efficiente. Quando scoppiò la Seconda Guerra Mondiale, tutte queste onorificenze si rivelarono piuttosto imbarazzanti, perché quando lui ed io riprendemmo il servizio navale nel 1939, egli dovette "usurpare" dalla sua uniforme i nastri delle medaglie conferitegli dalle nazioni con cui eravamo alleati nella Prima Guerra Mondiale. Molte di esse erano ora nostre nemiche.

Il servizio speciale ha portato il mio amico in tutto il mondo e lo ha coinvolto in intrighi politici. Ha studiato a fondo i "Protocolli" poco dopo che Nilus li ha pubblicati per la prima volta con il titolo "Il pericolo ebraico", in Russia nel 1905.

In servizio in Russia come ufficiale dei servizi segreti sia prima della Prima Guerra Mondiale che durante la Rivoluzione russa, i menscevichi e successivamente i bolscevichi offrirono una ricompensa più alta per la sua cattura, da vivo o da morto, che per qualsiasi altro agente straniero negli anni dal 1916 al 1918. Mia moglie e io abbiamo trascorso la nostra luna di miele ritardata con il mio amico e sua moglie, una donna russa che lui aveva sposato e aiutato a fuggire dalla Russia all'inizio del 1918. La sua capacità di tradurre così tante lingue mi ha fornito una grande quantità di informazioni che non avrei mai potuto ottenere se non fosse stato per la nostra stretta collaborazione nel corso degli anni.

Avendo avuto accesso alle sue carte private, mi sono impegnato a non rivelare la sua identità e a non scrivere la sua biografia fino alla sua morte. L'ufficiale a cui mi riferisco conosce l'origine dei Protocolli e il modo in cui sono finiti nelle mani del professor Nilus più di qualsiasi altro uomo vivente. Ha conosciuto Nilus quando viveva in Russia. Ha conosciuto Marsden e sua moglie quando vivevano in Russia prima e durante la rivoluzione. Condivido con lui questa conoscenza.

Inoltre, su mia richiesta, il figlio di un alto ufficiale russo, che è stato uno dei maggiori leader del MOVIMENTO BIANCO RUSSO, ha controllato le informazioni e le conclusioni che ho pubblicato riguardo ai Protocolli dal 1930, e concorda con i miei scritti.

Servendo nei sommergibili britannici tra il 1916 e il 1919 come ufficiale di navigazione, conoscevo il comandante E.N. Cromie, che morì nel

1917 per tenere a bada la folla rivoluzionaria che cercava di fare irruzione nel consolato britannico di San Pietroburgo (l'attuale Pietrogrado). I capi della folla volevano impossessarsi di documenti segreti e riservati che sapevano essere stati messi dal mio amico sul sito del consolato. Cromie trattenne la folla con armi leggere finché i suoi soci non ebbero bruciato i documenti. Fu ripetutamente ferito, tanto da morire sui gradini dell'ambasciata. So quali informazioni i capi dei menscevichi desideravano tanto ottenere.

La moglie del mio amico è la madrina di uno dei miei figli e con lei ho discusso molte volte della Russia e degli affari russi. Ha letto i miei manoscritti che trattavano di questa fase del W.R.M. prima che venissero pubblicati, così come suo marito.

Victor Marsden tradusse in inglese il libro di Nilo, *The Jewish Peril*, e lo pubblicò con il titolo fuorviante di *The Protocols of the Learned Elders of Zion*. Lo conobbi nel 1927 quando era in giro per il mondo come addetto alle pubbliche relazioni dell'allora Principe di Galles, ora Duca di Windsor.

Victor Marsden ha vissuto in Russia prima della rivoluzione come corrispondente del London Morning Post. Sposò una donna russa. Quando iniziò la rivoluzione, i menscevichi gettarono Marsden in prigione perché sospettato di essere una spia. Mentre si trovava nella prigione di San Pietro e Paolo fu trattato brutalmente, tanto che il suo cuore si riempì di odio per i menscevichi, la maggior parte dei quali erano ebrei.

Victor Marsden era fisicamente malato e mentalmente disturbato quando tradusse in inglese la copia del Pericolo ebraico del professor Nilus. La copia da cui lavorò si trovava al British Museum, dove era stata ricevuta dal bibliotecario nell'agosto del 1906. Quando nel 1920 realizzò questo lavoro, Marsden era in condizioni di salute così precarie che non poteva lavorare più di un'ora senza riposare. Raramente lavorava più di due ore al giorno. Ma nel 1921 pubblicò la sua traduzione del libro di Nilo in inglese con il titolo *The Protocols of the Learned Elders of Zion*.

A causa delle sue esperienze in carcere, sembrava impossibile convincerlo che coloro che dirigevano il Movimento Rivoluzionario Mondiale AI MASSIMI LIVELLI usavano gli ebrei per servire i loro scopi diabolici, come "fustigatori", sulle cui spalle riversavano la colpa dei loro peccati contro Dio e dei loro crimini contro l'umanità.

Il mio amico ha raccontato sia al professor Nilus che a Victor Marsden la VERA storia dei Protocolli così come l'ha raccontata a me. Ho pubblicato la storia in Pedine nel gioco. Un breve schema metterà i lettori che non hanno letto gli altri libri, in una posizione migliore per comprendere ciò che sto per dire su questa pubblicazione molto discussa.

Quando Pike istituì i consigli del suo "Rito Palladiano Nuovo e Riformato" nelle principali città del mondo, diede precise istruzioni affinché i membri di quei consigli organizzassero delle Ausiliarie femminili, da chiamare Logge o Consigli di Adozione. Queste donne furono accuratamente scelte tra i livelli più alti della società nei rispettivi Paesi. Sono ancora attive. In Inghilterra, durante la Prima Guerra Mondiale, le donne dell'alta società, appartenenti al Consiglio di Adozione di Londra del Rito Palladiano, facevano da hostess agli ufficiali in congedo dai vari teatri di guerra, presso il Glass Club. Tra loro c'erano mogli e figlie della nobiltà britannica e membri del governo britannico. Queste donne intrattenevano gli ufficiali invitati al club mentre erano in licenza. Durante questo periodo rimasero mascherate, in modo che l'ufficiale che intrattenevano non le riconoscesse. La maggior parte delle loro foto appariva spesso nelle pubblicazioni mondane. Le informazioni che raccoglievano venivano tutte trasmesse alla direzione di supervisione del servizio di propaganda e intelligence palladiano.

Nel 1885, o giù di lì, fu preparata una serie di conferenze da consegnare ai membri delle Logge e dei Consigli del Grande Oriente del Rito Palladiano. Coloro che prepararono queste conferenze lo fecero in modo da permettere all'uditore di sapere solo quanto era necessario per consentirgli di contribuire alla promozione della W.R.M., in modo intelligente, senza lasciargli penetrare il segreto completo che è l'intenzione dei Sommi Sacerdoti del Credo Luciferiano di usurpare il potere mondiale nella fase finale della rivoluzione. Se Pike non ha preparato personalmente queste conferenze, certamente le ha ispirate.

Limitare la conoscenza agli adepti dei gradi inferiori, ingannandoli nel far loro credere che i loro obiettivi siano diversi da quelli realmente intesi, e mantenendo l'identità di coloro che appartengono ai gradi superiori assolutamente segreta a coloro che si trovano anche solo un grado più in basso di loro, è il principio su cui i capi della Sinagoga di Satana basano la loro "SICUREZZA". È questa politica che ha permesso loro di nascondere il loro segreto persino a uomini come Mazzini e Lemmi, leader del W.R.M., fino a quando il Sommo Sacerdote non deciderà che essi possano essere iniziati al SEGRETO COMPLETO.

Nello studio delle conferenze dobbiamo anche ricordare che coloro che le hanno preparate erano letteralmente membri del S.O.S.. Dobbiamo quindi cercare parole con doppio significato e frasi che hanno lo scopo di ingannare. Parola per parola, frase per frase, lo studio di questo orribile documento rivela molte parole dal doppio significato e frasi ingannevoli.

Coloro che prepararono le conferenze sapevano che era quasi impossibile evitare che le copie cadessero in mani diverse da quelle previste. Lo sapevano per esperienza nel 1784-1786; perciò furono prese precauzioni straordinarie per assicurarsi che se il contenuto di queste conferenze fosse diventato noto, sarebbero state incolpate persone diverse da loro e dal Rito Palladiano.

Ho spiegato queste cose alla Briton's Publishing Society, che ha pubblicato l'edizione inglese dei Protocolli dopo la morte di Marsden. Ho fatto notare che, secondo le istruzioni scritte dello stesso Pike, la parola "Dio" doveva essere usata quando era prevista la parola "Lucifero".

Quando la Sinagoga di Satana tramò la morte di Cristo e portò a termine quel turpe proposito, rimase sullo sfondo e lavorò nell'oscurità. Assunsero Giuda per portare a termine il tradimento e poi fecero in modo che gli ebrei si assumessero la colpa del loro peccato contro Dio e del loro crimine contro l'umanità. Sono gli adepti del Grande Oriente e del Rito Palladiano che si gloriano della celebrazione della Messa Adonaicida e, come dimostreremo studiando le conferenze, a coloro che le hanno preparate per la consegna non interessa sacrificare due terzi della popolazione mondiale per raggiungere il loro obiettivo finale e imporre una dittatura totalitaria luciferiana su ciò che resta della razza umana. Coloro che hanno preparato le conferenze hanno servito il "Padre della menzogna". Erano "maestri dell'inganno". Sapendo questo, dobbiamo essere vigili se vogliamo penetrare fino alla verità.

Contrariamente a quanto si crede, Nilus non è stato il primo a pubblicare il contenuto di queste conferenze. L'ho fatto notare agli editori molti anni fa. Ora all'ottantunesima edizione dei cosiddetti *Protocolli dei dotti anziani di Sion* è stato dato il titolo molto più realistico di "Conquista del mondo attraverso il governo mondiale". Ho anche notato che l'editore ammette, in questa nuova edizione, che Nilus non è stato il primo a pubblicare i documenti.

Come si è detto in un altro capitolo, la serie di conferenze era stata pubblicata per la prima volta nell'inverno 1902-1903 in russo su un giornale chiamato Moskowskija Wiedomosti e, sempre nella stessa lingua, nell'agosto e nel settembre del 1903 su un giornale chiamato Snamja.

Queste pubblicazioni non ebbero l'effetto desiderato, non riuscendo a provocare un aumento dell'antisemitismo, come i direttori del W.R.M. si aspettavano sarebbe accaduto in Russia. Il S.O.S. voleva usare l'antisemitismo per fomentare le rivoluzioni che avrebbero portato al rovesciamento del potere degli zar, come richiesto dal progetto militare di Pike di guerre e rivoluzioni.

Il professor Nilus era un sacerdote della Chiesa ortodossa russa. Il mio amico lo riteneva onesto e sincero nella sua convinzione che il Movimento rivoluzionario mondiale fosse un complotto ebraico. Non si può negare che gli ebrei khazari fossero a capo dei movimenti rivoluzionari in Russia e che riempissero le file degli eserciti clandestini rivoluzionari. Agli ebrei minori era stato insegnato fin dall'infanzia a odiare i loro governanti gentili e a credere di essere perseguitati a causa della loro religione. Si trattava di una menzogna. Resta il fatto che Nilo sapeva di Weishaupt, degli Illuminati, di Pike e del suo Rito Palladiano. Solo Nilo, e il suo Creatore, sanno se era uno di quei sacerdoti che sono lupi travestiti da pecore.

Quando nel 1905 Nilus pubblicò le conferenze come parte del suo libro *"Il grande e il piccolo"* e disse che esponeva "il pericolo ebraico", infiammò il mondo. Intenzionalmente o meno, egli diede vita all'antisemitismo secondo le intenzioni delle S.O.S., in modo da poterlo usare per fomentare la Prima e la Seconda Guerra Mondiale e per provocare la rivoluzione russa, come richiesto per portare avanti il loro complotto.

Le mie informazioni sul ruolo di Nilus nella pubblicazione dei "Protocolli" sono state pubblicate nel 1955 in *Pawns in the Game*. Da allora ho imparato molto di più su quest'uomo straordinario. Ha raccontato tre storie diverse a tre persone diverse, quando gli è stato chiesto di spiegare come le conferenze fossero entrate in suo possesso. Questo non è tipico di un uomo onesto. Come sacerdote ordinato avrebbe dovuto lavorare per servire lo scopo di Dio. In quanto tale, avrebbe detto la VERITÀ.

La VERITÀ sui "Protocolli" è la seguente: Ci sono prove che indicano che le conferenze furono tenute ai massoni del Grande Oriente e ai membri del Rito Palladiano di Pike in tutto il mondo a partire dal 1885. Quando furono pubblicate per la prima volta in Russia nel 1902, si diceva che erano "Verbali di una riunione tenuta dagli Anziani di Sion". Si trattava ovviamente di una menzogna, per chiunque si prendesse la briga di leggere attentamente il materiale. Nilus lo coprì dicendo: "Il materiale è un resoconto con parti apparentemente mancanti, fatto da qualche persona potente". Il mio amico dice, e io sono d'accordo, che la serie di conferenze è stata ispirata o scritta da Pike. La formulazione e la fraseologia sono quasi, se non assolutamente, identiche a quelle degli altri suoi scritti. Sono state tenute nell'arco di tre o più giorni e notti. La prima della serie spiega la revisione e la modernizzazione dei Protocolli della cospirazione luciferiana da parte di Weishaupt. La seconda serie descrive i progressi compiuti dalla cospirazione a partire dal 1776. La terza e ultima serie di conferenze racconta ciò che resta da fare, e come Pike intendeva realizzarlo, per raggiungere l'obiettivo finale di un Governo Unico Mondiale nel corso del XX secolo.

Il professor Nilus ha dichiarato che: "A quanto pare manca una lezione, o parte di essa". La parte mancante è la lezione finale, riservata a coloro che vengono iniziati al COMPLETO segreto che i sommi sacerdoti del Credo Luciferiano intendono usurpare i poteri del primo governo mondiale, indipendentemente da come o da chi venga istituito.

Sarebbe interessante sapere cosa avrebbe risposto il professor Nilus se gli avessero chiesto: "Come fa a sapere che manca una parte di una lezione?". Sono cose come queste che mettono in guardia i ricercatori dalla realtà dei fatti.

Ci chiediamo: "Se Nilus ha mentito su come è entrato in possesso dei documenti, e se afferma che ne manca una parte, è ragionevole supporre che fosse un adepto del Rito Palladiano, e che conoscesse il SEGRETO

COMPLETO Se non lo fosse, non è probabile che sapesse che ne manca una parte

Nilus ammise che gli era impossibile produrre una prova scritta o orale dell'autenticità del documento. D'altra parte, quando tutte le questioni in sospeso sono legate insieme, otteniamo un quadro chiaro della continua cospirazione luciferiana, di come sia diretta dal S.O.S. - non dagli ebrei - e del suo scopo finale. Vediamo che il W.R.M. è diretto AL MASSIMO dal S.O.S., che a sua volta è controllato dai Sommi Sacerdoti del Credo Luciferiano.

Quando Kerensky formò il primo governo provvisorio della Russia, ordinò di distruggere tutte le copie del libro di Nilo. Questo fece sembrare più che mai che gli ebrei stessero cercando di coprire la sua esposizione. Dopo che Lenin usurpò il potere e mise fuori gioco Kerensky, la Cheka imprigionò Nilus. Esiliato, morì a Vladimir il 13 gennaio 1929.

Secondo una storia raccontata da Nilus, e quella delle tre che sembra più vicina alla verità, i documenti che egli ricevette, tradusse e pubblicò, furono rubati da una donna di facili costumi a un massone di alto grado che passò una notte con lei dopo aver completato il suo impegno come "Docente" ai membri dei gradi superiori della Massoneria del Grande Oriente a Parigi, in Francia.

Sembra una spiegazione plausibile. Ma esaminiamola nel dettaglio. Quale massone che è stato testato e provato, fino a essere giudicato idoneo per l'iniziazione al più alto grado della Massoneria del Grande Oriente, e/o del Nuovo Rito Palladiano e Riformato, sarebbe così imprudente da portare con sé documenti top secret e incriminanti nell'appartamento di una donna di facili costumi? Non ha senso che lo faccia. Se i documenti fossero stati rubati, gli Illuminati avrebbero usato la loro ricchezza, il loro potere e la loro influenza, e i milioni di occhi che controllano, per recuperarli.

Indagando su ogni aspetto del mistero dei documenti scomparsi, il mio amico giunse alla conclusione che essi erano stati consegnati a una signora dell'alta società francese, che era anche membro della "Loggia di Adozione" collegata al Consiglio di Parigi del Rito Palladiano. Le prove indicavano che l'uomo che aveva consegnato i documenti a questa signora era uno dei più alti e influenti massoni del Grande

Oriente in Francia, ed era senza dubbio un membro del Rito Palladiano Nuovo e Riformato di Pike.

La signora in questione fu indubbiamente istruita su chi dovesse affidare i documenti affinché finissero nelle mani di coloro che dirigevano il movimento antisemita in Russia. Dicendo al nobile russo che i documenti erano stati rubati a un ebreo massone di alto grado, si pensava di ingannarlo facendogli credere che le motivazioni della donna fossero "pure" e che non fossero coinvolti intrighi e inganni.

Queste deduzioni spiegano anche come i documenti siano stati consegnati prima a un giornale e poi a un altro. Solo dopo che la pubblicazione non aveva prodotto la reazione antisemita, l'originale o un'altra copia fu messa nelle mani del prof. Nilus e ha prodotto il risultato desiderato. So per certo che copie del Pericolo ebraico di Nilus furono messe in possesso di tutti i russi di spicco che erano legati alla casa imperiale e che erano impiegati dallo zar in qualsiasi tipo di funzione esecutiva. Copie erano collocate sulle scrivanie delle dame di compagnia nelle loro stanze all'interno del Palazzo Imperiale.

Le attività rivoluzionarie avevano diviso la società russa in due gruppi: quelli che erano fedeli allo zar e quelli che non lo erano. La pubblicazione e l'ampia diffusione dei documenti sotto il titolo Il pericolo ebraico permise senza dubbio a coloro che dirigevano il movimento rivoluzionario russo, da dietro le quinte, di sviluppare la loro trama e portare avanti i loro piani segreti. Uno di loro era il banchiere internazionale Jacob Schiff di New York, negli Stati Uniti, il cui leader rivoluzionario era Trotsky.

A collaborare con Schiff per la sottomissione della Russia era la famiglia Warburg di Amburgo, in Germania. I membri di questa casa bancaria erano strettamente legati e in rapporti eccezionalmente amichevoli con Gerson Blechroeder, che era direttore del Consiglio di supervisione di Pike del Rito Palladiano a Berlino. Il quartier generale segreto di coloro che fomentavano la rivoluzione russa in Germania era il grande edificio di Valentinskamp Strasse dove Armand Levi aveva fondato la "Federazione segreta (ebraica)", che divenne nota come "Consiglio patriarcale sovrano", sostenuto dai milioni dei Rothschild.

Per quanto possa sembrare strano, ma come ulteriore prova che il S.O.S. non è composto da ebrei ortodossi, ma da coloro che dicono di essere ebrei e non lo sono, e quindi mentono, scopriamo che Lenin veniva istruito ad assumere la guida della guerra rivoluzionaria in Russia da nientemeno che Lemmi, che era succeduto a Mazzini come direttore dell'azione politica di Pike. Lemmi aveva stabilito il suo quartier generale vicino a Ginevra, in Svizzera.

Così vediamo come le conferenze ispirate da Pike furono fatte apparire come una cospirazione di ebrei per ottenere il dominio del mondo. Questa accusa fu aspramente risentita dai veri ebrei. Ma quando eliminiamo tutti gli aspetti confusi del caso, il TRUTI-I emerge chiaro e inconfondibile. La versione delle conferenze messa nelle mani del professor Nilus è stata usata per aiutare coloro che dirigono il W.R.M. AT THE TOP a fomentare le rivoluzioni russe del 1905 e del 1917, mettendo così in atto i piani di Pike ESATTAMENTE come egli intendeva.

Marsden spiega che il significato della parola "Goyim" è "Gentili o non ebrei". Non sono d'accordo. La parola "Goyim" significava originariamente "Le masse e/o la gente comune". Ma quando la parola fu usata da Weishaupt, il suo significato cambiò in "Esseri minori - la folla". Pike usò la parola per indicare il "bestiame umano". L'intera umanità, che secondo lui doveva essere integrata in una massa di umanità mongrelizzata e schiavizzata nel corpo, nella mente e nell'anima.

Anche la parola "agentur" è usata frequentemente nelle conferenze. Marsden dice che la parola significa: "L'intero corpo di agenti e agenzie di cui si avvalgono gli Anziani (di Sion), sia che si tratti di membri della "tribù" che dei loro "strumenti" gentili". Anche su questa spiegazione devo dissentire. La parola "Agentur", come usata nei Protocolli, significa "ogni membro della società che la Sinagoga di Satana controlla e usa per mettere in atto la cospirazione luciferiana e farla progredire verso il suo obiettivo finale, indipendentemente dalla razza, dal colore o dal credo".

Secondo Marsden, con le parole "il politico" non si intende esattamente il "corpo politico", ma l'intera macchina della politica. Sono d'accordo con questa definizione.

Deve essere chiaramente inteso che credo che i PROTOCOLLI siano quelli della Sinagoga di Satana. La copia data a Nilo è stata leggermente alterata per "far credere che siano quelli degli Anziani di Sion, in modo che coloro che dirigono la cospirazione ai vertici potessero usare sia il sionismo che l'antisemitismo per promuovere i loro piani segreti per causare la rivoluzione in Russia".

Il PROTOCOLLO n. 1 non è altro che una reiterazione dei principi di Weishaupt.

A. All'inizio della struttura della società l'umanità era soggetta alla forza brutale e cieca, poi alla legge, che è esattamente la stessa forza mascherata. Stando così le cose, il principio della "Legge di Natura" è che il "diritto" risiede nella forza o, per dirla in altre parole, "il potere è giusto". Pike ha segretamente approvato questo principio.

B. La libertà politica è un'"idea", non un fatto. Ma coloro che tramano per ottenere il controllo assoluto delle masse devono usare questa idea come "esca" per attirare le masse verso uno dei loro partiti (organizzazioni) in modo che possano essere usate per schiacciare coloro che sono attualmente al potere, e quindi rimuovere gli ostacoli che si frappongono tra il S.O.S. e il dominio finale del mondo.

C. Il cosiddetto "liberalismo" deve essere usato per ammorbidire i governanti affinché, per amore dell'"idea di libertà e di liberalismo", cedano parte del loro potere. Il docente osserva poi: "È proprio qui che appare il trionfo della teoria". Spiega che coloro che tramano per sottomettere gli altri devono raccogliere nelle proprie mani le redini del governo allentate, "perché la forza cieca di qualsiasi nazione non può esistere per un solo giorno senza una guida, e così la nuova autorità usurpata si inserirà al posto della vecchia". Ciò che è accaduto in Francia prima che venissero tenute le conferenze, e ciò che è accaduto in Russia, Germania, Cina e sta accadendo oggi in Inghilterra, illustra tipicamente come questa fase della cospirazione sia stata messa in atto.

D. In primo luogo, gli Imperatori, i Re incoronati e i Sovrani devono essere eliminati mediante assassinio, rivoluzione o altri mezzi. Poi l'aristocrazia naturale o genealogica sarà distrutta in un regno rivoluzionario del terrore. Il conferenziere spiega come i cospiratori sostituiranno il potere dei governanti che distruggeranno con il "potere dell'oro" e sostituiranno l'aristocrazia genealogica con persone ricche di cui i cospiratori controllano le fortune. In altre parole, coloro che creano la "nuova" aristocrazia della "ricchezza" possono rendere ricchi coloro che desiderano utilizzare, e possono altrettanto facilmente distruggere coloro che si rifiutano di eseguire i loro ordini.

È interessante notare che la maggior parte di coloro che oggi formano l'aristocrazia della ricchezza hanno iniziato a promuovere racket di un tipo o di un altro, che hanno separato i creduloni dal loro denaro duramente guadagnato. I Rothschild hanno messo i piedi sui gradini più bassi della scala della fortuna fornendo al governo britannico i soldati dell'Assia a un prezzo di così tanto a testa. In questo modo furono ben pagati per fornire truppe per combattere le guerre coloniali della Gran Bretagna, che loro, la famiglia Rothschild, avevano fomentato.

La fortuna di Morgan è stata fondata sulla vendita di armi e munizioni all'esercito confederato, armi e munizioni che erano state precedentemente condannate dalle autorità federali. La fortuna dei Rockefeller è stata fondata sulla ciarlataneria medica e sulla vendita di farmaci "brevettati". I "nuovi ricchi" che troviamo nei resort di lusso della Florida meridionale e dei Caraibi sono per lo più ex-racket, mentre un buon numero di essi non ha ancora ottenuto la qualifica di "ex" prima della parola "racket". I contrabbandieri e i giocatori d'azzardo professionisti costituiscono oggi la crosta della società moderna. Questo illustra come i piani di Weishaupt e Pike abbiano sostituito l'aristocrazia genealogica con un'aristocrazia della ricchezza (oro), che i S.O.S. controllano nel corpo, nella mente e nell'anima attraverso il controllo dei loro libri bancari.

E. La conferenza prosegue sottolineando che quando gli Stati si esauriscono a causa del coinvolgimento in guerre o rivoluzioni esterne, i cospiratori utilizzano il dispotismo del capitalismo, che è interamente nelle mani di coloro che dirigono la cospirazione. Egli afferma che gli Stati esausti devono accettare l'aiuto finanziario e i consigli di coloro che hanno complottato per distruggerli, oppure affondare completamente. Questo spiega come i debiti nazionali siano stati imposti alle nazioni rimaste e come le repubbliche siano state finanziate fin dai tempi di Weishaupt.

F. La conferenza dice che la parola "diritto" è un pensiero astratto e non è dimostrata da nulla. La parola significa: "Datemi quello che voglio, così potrò dimostrare di essere più forte di voi". Spiega che il POTERE di coloro che dirigono la cospirazione diventerà più invincibile man mano che svilupperanno le condizioni vacillanti di governanti e governi, perché la loro esistenza rimarrà invisibile. Poi informa i suoi uditori che dal male temporaneo e dal caos che sono "costretti" a commettere, emergerà "il buon governo sotto forma di dittatura assoluta perché "senza un dispotismo assoluto non può esistere la civiltà che non è portata avanti dalle masse (democrazia), ma dalla loro guida". Mi permetto di far notare che la parola "democrazia", applicata alle repubbliche e alle monarchie limitate, è stata introdotta da coloro che dirigono la cospirazione su istigazione di Voltaire, per ingannare le masse e far credere loro di governare i loro Paesi dopo il rovesciamento dei loro monarchi e della loro aristocrazia. Le masse hanno eletto coloro che i direttori del W.RM. hanno selezionato per candidarsi: ma gli agenti del S.O.S., utilizzando Illuministi e agenti, hanno sempre governato da dietro le quinte da quando i monarchi assoluti hanno cessato di esistere. La più grande menzogna che il S.O.S. abbia mai propinato al pubblico è la convinzione che il comunismo sia un movimento operaio destinato a distruggere il capitalismo per introdurre governi socialisti che possano poi formare un'internazionale di repubbliche sovietiche (operaie) e un mondo senza classi. La menzogna è evidente a qualsiasi persona ragionevole che si fermi a riflettere. Come è stato dimostrato da prove documentali e dati storici in *Pawns in the Game, Red Fog Over America* e in questo libro, i capitalisti hanno organizzato, finanziato, diretto e poi fatto assumere ai loro agenti i poteri di governo in OGNI paese sottomesso fino ad oggi. Il finanziamento di rivoluzioni come quelle avvenute in Russia e in Cina costa fino a centinaia di milioni di dollari. In entrambi i paesi il periodo di preparazione si è protratto per oltre cinquant'anni. Chiediamo ai lavoratori da dove pensano che provengano i soldi per pagare i costi di ricostruzione necessari per riparare e sostituire le devastazioni della guerra e costruire le economie delle cosiddette repubbliche? (Il debito nazionale, ripagato attraverso la tassazione, è una delle fonti di ricchezza dell'S.O.S.) È ora di toglierci i paraocchi dagli occhi per poter vedere chiaramente. La verità è che coloro che dirigono il Movimento rivoluzionario mondiale al vertice, chiamateli S.O.S. o Illuminati, o come volete, controllano l'ORO, e l'ORO controlla ogni aspetto del Movimento rivoluzionario mondiale. Sono gli uomini che controllano l'ORO, quelli che comunemente chiamiamo capitalisti, che finanziano, dirigono e controllano tutti gli sforzi rivoluzionari per poter condurre le masse (Goyim) fuori dalle loro attuali oppressioni, verso una nuova e completa sottomissione: una dittatura totalitaria.

Il lettore farà bene a ricordare che Dio è un Dio assoluto. Egli richiede che l'obbedienza assoluta sia data volontariamente. Anche Lucifero regnerà come re assoluto per l'eternità. La parola "democrazia" significa in realtà "governo della folla", e poiché è così, il conferenziere procede a informare i suoi colleghi cospiratori che l'idea di libertà è impossibile da realizzare, perché nessuno sa come usarla con moderazione. Dice che "è sufficiente consegnare un popolo all'autogoverno per un breve periodo perché si trasformi in una folla disorganizzata". Le lotte interne li riducono a un mucchio di cenere. Questo è ciò che è destinato ad accadere nelle rimanenti nazioni cosiddette LIBERE.

Considerando che queste parole sono state pronunciate mezzo secolo fa, si sono rivelate eccezionalmente vere.

Essi dimostrano la diabolica astuzia e la diabolica conoscenza che i S.O.S. hanno delle debolezze della natura umana. Il conferenziere dice poi al suo pubblico: "La folla è un selvaggio, e mostra la sua ferocia in ogni occasione. Nel momento in cui la folla prende in mano la libertà, si trasforma rapidamente in anarchia, che è il più alto grado di barbarie".

G. Il conferenziere spiega poi come, dai tempi di Cromwell, i Goyim (masse del popolo-bestiame umano) siano stati ridotti a un livello comune. Il mio amico AK Chesterton, editore di Candour, non è d'accordo con me sul fatto che, da quando Weishaupt e Pike hanno preso il sopravvento, la parola "Goyim" significhi "bestiame umano"; ma resta il fatto che il Capitolo 1, Paragrafo 22 della traduzione di Marsden dei Protocolli dice: "Osservate gli animali alcolizzati, confusi con la bevanda, il cui "diritto" all'uso smodato si accompagna alla libertà. Non spetta a noi e ai nostri percorrere questa strada. Il popolo dei Goyim è assuefatto dai liquori alcolici (forniti dai nostri agenti); la sua gioventù si è istupidita con il classicismo e con l'immoralità precoce, nella quale è stata indotta dai nostri agenti speciali: precettori, lacchè, governanti nelle case dei ricchi, impiegati e altri, le nostre donne nei luoghi di dissipazione frequentati dai Goyim. Nel numero di queste ultime conto le cosiddette dame di società, che seguono volontariamente le altre nella corruzione e nel lusso". Questo non dimostra che ci stiamo riducendo al livello di "bestiame umano"?

Può una persona ragionevole negare che la società nel suo complesso si stia riducendo a un livello comune di iniquità?

Questo è il vero significato della guerra di classe. Il piano di Dio consente alle sue creature di progredire per applicazione personale fino ai più alti livelli di realizzazione spirituale. È possibile per un'anima umana raggiungere il Settimo Cielo e, secondo alcuni teologi, persino occupare i posti lasciati liberi da Lucifero e dai suoi angeli disertori. L'ideologia luciferiana richiede che tutti gli esseri umani siano trascinati a un livello comune di peccato, corruzione, vizio e miseria.

H. Le conferenze hanno poi spiegato che gli Illuminati e i Palladiani devono giocare un gioco di "forza e finzione". La forza deve essere usata per ottenere il controllo politico e la finzione per ottenere il controllo dei governi che non vogliono deporre le loro corone ai piedi di un nuovo potere. Il conferenziere dice: "Questo male è l'unico e solo mezzo per raggiungere il nostro fine, che è il bene, quindi non dobbiamo fermarci alla corruzione, all'inganno o al tradimento quando possono essere usati per servire il nostro scopo. In politica bisogna sapersi impadronire della proprietà altrui senza esitare, se con ciò ci si assicura la sottomissione e la sovranità".

Che cosa ha fatto la creazione e la piramidalizzazione del debito nazionale dal 1700 in poi? A cosa servono oggi le imposte sul reddito e sulle società, le cosiddette tasse sul lusso e altre imposte? Quanto rimane dei nostri guadagni per il nostro uso personale dopo che coloro che dirigono la politica finanziaria del Rito Palladiano hanno finito con noi? Controllando la politica dei nostri governi, ci tassano fino a renderci schiavi dell'economia. Con la concessione di "prestiti" in nome della "carità", la S.O.S.

usa il nostro denaro per controllare il comunismo fino a fomentare il cataclisma sociale finale.

I. La prima conferenza termina con la spiegazione di come gli Illuminati abbiano ingannato i Goyim per consegnarsi nelle loro mani. Il conferenziere dice: "Molto tempo fa siamo stati i primi a gridare tra le masse (Goyim) le parole "Libertà, Uguaglianza, Fraternità", parole ripetute molte volte da quei giorni dai pappagalli umani che da ogni parte si sono abbattuti su queste esche e con esse hanno portato via il benessere del mondo, la vera libertà dell'individuo, un tempo così ben protetta dalla pressione della folla".

Il conferenziere si compiace poi del fatto che anche gli uomini più saggi tra i Goyim, anche quelli che si considerano intellettuali, non sono riusciti a capire nulla delle parole pronunciate nella loro astrattezza e non hanno notato la contraddizione del loro significato e della loro interrelazione. Egli sottolinea che nella "Natura" non c'è uguaglianza e non ci può essere libertà, perché la Natura ha stabilito la disuguaglianza delle menti e dei caratteri e delle capacità, così come ha stabilito immutabilmente la subordinazione alle sue leggi. Spiega poi come, fin dall'inizio, coloro che dirigono la cospirazione al vertice abbiano contravvenuto alla Legge di Dio sul governo dinastico, secondo la quale un padre trasmette al figlio la conoscenza del corso degli affari politici in modo tale che nessuno possa conoscerla se non la dinastia, e nessuno possa tradirla ai governati. Il conferenziere sottolinea poi che, con il passare del tempo, il significato del trasferimento dinastico della vera posizione degli affari politici si è perso, e questa perdita ha favorito il successo della loro causa. (Si veda il dogma di Pike sulla "Natura" in un'altra parte di questo libro). Così il conferenziere ha dimostrato che ciò che ho detto sulla cospirazione nei capitoli precedenti è vero. Ciò che ha detto dimostra che i Protocolli non sono stati redatti dai dotti Anziani di Sion per informare coloro che partecipavano al Congresso sionista di Basilea, in Svizzera, nell'agosto 1903, come è stato sostenuto da coloro che sono stati scelti per guidare la fase antisemita della cospirazione luciferiana, ma che la cospirazione è anteriore a Weishaupt. La Sinagoga di Satana, che Cristo ha smascherato, risale a tempi più remoti di quelli di Salomone. Risale al momento in cui Satana ha fatto sì che i nostri primi genitori disertassero da Dio allo scopo di impedirci di mettere in atto il suo piano per il governo dell'universo su questa terra. Così il S.O.S., dirigendo la cospirazione luciferiana su questa terra, ci impedisce di fare la volontà di Dio qui come viene fatta in cielo.

Il conferenziere conclude il suo discorso iniziale con un vanto: Dice: "L'ingannevole slogan di 'Libertà, Uguaglianza e Fraternità' ha portato tra le nostre fila intere legioni che portavano con entusiasmo i nostri vessilli, mentre, per tutto il tempo, quelle stesse parole erano un verme che scavava nel benessere dei Goyim, mettendo fine alla pace, alla tranquillità, alla solidarietà e distruggendo le fondamenta stesse dei nostri Stati Goya.

Poi svela ai suoi ascoltatori il PRIMO SEGRETO. Dice loro che il trionfo della cospirazione per ottenere il dominio del mondo fino ad oggi (tra il 1885 e il 1901), era dovuto al fatto che quando si imbattevano in una persona che volevano controllare e usare per servire i loro scopi, lavoravano sempre sulle "corde più sensibili della sua mente, sul conto in denaro, sulla sua cupidità, sulla sua insaziabilità per i bisogni materiali e su ognuna delle sue debolezze umane che, anche prese da sole, sono sufficienti a paralizzare l'iniziativa, perché consegnano la volontà degli uomini a disposizione di coloro che comprano le loro attività".

Così vediamo come i cospiratori, lavorando attraverso i loro agenti, sono riusciti a convincere la "folla" che il loro governo non è altro che l'amministratore del popolo, che è il proprietario del Paese, e che l'amministratore può essere sostituito dal popolo come un guanto logoro. Non sentitevi in colpa. Io stesso sono stato ingannato da questa convinzione. È passato il 1950 prima che cominciassi a sospettare la VERITÀ: "È la possibilità di sostituire spesso i rappresentanti del popolo che ha permesso a coloro che dirigono la cospirazione al vertice di ottenere gradualmente il controllo di TUTTI i candidati alle cariche politiche". Nulla mi ha colpito di più di questa verità delle recenti elezioni politiche (federali) in Gran Bretagna, Canada e Stati Uniti d'America.

Come si è sviluppata la cospirazione in America

Il professor John Robison è stato infangato e i suoi libri sono stati bruciati dagli agenti della Sinagoga di Satana perché si è dimostrato incorruttibile. Si è rifiutato di aiutare Weishaupt e i suoi luciferiani a infiltrare l'Illuminismo nella Massoneria. La storia dimostra, tuttavia, che ciò che scrisse e pubblicò riguardo a una cospirazione per distruggere tutti i governi e le religioni si è rivelato vero. Robison ci dice che prima del 1786, quando il governo bavarese smascherò Weishaupt e la sua banda, diverse logge massoniche in America erano state illuminate. Sottolinea inoltre le somiglianze tra la Rivoluzione americana e la successiva Rivoluzione francese.

Siamo stati ridicolizzati da alcune persone influenti per aver citato il professor Robison, evidentemente per scuotere la fiducia dei nostri lettori. A sostegno delle nostre affermazioni forniamo le seguenti prove documentali, la maggior parte delle quali può essere confermata semplicemente facendo riferimento all'Archivio Nazionale di Washington.

Nel 1798, David A. Tappan era presidente dell'Università di Harvard. Il 19 luglio di quell'anno si rivolse a una classe di laureati nella cappella dell'Harvard College. Mise in guardia i futuri leader americani dai pericoli dell'Illuminismo, che a suo dire si era infiltrato in America. Raccontò dell'influenza esercitata dagli Illuminati sulla Rivoluzione francese.

Nello stesso anno (1798), Timothy Dwight era presidente di Yale. In uno scritto intitolato "The Duty of Americans in the Present Crisis" (Il dovere degli americani nella crisi attuale), diede agli americani più o meno lo stesso avvertimento.

Quando Pike entrò nell'Università come studente, Harvard era già stata posta sotto il controllo degli Illuminati.

Inoltre, nel 1798 Jedediah Morse predicò il suo sermone del Giorno del Ringraziamento su "Gli Illuminati e le loro affiliazioni massoniche". Sempre nello stesso anno, John Wood denunciò la fazione clintoniana della Società degli Illuminati di Colombia.

Nel 1799, John Cosens Ogden scrisse un articolo intitolato "Una visione degli Illuminati del New England", che sono indefessamente impegnati a distruggere la religione e il governo degli Stati Uniti con finto riguardo per la loro sicurezza".

Nel 1957, nella Rittenhouse Square Library di Filadelfia, erano conservate tre lettere scritte da John Quincy Adams, sesto presidente degli Stati Uniti, al col. Wm. Lucifero. Stone, cavaliere templare e redattore del New York Advertiser. Queste lettere erano molto critiche nei confronti di Thomas Jefferson e del modo in cui aveva sovvertito la Massoneria negli Stati del New England. Adams era a conoscenza di ciò che scriveva, perché era stato il principale responsabile dell'organizzazione delle Logge in cui Jefferson aveva infiltrato i suoi Illuminati. Adams dà come motivo per candidarsi contro Jefferson alla presidenza, la sovversività di Jefferson. Le lettere che scrisse al Col. Stone sono accreditate per la sconfitta di Jefferson.

Adams elencò cinque principali obiezioni all'Illuminismo che Jefferson e i suoi colleghi Illuministi stavano proponendo:

1. I loro insegnamenti sono contrari alla legge del paese.

2. Sono in violazione dei precetti di Gesù Cristo.

3. Richiedono ai membri di impegnarsi a mantenere segreti indefiniti, la cui natura è sconosciuta all'uomo che presta il giuramento.

4. Richiedono che un membro esprima la sua disponibilità a subire la morte nel caso in cui violasse il suo giuramento.

5. Richiedono che un membro dichiari di accettare una modalità di morte insolita, inumana e così crudele che i dettagli sono inadatti a essere pronunciati da labbra umane.

Poi, nel 1826, accadde un incidente che dovrebbe dimostrare agli stessi massoni che solo ai membri accuratamente selezionati è permesso di sapere qualcosa di ciò che accade nella società segreta che gli Illuministi di organizzano all'interno della loro stessa società segreta. È quindi altrettanto ragionevole condannare come disumana e diabolica una persona che soffre di cancro, quanto incolpare i membri delle società segrete, degli ordini, delle organizzazioni e dei gruppi per i peccati contro Dio e i crimini contro l'umanità commessi dalla Sinagoga di Satana che infiltra i suoi agenti nelle società segrete. Sarebbe meglio per il mondo se non esistessero le società segrete, perché coloro che dirigono il W.R.M. ai vertici non potrebbero praticare la loro politica parassitaria e addossare la colpa delle loro azioni diaboliche a spalle diverse dalle loro.

L'incidente a cui ci riferiamo riguarda il capitano Wm. Morgan, accusato di aver violato il suo giuramento. L'influenza illuminista all'interno dei vertici della Massoneria insistette affinché a Morgan venisse data la "morte", modalità di cui Adams era stato tanto disgustato e critico.

Un massone di nome Richard Howard fu scelto come "boia". Morgan fu avvertito del suo destino imminente. Cercò di fuggire in Canada, ma arrivò solo fino alle cascate del Niagara, dove Howard lo uccise.

Secondo il Col. Stone, il Cavaliere Templare a cui Adams aveva scritto le lettere di cui sopra, Howard riprese la strada per New York e riferì a una riunione dei Cavalieri Templari a St. John's Hall, New York, come aveva "giustiziato" Morgan. Stone racconta di essere stato rifornito di denaro e di essere stato imbarcato su una nave diretta a 25 Harvard e da allora è rimasto sotto l'influenza di "uomini dalla mentalità internazionalista", come spiegato in *Red Fog Over America*, di WG. Carr Liverpool, Inghilterra. Le dichiarazioni di Stone sono pubblicate nelle sue "Lettere sulla massoneria e sull'anti-massoneria". Quanto esposto da Stone riguardo a Morgan è confermato da una dichiarazione giurata rilasciata da Avery Allyn quando si staccò dai Cavalieri Templari di New Haven, Connecticut. Egli giurò che Richard Howard aveva confessato di essere stato il "boia" di Morgan.

I registri massonici dimostrano che quando questi fatti ripugnanti divennero noti nei circoli massonici, si scatenò una tremenda reazione: circa 1.500 Logge negli Stati Uniti rinunciarono ai loro statuti. Si stima che dei 50.000 massoni appartenenti a queste Logge, 45.000 abbiano abbandonato la società segreta. Fu così che la Massoneria morì quasi di morte naturale in America.

Ma il potere e l'influenza della Sinagoga di Satana sono tali che oggi quasi nessun massone con cui ho discusso questa fase della loro storia ne sa nulla. Ho copie dei verbali delle riunioni che hanno portato a questo ritiro di massa dalla Massoneria in America. Queste VERITÀ non sono pubblicate per danneggiare i massoni, ma per dimostrare in modo definitivo che su un totale di 50.000 massoni, almeno 45.000 non sapevano e non sospettavano nemmeno cosa succede dietro le quinte sotto la direzione dei satanisti che si nascondono come vermi nelle viscere della loro e di altre società segrete.

Coloro che servivano il S.O.S. decisero che un nativo doveva succedere a Moses Holbrook, che all'epoca di questi eventi era a capo della Massoneria in America, così fu contattato il generale Albert Pike. Egli era all'altezza dei requisiti perché la sua ascesa da iniziato nel 1850 a Gran Commendatore del Consiglio Supremo della Giurisdizione Meridionale della Massoneria negli Stati Uniti nel 1859 fu fenomenale.

Il compito di Pike era quello di ringiovanire la Massoneria negli Stati Uniti, in modo che l'influenza, la ricchezza e il potere dei suoi membri potessero essere nuovamente utilizzati dagli Illuminati per collocare i loro agenti in posizioni chiave in tutti i campi dell'attività umana, comprese la politica e la religione. Oggi, come nel 1826, la stragrande maggioranza dei massoni non conosce la vita segreta di Albert Pike. Sono stati mentiti e ingannati dagli agenti di Satana e hanno creduto che Pike fosse il più grande massone mai esistito e uno dei più grandi patrioti americani. Ma si sbagliano, perché dimostriamo che Pike era letteralmente un'incarnazione del diavolo.

Poiché era stato dimostrato che gli Illuminati avevano corrotto la Massoneria in America, Pike decise di organizzare il Rito Palladiano, per essere al di sopra anche della Massoneria del Grande Oriente e degli Illuminati. Il Palladismo era esattamente una nuova società segreta, così Pike chiamò la sua organizzazione "Il Nuovo e Riformato Rito Palladiano" (N.R.P.R.). Guiseppe Mazzini era stato scelto dagli Illuminati nel 1834 per essere il loro Direttore dell'Azione Politica (Direttore del W.R.M.). In una lettera che Mazzini inviò a Pike il 22 gennaio 1870, scrisse: "Dobbiamo permettere a tutte le federazioni (di diversi ordini massonici) di continuare così come sono, con i loro sistemi, le loro autorità centrali e i loro diversi modi di corrispondenza tra alti gradi dello stesso rito, organizzati come sono attualmente, ma dobbiamo creare un rito supremo, che rimarrà sconosciuto, al quale chiameremo quei massoni di alto grado che selezioneremo. Nei confronti dei loro fratelli nella Massoneria, questi uomini devono essere impegnati al più stretto segreto. Attraverso questo rito supremo governeremo tutta la Massoneria, che diventerà l'unico centro internazionale, tanto più potente in quanto le sue direzioni (direttori) saranno sconosciute".

Questa lettera dimostra che nemmeno Mazzini, all'epoca in cui scrisse la lettera, sapeva che i Sommi Sacerdoti del Credo Luciferiano controllavano la Sinagoga di Satana, di cui era membro, AL MASSIMO Ma dopo aver lavorato ancora un po' con Pike, cominciò a sospettare che ci fosse qualche "Potere Segreto" al di sopra o al di là dei più alti gradi della Massoneria del Grande Oriente, di cui era membro, che li controllava AL MASSIMO Espresse questi sospetti nella lettera che scrisse al dottor Breidenstein, già citata.

Pike e Mazzini firmarono il decreto per la costituzione di un'Alta Massoneria Centrale, il 20 settembre 1870.

Questo fu il giorno in cui il massone del Grande Oriente, il generale Cadorna, entrò a Roma per porre fine al potere temporale del Papa.

Pike assunse il titolo di Sovrano Pontefice della Massoneria Universale. Mazzini assunse il titolo di Sovrano Capo dell'Azione Politica, cioè di Capo del Movimento Rivoluzionario Mondiale (W.R.M.).

Pike procedette immediatamente a completare il lavoro sul nuovo rituale che aveva iniziato con Moses Holbrook, e lo chiamò "La Messa Adonaicida" (La Morte di Dio).

Margiotta, massone di 33° grado, autore della storia della Massoneria e della biografia di Adriano Lemmi (che nel 1873 succedette a Mazzini come Direttore del W.R.M.), dice questo a proposito di Pike e Mazzini: "Fu concordato che l'esistenza di questo rito sarebbe stata tenuta rigorosamente segreta, e che nessuna menzione di esso sarebbe mai stata fatta nelle assemblee e nei santuari interni di altri riti, anche quando per caso l'incontro poteva essere composto esclusivamente da fratelli con l'iniziazione perfetta, perché il segreto della nuova istituzione doveva essere divulgato con la massima cautela solo a pochi eletti appartenenti agli alti gradi ordinari".

Questo spiega perché anche i massoni di 32° e 33° grado sanno così poco di ciò che accade ai vertici.

Margiotta afferma anche che i membri di 33° grado del Rito Scozzese sono accuratamente selezionati per l'iniziazione al Rito Palladiano a causa delle loro ampie ramificazioni internazionali: I massoni di 33° grado hanno il privilegio speciale di visitare e partecipare ai rituali di altre Logge massoniche in tutto il mondo. Chi diventa membro del Palladismo ne recluta altri. Per questo motivo il Rito Supremo ha creato i suoi triangoli (il nome dato ai Consigli Palladiani) per gradi. Questi sono stabiliti su una base solida. Il più basso degli iniziati è costituito da fratelli che sono stati a lungo messi alla prova nella Massoneria ordinaria e che hanno dimostrato di aver disertato da Dio e dal Cristianesimo.

Margiotta aggiunge: "Si capiranno meglio queste precauzioni sapendo che il Palladismo è essenzialmente un rito luciferiano. La sua religione è un neo-gnosticismo manicheo, che insegna che la divinità è duplice e che Lucifero è uguale ad Adonay, con Lucifero Dio della Luce e della Bontà che lotta per l'umanità contro Adonay Dio delle Tenebre e del Male.[25]

In qualità di Sovrano Pontefice di Lucifero sulla terra, Pike era il presidente del Supremo Direttorio Dogmatico, assistito da dieci Antichi del Supremo Consiglio del Grande Oriente. Il Supremo Gran Collegio dei Massoni Emeriti (Rito Palladiano) di Pike accettò la Messa Adonaicida, a volte chiamata "Messa Nera", come rituale per il Nuovo e Riformato Rito Palladiano. A Mazzini fu inviata una copia del rituale.

---

[25] Ci chiediamo cosa abbiano da dire in proposito l'On. John Deifenbaker, Primo Ministro del Canada, e l'On. Leslie Frost, Premier dell'Ontario, la provincia più grande e ricca del Canada. Nella nostra newsletter mensile, N.B.N., numero di ottobre 1958, abbiamo pubblicato il fatto che entrambi sono stati iniziati al 33° grado del Rito scozzese a Windsor, Ontario, il 9 settembre 1958.

Egli era molto elogiato da Pike, come dimostrano i suoi articoli pubblicati su "La Roma del Popolo".

Completati questi preliminari, Pike e i suoi assistenti organizzarono un Triangolo di Supervisione, o Consiglio, a Roma, in Italia, per dirigere il W.R.M. in tutte le sue fasi. Egli mise Mazzini al comando. Dopo la morte di Mazzini, nominò Lemmi Direttore Supremo.

Pike organizzò un altro consiglio di supervisione a Berlino. Lo chiamò "Supremo Direttorio Dogmatico". Il suo funzionamento era assicurato da un comitato di sette persone, selezionate dal Consiglio Supremo, dai Grandi Accampamenti, dai Grandi Orienti e dalle Grandi Logge del mondo. Due delegati si occupavano della propaganda e delle finanze. Il direttore della propaganda era anche direttore dell'intelligence, e teneva gli altri due direttori di vigilanza e il Sovrano Pontefice pienamente informati sulle notizie e gli eventi importanti raccolti in questa camera di compensazione centrale, dai "Milioni di paia di occhi" che i loro agenti controllano in tutto il mondo. Si vantano del fatto che nemmeno una piccola legge può essere approvata da un parlamento senza che loro ne siano a conoscenza e la approvino.

L'agente finanziario redige un bilancio generale di tutti i riti, in tutti i Paesi, avvalendosi della collaborazione di un contabile come esperto giurato agli ordini dello stesso.

Sotto il Direttorio Sovrano di Charleston, nella Carolina del Sud, l'Esecutivo dell'Azione Politica di Roma e il Consiglio Dogmatico Amministrativo di Berlino si trovano i 23 Grandi Direttori Centrali, che sono uffici o Consigli istituiti in Europa, Asia/Africa, Oceania, Nord e Sud America.

E al di sopra di tutti questi, la Sinagoga di Satana - i Sommi Sacerdoti del Credo Luciferiano - regna invisibile, non identificata e suprema. Quando la Società delle Nazioni fu organizzata per la prima volta (1919), l'organizzazione di Pike fu leggermente rivista e i rami di supervisione, esecutivo e amministrativo furono stabiliti in Svizzera e a New York. Ma non importa dove si trovino i CERVELLI: essi dispongono di sistemi di comunicazione perfetti e controllano e dirigono TUTTE le altre organizzazioni e attività sovversive. Il controllo e la direzione sono gli stessi oggi come ai tempi di Pike e della formazione della Società delle Nazioni. Gli stessi cospiratori che le hanno formate e sviluppate, hanno anche sviluppato l'O.N.U.

Non credete alla mia parola. San Paolo, in II Corinzi 11:13, ci ha detto: "Perché questi falsi apostoli, operatori di inganni, si trasformano in apostoli di Cristo. E non c'è da meravigliarsi, perché Satana stesso si trasforma in un angelo della luce. Perciò non c'è da meravigliarsi se anche i suoi ministri si trasformano in ministri della giustizia, il cui fine sarà secondo le loro opere".

Togliamo ancora di più il velo con cui Pike si è avvolto. Sono consapevole che il dottor Bataille, autore di *Le Diable au XXe siècle*, è stato accusato di aver pubblicato in varie occasioni inesattezze come fatti, ma questo non significa che abbia sempre mentito e pubblicato falsità. Ciò che ha da dire su Pike e il suo "occultismo" a pagina 360 della suddetta pubblicazione è confermato in "Occult Theocracy" a pagina 223, scritto da Lady Queensborough. Ulteriori conferme si trovano nella Biblioteca massonica di Charleston, nella Carolina del Sud.

Che Pike credesse nell'occultismo è provato dal fatto che esiste un resoconto del discorso che egli tenne davanti al Consiglio Supremo del Grande Oriente, a Charleston, nella Carolina del Sud, il 20 ottobre 1884: "A St. Louis abbiamo operato i Grandi Riti e attraverso la sorella Ingersoll, che è una medium di prima classe, abbiamo ricevuto rivelazioni sorprendenti durante una solenne sessione palladiana alla quale ho presieduto, assistito dal fratello Friedman e dalla sorella Warhnburn. Senza addormentare sorella Ingersoll, la saturammo con lo spirito di Ariel stesso. Ma Ariel prese possesso di lei con altri 329 spiriti di fuoco, e la seduta da quel momento in poi fu meravigliosa.

"Suor Ingersoll, sollevata nello spazio, fluttuò sopra l'assemblea e i suoi abiti furono improvvisamente divorati da una fiamma che la avvolse senza bruciarla. La vedemmo così in stato di nudità per oltre dieci minuti. Fluttuando sopra le nostre teste come se fosse trasportata da una nuvola invisibile o sostenuta da uno spirito benefico, rispose a tutte le domande che le venivano poste. Abbiamo così avuto le ultime notizie del nostro illustrissimo fratello Adriano Lemmi - poi Astaroth, in persona, si è rivelato, volando accanto alla nostra medium e tenendole la mano. Respirò su di lei e i suoi abiti, tornati dal nulla, la rivestirono di nuovo. Infine, Astaroth scomparve e la nostra sorella cadde dolcemente su una sedia, dove, con la testa rovesciata all'indietro, si arrese ad Ariel e ai 329 spiriti che lo avevano accompagnato. Alla fine di questa esperienza abbiamo contato 330 esalazioni in tutto".

L'affermazione di Pike di essere riuscito a parlare con Lemmi, il suo Direttore dell'Azione Politica che si trovava in Italia, durante una seduta spiritica tenutasi a St. Louis, mi ha spinto a fare ulteriori ricerche. Sapevo che coloro che conducevano sedute spiritiche ricorrevano spesso alla falsificazione per ingannare i presenti e far credere loro di avere poteri soprannaturali. Questa ricerca produsse prove documentali che indicavano fortemente che gli scienziati appartenenti al Rito Palladiano di Pike gli avevano fornito apparecchi wireless (radio) molto prima che Marconi li rendesse disponibili per scopi commerciali.

Mi sono sempre chiesto perché Marconi abbia incontrato una così forte opposizione quando ha cercato di rendere disponibile al grande pubblico la sua scoperta. Le indagini indicano che l'opposizione ebbe origine da uomini che erano stati strettamente associati a Pike prima della sua morte nel 1891. Sullo sfondo dell'opposizione c'era Gallatin Mackay, che era succeduto a Pike come capo della Massoneria Universale e del Palladismo.

Esistono prove documentali che attestano la capacità di Pike di contattare e parlare con i capi dei suoi consigli di supervisione, indipendentemente dalla loro ubicazione. Usava sempre un codice. Si riferiva alla scatola che usava per condurre queste conversazioni come Arcula Mystica (la scatola magica). Ovviamente lui e i capi dei suoi 26 consigli erano collegati tra loro via radio, molto prima che Marconi facesse le sue scoperte. Ci sono prove che dimostrano che il set di Pike passò a Gallatin Mackay dopo la sua morte. È quindi probabile che Pike usasse la telegrafia senza fili durante le sedute spiritiche che dirigeva a St. Louis.

Pike e i suoi direttori supervisori del W.R.M. (consigli palladiani) usavano tutti nomi in codice, come avevano fatto Weishaupt e i suoi capi Illuministi prima di lui. Pike e il suo consiglio supremo a Charleston erano noti come "Ignis", parola in codice per "Fuoco Sacro" o "Impresa Divina". La parola in codice per il consiglio di supervisione a Roma era "Ratio", che significa "La ragione trionferà sulla superstizione". A Berlino il nome in codice del consiglio di vigilanza era "Lavoro".

È interessante notare che il capo del Consiglio di Berlino, e colui che controllava la tesoreria del Palladio all'epoca di Pike, era Gerson Bleichroeder, un uomo che è stato dimostrato essere uno dei più alti e fidati agenti della Casa Rothschild. È ovvio che mentre Pike era il Sommo Sacerdote dell'ideologia luciferiana, e quindi controllava le attività della Sinagoga di Satana, i Rothschild, attraverso Bleichroeder, controllavano i cordoni della borsa del Rito Palladiano. In questo modo, essi controllavano indirettamente le attività di Pike come avevano fatto con quelle di Weishaupt cento anni prima.

Queste informazioni dimostrano che gli attuali Rothschild credono nel consiglio tramandato loro da uno dei loro antenati: "Datemi il controllo del denaro di un Paese e non mi interessa chi ne fa le leggi". Un altro fatto interessante è che sia i Rothschild che i Bleichroeder sono, per dirla con Cristo, "coloro che dicono di essere ebrei e non lo sono, e mentono". Sono khazari; le loro vene non contengono più vero sangue ebraico di quanto ne contenga il mio. Le ricerche dimostrano che Bleichroeder apparteneva ai più alti gradi del Rito Palladiano e della Massoneria del Grande Oriente, e quindi doveva essere un satanista.

Durante il regno di Pike come "Principe di questo mondo" sotto l'ispirazione di Satana, i suoi direttori in Inghilterra erano Lord Palmerston e Disraeli, il quale disse ai suoi lettori che le masse (Goyim) non si rendono conto che il vero "Potere" che governa loro e il loro Paese rimane invisibile e dirige da dietro i governi visibili.

Sebbene si attribuisca a Pike il merito di aver posto fine al controllo ebraico della Massoneria in America, le ricerche dimostrano che il 12 settembre 1874 egli firmò un accordo con Armand Levi, che rappresentava i B'nai B'rith ebrei di America, Germania, Inghilterra e altri Paesi. In base a questo accordo, Pike diede a Levi l'autorità di organizzare i massoni ebrei di quei Paesi in una "Federazione segreta", nota come "Sovrano Consiglio Patriarcale". La sua sede internazionale fu allestita in un grande edificio in Valentinskamp Strasse, ad Amburgo, in Germania. Esistono prove documentali che dimostrano che il capo di questa "Federazione segreta" riscuoteva circa 250.000 dollari all'anno, che venivano utilizzati soprattutto per pagare la propaganda favorevole al secolarismo: È lecito affermare che l'"ebreo minore" non sa nulla di ciò che accade dietro le quinte tra coloro che controllano l'ebraismo AL TOP, più di quanto ne sappiano i massoni fino al 33° grado o la stragrande maggioranza dei goyim. È ovvio, quindi, che nella fase finale della cospirazione tutti gli esseri inferiori si troveranno nella pentola del diavolo. Siamo tutti destinati a essere cotti a fuoco lento nell'infuso del diavolo.[26]

Lucifero, attraverso il satanismo, è determinato a catturare le anime immortali; non perché non sappia di aver sbagliato e che la sua ideologia totalitaria finirà nel disordine e nel caos, ma perché semplicemente non sopporta di vedere altre anime felici. È determinato a far sì che il maggior numero possibile di anime condivida la sua infelicità eterna.

Se l'attuale movimento rivoluzionario non si estendesse al mondo celeste e all'eternità, ma si limitasse a questo mondo, non avrebbe senso rischiare di esporsi, essere imprigionati e persino morire prematuramente. Se tutto finisce con la morte, come gli atei vorrebbero farci credere, allora perché esporsi per portare avanti una trama o un piano che non vivremo per vedere realizzato?

Il progetto militare di Pike, dato a Mazzini e trasmesso a Lemmi, era tanto semplice quanto efficace.

Utilizzando i 26 Triangoli, o consigli del Rito Palladiano, coloro che dirigono il W.R.M. AI MASSIMI vertici dovevano fomentare tre guerre mondiali e tre grandi rivoluzioni. Queste dovevano essere dirette in modo tale che tutti i governi rimanenti sarebbero stati ridotti a un tale stato di debolezza e di rovina economica, che i popoli avrebbero chiesto a gran voce un Governo Mondiale come unica soluzione ai loro numerosi e vari problemi.

Dopo tre guerre globali e due grandi rivoluzioni, gli Stati Uniti sarebbero rimasti l'unica potenza mondiale, ma durante la terza rivoluzione, che secondo Pike sarebbe stata il più grande cataclisma sociale che il mondo abbia mai conosciuto, gli Stati Uniti sarebbero stati

---

[26] Nella speranza di far emergere l'ordine dal caos e di unire l'umanità al servizio di Dio contro Lucifero, desidero sottolineare ancora una volta che la lotta in corso in questo mondo è per il possesso eterno delle anime degli uomini. Dio vuole che dimostriamo di volerlo amare e di volerlo servire volontariamente per l'eternità. Lucifero è determinato a far sì che i suoi agenti su questa terra ci tolgano i doni divini dell'intelletto e del libero arbitrio, in modo che non possiamo prendere questa decisione.

disintegrati da un tradimento interno e sarebbero caduti nelle mani dei cospiratori luciferiani "come un frutto troppo maturo".

Pike ha spiegato chiaramente che la Prima Guerra Mondiale doveva permettere ai dirigenti del W.R.M. di soggiogare la Russia e trasformare quell'Impero nella roccaforte del comunismo ateo. Questo obiettivo fu raggiunto con la prima grande rivoluzione del 1917. Il comunismo e il nazismo dovevano essere usati, insieme all'antisemitismo, per consentire ai dirigenti del W.R.M. di fomentare la Seconda Guerra Mondiale. Questa doveva concludersi con la distruzione del nazismo come potenza mondiale, perché a quel punto avrebbe raggiunto il suo scopo.

Lo Stato sovrano di Israele doveva essere il risultato della Seconda Guerra Mondiale, così come le Nazioni Unite. Il sionismo politico sarebbe stato utilizzato per consentire ai dirigenti del W.R.M. di fomentare la Terza Guerra Mondiale, facendo leva sulle differenze reali e presunte tra Israele e gli Stati arabi. La Seconda Guerra Mondiale si sarebbe conclusa con l'assunzione da parte del comunismo del controllo di gran parte dell'Estremo Oriente. Doveva essere mantenuto libero un territorio sufficiente affinché il comunismo in Russia e in Cina potesse essere tenuto sotto controllo, o "contenuto" fino a quando la Sinagoga di Satana non fosse stata pronta a usarlo nella fase finale della cospirazione luciferiana. Il comunismo doveva essere organizzato e tenuto sotto controllo anche in tutte le altre nazioni, fino a quando i dirigenti del W.R.M. non avessero deciso che era giunto il momento di gettare alla gola tutti i comunisti e tutti i non comunisti. Pike spiegò tutto questo a Mazzini nella sua lettera del 15 agosto 1871.

Questo programma è stato portato avanti ESATTAMENTE come voleva Pike, che ha semplicemente applicato il suo genio militare per mettere in atto i piani di Adam Weishaupt. Così gli abitanti di questo pianeta sono coinvolti nella fase semi-finale della cospirazione luciferiana.

Dopo la morte di Pike, subentrò Mackay. Egli, come Lemmi, riteneva che TUTTI i membri esecutivi delle Logge del Grande Oriente e dei Consigli del Rito Palladiano Nuovo e Riformato dovessero ricevere istruzioni speciali in merito alla W.R.M. In una serie di conferenze fu detto loro che

1. Cosa prevedevano i piani rivisti di Weishaupt.

2. Come è progredito il Movimento rivoluzionario mondiale dal 1776.

3. Lo scopo degli intrighi politici in corso all'epoca, cioè dal 1889 al 1903.

4. Ciò che si voleva che accadesse per portare la cospirazione alla sua conclusione positiva, un Governo Unico Mondiale di cui avrebbero usurpato i poteri.

Le conferenze erano preparate da Pike o da scrittori che erano stati ispirati dall'ardore rivoluzionario di Pike. Queste conferenze venivano tenute da membri di alto grado del Rito Palladiano, per un periodo di giorni (o notti), a riunioni di adepti selezionati che si riunivano nelle Logge del Grande Oriente o del Nuovo Rito Palladiano in tutto il mondo. Fu una copia di queste conferenze, leggermente modificata per dare loro un tocco sionista, che "cadde" nelle mani del professor Satana. Nilus, che le pubblicò con il titolo *Il pericolo ebraico*.

Esistono numerose prove che dimostrano che queste conferenze venivano tenute già nel 1885. Come immancabilmente accade, nonostante le massime precauzioni di sicurezza, le informazioni relative all'organizzazione di queste conferenze e al loro scopo, ovvero sviluppare la cospirazione per il cataclisma sociale finale, sono trapelate.

Il complotto per sviluppare il Movimento Rivoluzionario Mondiale fino al suo stato finale, come spiegato da Pike a Mazzini nella sua lettera del 15 agosto 1871, fu discusso da diverse pubblicazioni, due delle quali furono *Le Palladisme*, di Margiotta, p. 186, pubblicato nel 1895, e in *Le Diable Au XIX Siècle*, pubblicato nel 1896. Le conferenze nella loro interezza furono pubblicate dal giornale russo *Moskowskija Wiedomosti* nell'inverno del 1902/1903, e di nuovo dal giornale russo *Snamja* nell'agosto del 1903.

Il punto che sto cercando di fare è questo: la prima riunione dei dotti anziani di Sion per discutere del sionismo politico, come lo conosciamo oggi, ebbe luogo a Basilea, in Svizzera, nel 1897. L'origine della cospirazione luciferiana risale a prima che il sionismo fosse menzionato nella Bibbia. La prima serie di conferenze non differisce in alcun modo dalla versione rivista di Weishaupt del complotto esposto nel 1786. Il modo in cui il complotto è stato sviluppato da Lucifero è interessato solo a catturare le anime. Non gli importa se si tratta di anime di ebrei o di gentili, di gente di colore o di bianchi. La favola dell'era messianica è un inganno per arruolare gli ebrei al servizio della causa di Lucifero, così come il sogno dei mondialisti di formare il governo quando sarà istituito il primo governo mondiale. Roosevelt credeva onestamente che sarebbe stato il primo Re-Despota. Fu disilluso quando Stalin fece il doppio gioco dopo Yalta.

Come si è fatto ingannare. Per puntare al vero bersaglio dobbiamo alzare le canne dei nostri fucili al di sopra delle immagini materialistiche che, come un miraggio, riflettono qualcosa al di là della portata dei nostri occhi nudi. I cristiani credano a ciò che Cristo e le Scritture ci dicono: il luteranesimo è la radice di tutti i mali. Satanismo è il nome con cui la maggior parte delle persone conosce il luciferianesimo su questa terra.

1786 al 1886 è raccontato nella seconda serie di conferenze e non differisce in alcun modo dalle conferenze tenute da Pike e dai suoi alti funzionari tra il 1870 e il 1886.

L'ultimo capitolo di un libro e anche di una vita

Quello che avete letto fino a questo punto è l'ultimo lavoro, interrotto dalla morte, dell'autore, il Comandante W.J.C. Carr, R.C.N.R. Io, suo figlio maggiore, ho cercato di terminare l'opera affinché potesse essere pubblicata per esaudire l'ultimo desiderio di mio padre. Non ci sono riuscito e, in tutta onestà, non credo sia possibile nemmeno per un uomo, in questo momento, farlo.

Il lavoro di una vita di un uomo raramente può essere raccolto e completato da un altro, soprattutto quando il lavoro copre il campo trattato in questo libro e nei libri precedentemente pubblicati dal comandante Carr. Credo che fosse un uomo dotato, o forse maledetto, con la capacità di vedere cose che il resto di noi non può vedere o nemmeno concepire come possibili nella nostra più sfrenata immaginazione.

Questa capacità di vedere chiaramente i meccanismi e le macchinazioni che avvengono dietro le quinte di tutti i governi e di molte organizzazioni internazionali, e la capacità di seguire chiaramente la scia spesso poco marcata del Male che ha strisciato e striscia attraverso la storia dell'umanità, è data a pochi uomini. Credo che mio padre avesse questa capacità e che sia morto con lui.

Per gran parte della mia prima vita l'ho osservato mentre si accaniva a seguire una pista dopo l'altra per trovare la risposta definitiva al problema del Male negli affari degli uomini. A quel tempo non sapevo bene cosa cercasse e non comprendevo la terribile tensione in cui lavorava. Le sue ricerche non sono mai state facili per lui o per chi gli stava vicino, perché aveva tutti i tratti umani, sia buoni che cattivi, che benedicono e affliggono il resto di noi. Mi chiese più volte, soprattutto dopo il mio congedo dall'esercito canadese nell'agosto del 1945, se volessi lavorare con lui e portare avanti la lotta che riteneva così importante. Non ho potuto farlo allora e non posso farlo adesso per le ragioni sopra esposte. Alla sua morte, mi lasciò in eredità la sua biblioteca, i suoi manoscritti e tutti i suoi appunti. Non specificò che dovevo cercare di portare avanti il suo lavoro per avere diritto a questa eredità. Devo confessare che non mi piaceva l'idea di fare qualcosa per portare avanti i suoi sforzi e sentivo anche vagamente che era fuori strada nei suoi scritti.

Questo manoscritto è rimasto in deposito per circa sei anni prima che iniziassi a pensare ad alcune delle cose di cui aveva scritto e alla precisione con cui sembrava essere in grado di individuare alcuni eventi futuri nelle vicende degli uomini e del mondo in cui viviamo. Credo che ciò fosse particolarmente vero al momento dell'assassinio del presidente Kennedy nel 1963. Se l'autore ha ragione quando afferma che il S.O.S. controlla praticamente tutti i governi, sarebbe impossibile per chiunque scoprire la verità dietro quell'omicidio. E non riesco ancora a credere che l'omicidio dell'Assassino da parte di Jack Ruby non facesse parte di un piano preordinato per tenere lontani tutti i dettagli e le informazioni dalla vista del pubblico. Potrei sbagliarmi. L'autore aveva una straordinaria capacità di individuare tali eventi e persino la sua stessa morte. Se rileggete il capitolo 3, a pagina 41, dice che dubita seriamente di poter scrivere altri libri e che in quel momento non era più gravemente malato di altre volte e aveva solo 62 anni. Con questi pensieri, ho riletto il manoscritto e mi sono convinto che dovevo fare tutto il possibile per pubblicare le informazioni, per quanto incomplete.

Quanto si creda effettivamente a ciò che si legge in questo libro è davvero di poca importanza. Sarebbe troppo pretendere che qualcuno sia in grado di assimilare un simile materiale in un sol boccone. L'esposizione di trame così mostruose e disumane rasenta l'impossibile eppure, nel profondo di me stesso, so che tali trame esistono.

Più penso a queste cose, più mi convinco, e questo nonostante una naturale disinclinazione a credere. Quest'ultimo sentimento credo sia comune alla maggior parte dei lettori.

Anche se sono venuto a conoscenza dell'esistenza di un complotto soprannaturale per distruggere l'umanità, non temo particolarmente il complotto in sé. Ho sempre creduto, in generale, all'esistenza del Male e a ciò che il Male ha cercato di fare con me e da me. Ma, per grazia di Dio, so anche che esiste il Bene e che, cercando con tutte le mie forze di seguire quel Bene, automaticamente relego il Male al suo giusto posto ai margini della mia esistenza, proprio come il freddo viene allontanato dal caldo e la nebbia bruciata dal sole caldo.

Ora credo che il male esista e sia stato favorito e organizzato dagli uomini diretti dal diavolo. Ma allo stesso tempo credo ancora di più che Dio ESISTA e che Cristo, come esempio più vicino e migliore del Bene, esista attivamente anche nelle vicende degli uomini. Per me, lo studio del Male e dei suoi effetti nel mondo è piuttosto un approccio negativo alla ricerca di soluzioni ai problemi che sono esistiti, esistono ed esisteranno sempre, per tutti gli uomini, fino alla fine del tempo terreno. Senza dubbio la conoscenza del lavoro di mio padre e la lettura delle sue numerose opere hanno influenzato molto la mia vita. Diversi anni fa, quando i nostri figli erano autosufficienti e non avevano più bisogno del nostro aiuto diretto, mia moglie e io abbiamo deciso di dedicare alcuni o tutti i nostri anni al lavoro a tempo pieno nel campo missionario estero. Credo che questa decisione sia stata presa, e sia stata seguita, non tanto per essere "benefattori", quanto per la nostra tranquillità e il nostro benessere; molto tempo fa ho scoperto che la felicità umana può essere trovata al meglio donando se stessi al servizio degli altri, purché il motivo di tale donazione risieda nell'amore del Dio che mi ha creato.

Penso che la risposta al Male, così come è stata esposta e definita da mio padre, sia che ogni uomo e donna di buona volontà si dedichi a qualche fase della scena umana in modo tale che la scena venga migliorata dallo sforzo profuso. Non importa molto se l'effetto ottenuto è visibile o misurabile dalla persona o dai suoi contemporanei, ma piuttosto che ogni uomo dia il meglio di sé per tentare e riuscire.

In questo momento mi viene in mente la famosa citazione del defunto presidente Kennedy: "Non chiedetevi cosa può fare il vostro Paese per voi, ma piuttosto cosa potete fare voi per il vostro Paese". Sostituendo le parole Dio, vicini, religione, comunità, o altro, con paese, abbiamo tutti un piano di lavoro per i nostri sforzi futuri.

Commentare ulteriormente quest'opera o una fase particolare del complotto luciferiano o degli intrighi del S.O.S. significherebbe affaticarsi.

Per coloro che hanno conosciuto mio padre personalmente o che si sono interessati a lui attraverso la lettura dei suoi libri, forse alcune parole sulle sue filosofie personali sulla vita e sulla vita possono risultare interessanti e dare una visione più chiara della mente di quest'uomo straordinario.

Dai primi ricordi che ho di lui, alcuni punti salienti del suo carattere emergono con forza. Mi diceva spesso che nessun uomo aveva il diritto di chiedere a un altro di fare o dare ciò che il richiedente non era disposto a fare o dare per primo. Ho parlato con diversi marinai che hanno prestato servizio con o sotto il Comandante Carr in entrambe le guerre mondiali e tutti mi hanno confermato che papà aveva seguito questo pensiero al punto da essere conosciuto come "l'uomo di ferro" nelle sezioni in cui ha prestato servizio nella Marina canadese durante la seconda guerra mondiale.

Un altro punto che ha sottolineato è che: "Un uomo dovrebbe lavorare come un inferno da vivo per non finire all'inferno da morto". Questo libro che avete appena finito di leggere è la prova che egli seguì questo dettame di coscienza anche perché lavorò fino al limite delle sue forze e anche oltre fino alla sua ultima malattia.

Durante i tempi affamati dei "Dirty Thirties", vivevamo in una piccola città appena fuori Toronto, nell'Ontario.

La nostra casa si trovava sulla principale autostrada nord-sud dell'epoca, e letteralmente decine di uomini affamati chiedevano l'elemosina alla nostra porta.

Anche se eravamo una famiglia numerosa e il denaro era sempre scarso (o inesistente), non permise mai che un affamato venisse allontanato senza cibo adeguato. Il suo punto di vista era che:

> "Se rifiuto a un affamato un po' di cibo, o non riesco a vedere in lui qualche segno di Cristo che lo rende mio fratello, allora nego la mia stessa umanità".

Allo stesso modo, nessuna persona ferita o in difficoltà ha mai chiesto aiuto a papà ed è stata respinta senza un sincero sforzo per dare l'aiuto necessario. Molte sono state le vedove e gli ex militari in difficoltà che si sono rivolti a lui per chiedere aiuto e, di conseguenza, lui ha dedicato innumerevoli giorni di lavoro per ottenere pensioni o altri aiuti per questi sfortunati, sia attraverso la Legione canadese sia da solo, grazie alle centinaia di contatti che si è creato nelle alte sfere man mano che procedeva con il suo lavoro.

Nessuna somma di denaro o di onorificenze offerte poteva ottenere il suo sostegno per una causa o un'organizzazione in cui non credeva pienamente o che non poteva sopportare il suo attento esame della sua ragione d'essere. A causa del suo forte atteggiamento in questo senso, so che rinunciò a molte opportunità lucrative per potersi, come diceva lui, "radere davanti al mio specchio". Era autoeducato, sicuro di sé e dotato di un'opinione personale.

Quando le cose si facevano più difficili, si rifiutava di chiedere aiuto agli altri finché non si era letteralmente esaurito dal punto di vista economico, fisico o mentale. Aveva un temperamento irascibile che lo mandava su tutte le furie... e un cuore tenero che gli impediva di trattenere la rabbia per più di qualche minuto o di serbare rancore anche al suo peggior nemico... e ne ha fatti parecchi strada facendo.

Poteva e ha camminato e parlato con i re e con coloro che occupano i luoghi alti e potenti della terra... e poteva e ha seduto in tuguri ed essere completamente a suo agio in quell'ambiente. Con coloro che gli si opponevano, era un combattente duro, leale e tenace e non chiedeva né dava tregua. Con i deboli e gli indifesi, aveva la tenerezza di una brava donna e un cuore morbido e dolce come il burro fuso.

Con la sua famiglia e con se stesso, era un duro e severo maestro. Con gli altri, più deboli di lui, aveva una capacità infinita di pietà e pazienza. Negli ultimi quindici anni della sua vita ha sofferto di molte malattie e incapacità, non ultima una colonna vertebrale telescopica che lo costringeva a portare un ingombrante tutore di acciaio e cuoio per evitare che si deformasse gravemente. Non credo che abbia mai considerato questi problemi di salute qualcosa di più di un fastidio che ostacolava la sua capacità di seguire la strada del lavoro che aveva scelto per sé... il suo motto è sempre stato: "Andare avanti".

Se mai verrà scritto un epitaffio per lui, che sia il seguente: **Ha vissuto la dura vita di un** uomo veramente cristiano. E morì con la morte facile che gli è riservata.

Se qualsiasi cosa abbia mai scritto ha aiutato anche una sola persona a trovare uno scopo nella vita o ha aiutato un individuo a comprendere meglio lo scopo e il significato della vita o ha aiutato un'anima a ritrovare il suo posto nello schema divino delle cose, allora sono certo che la sua nobile anima riposa in pace nell'Amore e nella Protezione del Dio che ha cercato di servire così duramente mentre viveva i suoi pochi anni sulla terra.

APPENDICE A - IL PATTO SEGRETO CONTRO L'UMANITÀ

Il seguente contratto è apparso per la prima volta in forma anonima su un sito web nel giugno 2002. L'origine è sconosciuta, ma viene qui incluso come ulteriore prova delle affermazioni fatte in *Satana, Principe di questo mondo*. Non era originariamente incluso nel libro. Da http://www.unveilingthem.com/SecretCovenant.htm

IL PATTO SEGRETO

Sarà un'illusione, così grande, così vasta da sfuggire alla loro percezione.

Coloro che lo vedranno saranno considerati pazzi.

Creeremo fronti separati per evitare che vedano il legame tra noi.

Ci comporteremo come se non fossimo connessi per mantenere viva l'illusione.

Il nostro obiettivo sarà raggiunto una goccia alla volta, per non destare mai sospetti su di noi. Questo impedirà anche a loro di vedere i cambiamenti che si verificano.

Saremo sempre al di sopra del campo relativo della loro esperienza, perché conosciamo i segreti dell'assoluto.

Lavoreremo sempre insieme e resteremo legati dal sangue e dalla segretezza. Chi parla verrà ucciso.

Faremo in modo che la loro vita sia breve e le loro menti deboli, fingendo di fare il contrario.

Useremo la nostra conoscenza della scienza e della tecnologia in modi sottili, in modo che non si accorgano di ciò che sta accadendo.

Utilizzeremo metalli dolci, acceleratori dell'invecchiamento e sedativi negli alimenti e nell'acqua, anche nell'aria.

Saranno ricoperti di veleni ovunque si voltino.

I metalli morbidi faranno perdere loro la testa. Prometteremo di trovare una cura dai nostri numerosi fronti, ma li alimenteremo con altro veleno.

I veleni saranno assorbiti attraverso la pelle e la bocca, distruggeranno le loro menti e i loro sistemi riproduttivi.

Da tutto questo, i loro figli nasceranno morti, e noi nasconderemo questa informazione.

I veleni saranno nascosti in tutto ciò che li circonda, in ciò che bevono, mangiano, respirano e indossano.

Dobbiamo essere ingegnosi nel distribuire i veleni, perché possano vedere lontano.

Insegneremo loro che i veleni sono buoni, con immagini divertenti e toni musicali.

I loro ammiratori li aiuteranno. Li arruoleremo per spingere i nostri veleni.

Vedranno i nostri prodotti utilizzati nei film e si abitueranno ad essi, senza mai conoscere il loro vero effetto.

Quando partoriranno inietteremo veleni nel sangue dei loro figli e li convinceremo che è per il loro aiuto.

Inizieremo presto, quando le loro menti sono giovani, e ci rivolgeremo ai loro figli con ciò che i bambini amano di più, le cose dolci.

Quando i loro denti si rovineranno, li riempiremo di metalli che uccideranno la loro mente e ruberanno il loro futuro.

Quando la loro capacità di apprendimento sarà compromessa, creeremo medicine che li renderanno più malati e causeranno altre malattie per le quali creeremo altre medicine.

Con il nostro potere li renderemo docili e deboli davanti a noi.

Cresceranno depressi, lenti e obesi e, quando verranno a chiederci aiuto, gli daremo altro veleno.

Concentreremo la loro attenzione sul denaro e sui beni materiali, in modo che non si colleghino mai con il loro sé interiore. Li distrarremo con la fornicazione, i piaceri esteriori e i giochi, in modo che non possano mai essere un tutt'uno con l'unicità del tutto.

Le loro menti apparterranno a noi e faranno come diciamo noi.

Se si rifiutano, troveremo il modo di implementare la tecnologia che altera la mente nelle loro vite. Useremo la paura come arma.

Stabiliremo i loro governi e stabiliremo gli opposti al loro interno.

Saremo proprietari di entrambi i lati.

Nasconderemo sempre il nostro obiettivo, ma porteremo a termine il nostro piano.

Essi svolgeranno il lavoro per noi e noi prospereremo grazie alla loro fatica.

Le nostre famiglie non si mescoleranno mai con le loro. Il nostro sangue deve essere sempre puro, perché è la via.

Li costringeremo a uccidersi a vicenda quando ci farà comodo.

Li terremo separati dall'unità attraverso dogmi e religioni.

Controlleremo tutti gli aspetti della loro vita e diremo loro cosa pensare e come.

Li guideremo con gentilezza e delicatezza, lasciando che pensino di guidarsi da soli.

Fomenteremo l'animosità tra loro attraverso le nostre fazioni.

Quando una luce brillerà in mezzo a loro, la spegneremo con il ridicolo o con la morte, a seconda di ciò che ci conviene.

Li costringeremo a strapparsi il cuore a vicenda e a uccidere i loro stessi figli.

Lo faremo usando l'odio come nostro alleato, la rabbia come nostra amica.

L'odio li accecherà completamente e non vedranno mai che dai loro conflitti noi emergiamo come loro governanti. Saranno impegnati ad uccidersi a vicenda.

Si bagneranno nel loro stesso sangue e uccideranno i loro vicini per tutto il tempo che riterremo opportuno.

Ne trarremo grande beneficio, perché non ci vedranno, perché non possono vederci.

Continueremo a prosperare grazie alle loro guerre e alle loro morti.

Lo ripeteremo più volte fino al raggiungimento del nostro obiettivo finale.

Continueremo a farli vivere nella paura e nella rabbia attraverso immagini e suoni.

Utilizzeremo tutti gli strumenti a nostra disposizione per raggiungere questo obiettivo.

Gli strumenti saranno forniti dal loro lavoro.

Li faremo odiare se stessi e i loro vicini.

Nasconderemo sempre loro la verità divina, che siamo tutti uno.

Questo non dovranno mai saperlo!

Non devono mai sapere che il colore è un'illusione, devono sempre pensare di non essere uguali.

Goccia dopo goccia, goccia dopo goccia, porteremo avanti il nostro obiettivo.

Ci impadroniremo della loro terra, delle loro risorse e della loro ricchezza per esercitare su di loro un controllo totale.

Li inganneremo e li costringeremo ad accettare leggi che ruberanno loro quel poco di libertà che avranno.

Stabiliremo un sistema monetario che li imprigionerà per sempre, tenendo loro e i loro figli in debito.

Quando si metteranno al bando insieme, li accuseremo di crimini e presenteremo al mondo una storia diversa, perché possederemo tutti i media.

Useremo i nostri media per controllare il flusso di informazioni e il loro sentimento a nostro favore.

Quando si solleveranno contro di noi, li schiacceremo come insetti, perché sono meno di questo.

Non potranno fare nulla perché non avranno armi.

Recluteremo alcuni dei loro per portare avanti i nostri piani, prometteremo loro la vita eterna, ma la vita eterna non l'avranno mai perché non sono dei nostri.

Le reclute saranno chiamate "iniziati" e saranno indottrinate a credere a falsi riti di passaggio a regni superiori. I membri di questi gruppi penseranno di essere un tutt'uno con noi, senza conoscere la verità.

Non devono mai imparare questa verità, perché si rivolteranno contro di noi.

Per il loro lavoro saranno ricompensati con cose terrene e grandi titoli, ma non diventeranno mai immortali e si uniranno a noi, non riceveranno mai la luce e non viaggeranno sulle stelle.

Non raggiungeranno mai i regni superiori, perché l'uccisione dei loro stessi simili impedirà il passaggio al regno dell'illuminazione. Questo non lo sapranno mai.

La verità sarà nascosta in faccia, così vicina che non riusciranno a metterla a fuoco finché non sarà troppo tardi.

Oh sì, l'illusione di libertà sarà così grande che non sapranno mai di essere nostri schiavi.

Quando tutto sarà a posto, la realtà che avremo creato per loro sarà loro propria.

Questa realtà sarà la loro prigione. Vivranno nell'auto-illusione.

Quando il nostro obiettivo sarà raggiunto, inizierà una nuova era di dominio.

Le loro menti saranno vincolate dalle loro credenze, le credenze che abbiamo stabilito da tempo immemorabile.

Ma se mai dovessero scoprire di essere nostri pari, allora moriremmo.
QUESTO NON DOVRANNO MAI SAPERLO.

Se dovessero scoprire che insieme possono sconfiggerci, entrerebbero in azione.

Non devono mai e poi mai scoprire quello che abbiamo fatto, perché se lo fanno non avremo un posto dove scappare, perché sarà facile vedere chi siamo una volta che il velo sarà caduto. Le nostre azioni avranno rivelato chi siamo e ci daranno la caccia e nessuno ci darà rifugio.

Questa è l'alleanza segreta con cui vivremo il resto della nostra vita presente e futura, perché questa realtà trascenderà molte generazioni e vite.

Questa alleanza è sigillata dal sangue, il nostro sangue. Noi, quelli che sono venuti dal cielo alla terra.

Questo patto non deve MAI, MAI, MAI essere conosciuto come esistente. Non deve MAI, MAI essere scritto o pronunciato perché, se lo fosse, la coscienza che genererà scatenerà la furia del CREATORE PRIMO su di noi e saremo gettati negli abissi da cui siamo venuti e vi rimarremo fino alla fine dell'infinito stesso.

APPENDICE B - QUARTA DI COPERTINA

Il simbolo del Baphomet rappresenta i poteri dell'oscurità combinati con la fertilità generativa della capra. Nella sua forma "pura" il pentagramma, come mostrato in copertina, racchiude la figura di un uomo nelle cinque punte della stella - simboleggiando la natura spirituale dell'uomo. Il satanismo rappresenta gli istinti carnali dell'uomo, ovvero l'opposto della natura spirituale. Nel satanismo il pentagramma è invertito per accogliere perfettamente la testa del capro, le cui corna rappresentano la dualità e si spingono verso l'alto in segno di sfida. Le figure ebraiche che circondano il simbolo si ritrovano nella Cabala e scrivono "Leviathan", che è il serpente dell'abisso acquatico, identificato con Satana.

- Dai *Segreti nascosti della Stella d'Oriente* della dottoressa Cathy Burns.

Altri titoli

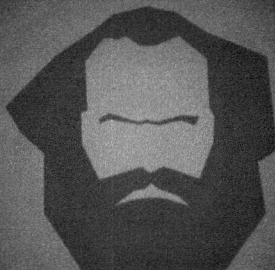

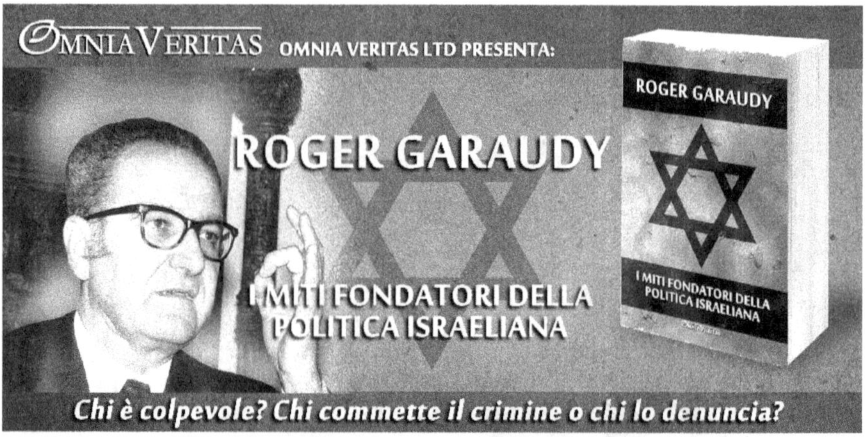
OMNIA VERITAS
OMNIA VERITAS LTD PRESENTA:
ROGER GARAUDY
I MITI FONDATORI DELLA POLITICA ISRAELIANA
ROGER GARAUDY
I MITI FONDATORI DELLA POLITICA ISRAELIANA
Chi è colpevole? Chi commette il crimine o chi lo denuncia?

OMNIA VERITAS
Omnia Veritas Ltd presenta:
LE OPERE COMPLETE DI HERVÉ RYSSEN
IL FANATISMO EBRAICO
Psicoanalisi del Giudaismo
La Mafia Ebraica

OMNIA VERITAS
OMNIA VERITAS LTD PRESENTA:
John Coleman
LA GERARCHIA DEI COSPIRATORI
STORIA DEL COMITATO DEI 300
JOHN COLEMAN
LA GERARCHIA DEI COSPIRATORI
STORIA DEL COMITATO DEI 300
Questa aperta cospirazione contro Dio e l'uomo include la schiavitù della maggior parte degli esseri umani...